商标使用实务

龙传红　胡　刚　主编

TRADEMARK
USE PRACTICE

知识产权出版社
全国百佳图书出版单位
—北京—

图书在版编目（CIP）数据

商标使用实务 / 龙传红，胡刚主编．-- 北京：知识产权出版社，2021.10

ISBN 978-7-5130-7746-0

Ⅰ．①商… Ⅱ．①龙… ②胡… Ⅲ．①商标法—研究—中国 Ⅳ．① D923.434

中国版本图书馆 CIP 数据核字（2021）第 198156 号

内容提要

本书以商标使用制度为研究对象，研究内容涉及商标权的获得、维持、使用及保护等不同方面，通过对这些不同方面重点问题展开理论与实务研究，并在此基础上有针对性地全面完善我国的商标权使用制度。本书以实际问题为导向，结合商标行政、司法中的现实问题，从理论的角度出发，尝试提出符合我国《商标法》使用规范的框架，并且能解决商标使用与商标使用权方面的实际问题，主要包括商标使用与商标权取得、商标使用义务与商标权维持、商标使用与商标权的行使三部分。

本书适合法律从业者和知识产权从业者阅读。

责任编辑：李　婧　　　　　　**责任印制：孙婷婷**

商标使用实务

SHANGBIAO SHIYONG SHIWU

龙传红　胡　刚　主编

出版发行：	知识产权出版社有限责任公司	网　　址：	http://www.ipph.cn
电　　话：	010-82004826		http://www.laichushu.com
社　　址：	北京市海淀区气象路50号院	邮　　编：	100081
责编电话：	010-82000860转8594	责编邮箱：	lijing@cnipr.com
发行电话：	010-82000860转8101	发行传真：	010-82000893
印　　刷：	北京中献拓方科技发展有限公司	经　　销：	各大网上书店、新华书店及相关书店
开　　本：	720mm × 1000mm　1/16	印　　张：	15.75
版　　次：	2021年10月第1版	印　　次：	2021年10月第1次印刷
字　　数：	220千字	定　　价：	78.00元

ISBN 978-7-5130-7746-0

CONTENTS

目录

引言

一、商标使用制度释义与梳理

商标权是商标法的核心概念，而商标使用又关乎商标权的获得、维持及保护，商标使用制度因此成为商标法理论中的重要制度。对该制度的完善性研究，在我国不断优化营商环境、实现经济高质量发展的大背景下，具有重要意义。

《中华人民共和国商标法》(以下简称《商标法》)[1] 并未设定“商标权”这一法律概念，而是以“商标专用权”取而代之。《商标法》开篇第一章第一条便以“商标专用权”定调，其后一以贯之，共有 34 处明确提及。商标权与商标专用权的主要区别在于权利客体的范围不同。从商标法理论来看，商标权的客体既应包括注册商标，亦应涉及未注册商标；而商标专用权则仅限定于注册商标。从现行商标制度来看，将未注册商标排除在商标权的客体范围之外，明显与实际情况不符，因我国《商标法》对未注册商标提供了有条件的、适度的保护；[2]

[1] 本书中所称的《商标法》，无特别说明，均指 2019 年修正的《商标法》。

[2] 吴汉东．知识产权法［M］.5 版．北京：法律出版社，2014：255.

且在共同参加的国际公约[1]的协调下，未注册商标在包括我国在内的世界范围内大多数国家均可受到不同程度的保护。因此，可以明确的是，商标权是商标权利人，而不仅仅是商标注册人，对其商标的使用所享有的支配权；权利客体以注册商标为主，同时亦包括未注册商标。本书的研究内容也正基于此展开。

商标的生命在于使用。从商标权的历史发展来看，使用本是商标权原始取得的方式。[2]即使在商标注册取得制度下，使用依然关乎商标权的获得、维持及保护。描述性标志可通过使用获得显著性，进而具备成为注册商标的可能性；未注册商标如通过使用达到驰名商标认定标准，亦可获得在相同及类似商品上的排他性权利，使其与一般注册商标无异；在市场上具有真实、合法、有效使用行为的注册商标可成功对抗他人基于三年不使用的撤销申请挑战；针对他人侵害自身商标权，商标权利人可请求停止侵害、赔偿损失，而对被请求保护商标的使用则是侵权判定的关键。可见，商标使用的要求贯穿整个商标制度的每个阶段和每个环节。

《商标法》共计 73 条，在该部法律中提及“使用”二字的共计有 64 处，涉及 31 个条文。将“使用”作为单一制度进而具体观察，主要包括：不以使用为目的的恶意商标注册申请，应当予以驳回（第四条）、经过使用获得显著性的标志可以获得注册（第十一条第二款）、未注册的驰名商标依然可获得保护（第十三条第二款）、商标在国际展会的首次使用与优先权（第二十六条）、在先使用且有一定影响的商标可获得保护（第三十二条）、注册商标的许可使用（第四十三条）、商标使用方式的界定（第四十八条）、注册商标连续三

[1] 这些国际公约包括但不限于《与贸易有关的知识产权协定》（简称“TRIPS 协定”）、《保护工业产权巴黎公约》（简称“《巴黎公约》”）、《区域全面经济伙伴关系协定》（简称“RCEP 协定”）等。

[2] 王迁．知识产权法教程［M］.4 版．北京：中国人民大学出版社，2014：384.

年不使用应予撤销（第四十九条）、商标正当使用的界定（第五十九条第一款）、在先使用且有一定影响商标的先用权抗辩（第五十九条第三款）、未实际使用注册商标的请求权限制（第六十四条第一款）等。这些具体条款构成了2019年修正版《商标法》中商标使用制度的基本框架和内容。

二、主要问题与现有研究

然而，上述关于商标使用的具体制度并非完美无缺。在实践中，对于《商标法》的解释适用，仍有如下问题亟待解决。

1. 不以使用为目的的恶意商标注册申请，应当予以驳回

该条款是《商标法》2019年第四次修正时新增的重要内容，构造了“不以使用为目的”+“恶意”的商标申请应予驳回情形。在不动摇我国目前商标注册制原则的基础上，意在突出“使用目的”和“善意”在商标注册申请中的总领性作用。应该看到，该条款是应对遏制当下仍较严重的商标囤积和商标抢注问题的权宜之策。但如何解释适用性，以求得最大化发挥其效用，仍需进一步的理论探索和实践验证。

现有研究中，学者对该条款的理解和定位仍存在一定的分歧。有学者认为“不以使用为目的”的条款是为了解决中国特色的不以使用为目的的囤积注册问题。“不以使用为目的”条款中的“恶意”要件，是为了排除虽然可能不以使用为目的，但却是合理的防御性注册。[1] 有学者认为该条款只能涵盖商标囤积与一部分恶意抢

[1] 张伟君.“不以使用为目的”条款的初心和使命［EB/OL］.君策Justra微信公众号，（2019-10-24）［2021-3-15. https：//mp.weixin.qq.com/s/4vRmh-xcLvzDzIARNxkOQg.

注，无法全面规制恶意抢注行为。[1]亦有学者主张《商标法》第四条修改的立法意图主要在于规制商标的恶意申请注册行为，而非仅仅适用于商标囤积行为。否则，该规范的立法价值将大打折扣，更无法充分实现该法第四条规定的立法目标。[2]应当看到，“不以使用为目的”+“恶意”的构造对商标恶意抢注与商标囤积均有一定的遏制作用。在此研究基础上，2019年《商标法》第四条与第四十四条第一款中“以其他不正当手段取得注册”的关系则成为新的关注要点。此外，在实践中，还需进一步探索将“意图使用声明”作为商标申请文件一部分的可行性，以便后期遇有商标囤积行为时，该声明可作为反向推定申请人恶意的有力考量因素之一。[3]

2. 标志经过使用取得显著特征，并便于识别的，可以作为商标注册

具备显著性是特定标志可获得商标注册的资格要件。通用名称、描述性标志本身与指定商品或服务项目之间密切相关，难以发挥表征自己、区别他人的功能。但持续的广泛的商标性使用可使特定的描述性标志获得指代指定商品出处的第二含义，进而具备商标法异议上的显著性。但通用名称能否经由使用获得显著性，仍值得进一步探究。此外，获得显著性的证明标准为何？通过使用获得商标显著性与通过使用获得具有一定影响的知名度证明标准是否等同，尤其值得深思。

通用名称可否经由特定主体的使用获得商标注册所需的显著性，多数国家的法律规定也不尽一致。以德国为代表的大多数欧盟国家的商标法及实践均允许商品或者服务的通用名称可以通过使用

[1] 戴文骐．认真对待商标权：恶意抢注商标行为规制体系的修正［J］．知识产权，2019（7）：33-46.

[2] 王莲峰．新《商标法》第四条的适用研究［J］．政法论丛，2020（1）：102-112.

[3] 详见本书第一章中的注册阶段的商标使用。

获得显著性，而日本、韩国、美国的商标法及实践则对此基本持否定态度。

在我国，现有商标法的理论研究对于获得显著性的证明标准并没有形成统一的观点。原因在于此标准的给定多源自司法实践，而理论上的探讨更多源于对实践的评价和分析。当然，也有学者从比较法的视野考察了中美两国商标法，并主张获得显著性的最低标准可规定为满5年使用且连续地独家控制。[1] 此外，现阶段司法实践普遍认为获得显著性认定标准与驰名商标认定标准和证明方式本质上是一致的。本书则认为二者不宜相同，其认定标准和证明方式仍应当有所区分。[2]

3. 商标连续三年不使用撤销制度

注册商标没有正当理由连续三年不使用的，任何单位或者个人可以向商标局申请撤销该注册商标。商标连续三年不使用撤销（以下简称商标“撤三”）制度旨在敦促商标注册人将商标投入商业使用，以发挥商标在商业中的本来价值。现有研究中，学者的关注焦点多集中于商标“撤三”制度中商标使用的界定方面，[3] 亦包括象征性使用的认

[1] 姚洪军．商标获得显著性认定标准的中美比较［J］．知识产权，2015（7）：91-97.

[2] 详见本书第一章中的使用获得显著性制度。

[3] 黄汇．商标撤销制度中“使用”界定基本范畴研究——运用比较研究、逻辑推理和实证分析的方法［J］．知识产权，2013（6）：3-13，46；郭斯伦．注册商标不使用撤销制度中商标使用的范围标准［J］．中华商标，2019（8）：67-70；孟微．撤销三年未使用注册商标制度中“使用”的认定［D］．上海：上海交通大学，2017；陈明涛．商标连续不使用撤销制度中的“商标使用”分析［J］．法商研究，2013，30（1）：144-151；李扬．注册商标不使用撤销制度中的“商标使用”界定——中国与日本相关立法、司法之比较［J］．法学，2009（10）：96-109.

定，[1] 也有针对商标"撤三"制度的整体性评述及完善建议。[2] 总体来看，目前对商标"撤三"制度的研究已较为充分、全面，但对该问题的继续研究依然留存了较大空间。

例如，商标"撤三"制度中，仍有以下问题较为突出且并未有成熟的解决方案：撤销申请的启动仍显随意，举证责任分配失衡；行政与司法阶段认定构成商标使用行为的审查标准不一，且举证期限未能严格遵守；商标被动使用能否作为维持其注册仍存在不同观点；恶意因素在特定"撤三"案件中是否应予适当考量；因不使用被撤销商标的失效日应如何合理确定；为了维持商标注册而刻意临期使用是否应该区别对待；等等。本书将在这些方面做出一定的探索和建议。[3]

4. 在先使用抗辩

《商标法》第五十九条第三款规定，商标注册人申请商标注册前，他人已经在同一种商品或者类似商品上先于商标注册人使用与注册商标相同或者近似并有一定影响的商标的，注册商标专用权人无权禁止该使用人在原使用范围内继续使用该商标，但可以要求其附加适当区别标识。先使用权制度的目的是保护已经具备影响力的未注册商标使用人的利益，是对注册原则和申请在先原则的一个重要补充。

现有研究对在先使用商标的继续使用抗辩制度主要集中于对其

---

[1] 曹道洋."商标连续三年不使用撤销"案中象征性使用的认定研究［D］.兰州大学，2020；白杰.象征性使用商标研究［D］.天津：天津师范大学，2020；刘洲东.商标象征性使用在实务中的现实困境及改善建议［J］.中华商标，2019（2）：61－63；董欣.撤销三年不使用案件中"象征性使用"的判定［J］.中华商标，2018（4）：30－33.

[2] 张鹏.《商标法》第四十九条第二款"注册商标三年不使用撤销制度"评注［J］.知识产权，2019（2）：3－27；周小真.注册商标连续三年不使用撤销制度研究［D］.中国社会科学院研究生院，2017；赵克.注册商标撤销制度研究［D］.西南政法大学，2016.

[3] 详见本书第二章中的商标使用与商标权的维持。

构成要件的具体分析。早期的《论商标在先使用抗辩——对新商标法第五十九条第三款的理解和适用》[1]一文主张将构成要件分为三部分：前提条件（双方的商标系在同一种或类似商品上的相同或近似商标）、形式要件（在原告商标申请日之前，被告先于原告商标申请人使用商标）和实质要件（在原告商标申请日之前，被告使用商标有一定影响）；该文同时认为在后商标注册人是否存在恶意，《商标法》未予以明确，属于法律漏洞，进而演绎了“善意说”和“恶意说”并主张在将来的司法解释中进行漏洞填补。新近的研究中，张鹏所作《〈商标法〉第五十九条第三款“在先商标的继续使用抗辩”评注》一文[2]较为系统而全面地论述了这一问题。该文总结了司法实践中涌现的“三要件”说、“四要件”说、“五要件”说和“七要件”说，在详细分析后总结为如下要件：在先使用行为应早于在后注册商标的申请日；在先使用人应当出于善意；在先使用的标识经过持续性使用产生一定影响。同时，该文指出，援引在先使用抗辩的主体除在先使用人本人外，还包括“继受主体”“被许可人”“流通环节参与主体”等。在法律效果上，在先使用人有权在“原有范围”内继续使用，而注册商标权人有权要求在先使用人施加适当区别性标识。但本书认为，构成要件中的“一定影响”“原使用范围”及“善意使用”在认定上仍存在不明晰之处，仍需加以进一步的思考和分析。[3]

5. 正当使用抗辩

《商标法》第五十九条第一款规定，注册商标中含有的本商品的

[1] 蒋利玮.论商标在先使用抗辩——对新商标法第59条第3款的理解和适用［J］.中华商标，2013（11）：33-38.

[2] 张鹏《商标法》第59条第3款“在先商标的继续使用抗辩”评注［J］.知识产权，2019（9）：11-25.

[3] 详见本书第三章第一部分中的在先使用抗辩。

通用名称、图形、型号，或者直接表示商品的质量、主要原料、功能、用途、重量、数量及其他特点，或者含有的地名，注册商标专用权人无权禁止他人正当使用。按照通说，本条款为商标的正当使用条款，在特定商标侵权案件中，被控侵权方亦常以此作为抗辩手段之一。然而，从该法条规定内容来看，实践中常见的“指示性使用”并未被正当使用条款所涵盖，这便引出了我国正当使用制度外延是否偏窄的法律问题。

现有研究中，部分学者在著述中并未突破现行立法将正当使用限于“描述性使用”的藩篱。如王迁教授在其《知识产权法教程》(第四版)中专章讲授“不侵犯商标权的行为”，其中“描述商品或服务的特征”(描述性使用)与“说明商品或服务的用途”(指示性使用)相并列，并未统一于“正当使用”之下。黄晖博士在其所著的《商标法》(第二版)一书中也区分“叙述词汇及功能性形状的正当使用”和“商标的指示性使用、比较广告及言论自由”，并列属于对商标专用权的限制。当然，也有部分学者认为正当使用（合理使用）应当包括“叙述性使用”和“指示性使用”。[1]本文将描述性使用和指示性使用同列入正当使用的范畴，并分别展开了讨论。[2]

6. 未实际使用注册商标的请求权限制

《商标法》第六十四条第一款规定，注册商标专用权人不能证明此前三年内实际使用过该注册商标，也不能证明因侵权行为受到其他损失的，被控侵权人不承担赔偿责任。该条款为 2013 年修订《商标法》时新增条款。案例显示，涉及商标侵权的司法实践在侵害商标权案件中对于未实际使用注册商标的损害赔偿，其请求权限

---

[1] 吴汉东. 知识产权法［M］.5 版. 北京：法律出版社，2014：265-266.

[2] 详见本书第三章第二部分中的未实际使用注册商标的请求权限制。

制经历了如下三个发展阶段：损害赔偿的判定完全不考虑被侵害商标的使用情况；考虑被侵害商标未使用的因素而减轻被告的赔偿损失责任；构成侵害商标权但被告不承担赔偿责任等。

在此司法实践基础上，有学者认为“不使用即无赔偿”论，即主张不问时间长短，剥夺一切未经使用之注册商标的损害赔偿请求权，直接动摇了商标注册制度根基，且与商标不使用撤销制度矛盾，应当予以纠正。[1]另有学者认为仅将注册商标三年不使用作为免除损害赔偿责任的抗辩事由，在立法和司法层面均存在一定的困境。进而建议将注册商标三年不使用认定为阻却责任成立的抗辩事由，并根据三年不使用事实在实践中表现出来的不同形态，将其分为注册商标从未使用但注册未满三年、商标注册已满三年但从未使用、商标注册后三年之内实际使用过但之后中断使用超过三年、注册商标中断使用超过三年后注册商标权人又重新启用该商标等四种情形，并分别规定相应的法律效果。[2]本书认为，注册满三年的商标如在此前三年内未被实际使用，被控侵权人可免于承担损害赔偿和停止侵权的责任。[3]

7. 商标权利的滥用

权利的行使未依诚实及信用方法，构成权利滥用时，不受法律保护。[4]我国商标法目前并未明确规定滥用商标权及其规制，但实践中已经出现多种形式的滥用商标权利的行为。对此，本书认为：在法律适用上，《商标法》作为特别法，第 7 条规定的诚实信用原则可作为规制商标权滥用的指导性纲领。同时商标权作为民事权利之一

---

[1] 彭学龙．论连续不使用之注册商标请求权限制［J］．法学评论，2018，36（6）：103-115.

[2] 刘宁，郑春灵．注册商标三年不使用侵权抗辩研究［J］．河北工业大学学报（社会科学版），2019，11（4）：48-53.

[3] 详见本书第三章第三部分中的未实际使用注册商标的请求权限制。

[4] 王泽鉴．民法总则［M］．北京：北京大学出版社，2009：446.

种，同样受到作为普通法的《中华人民共和国民法典》（以下简称《民法典》）的规制。《民法典》第132条规定的禁止权利滥用原则适用于商标法律领域，应无疑问。现有研究对商标使用而形成的滥用商标权研究基本上尚处于空缺状态，本书尝试对此问题作出初步探索和分析。[1]

以上仅是对目前商标使用制度存在问题的有限列举，但均是完善商标使用制度过程中必须予以解决的问题。目前的现有研究相对分散，主要针对商标法中涉及商标使用的某一方面的具体研究，未能全面、系统地对商标权使用制度展开集中、统领性研究。本书以商标使用制度为研究对象，研究内容涉及商标权的获得、维持、使用及保护等不同方面。通过对这些不同方面重点问题展开理论与实务研究，希冀在此基础上有针对性地完善我国的商标使用制度。

三、研究方法

文献资料法。本书在内容上涵盖我国商标使用制度的综述及以往研究成果，同时需要考察域外部分国家和地区的商标使用制度。在此前提下，查阅了大量中外文资料（包括书籍、期刊和在线资料）。

比较法。他山之石，可以攻玉。部分国家和地区的商标权使用制度为我国的相应制度的完善提供一定的经验与参考。因此，比较法是本书采用的一个重要方法。

案例研究法。理论来源实践，理论的更新与深入离不开实际案例的滋养。本研究着重参阅大量经典的裁判文书案例，既是对现实

[1] 详见本书第三章第四部分中的商标权滥用及规制。

问题发现与总结，也可以从中汲取经验，使本研究站在实证角度看理论问题，更具有针对性和实际意义。

本书的研究内容涉及商标权的获得、维持、行使及抗辩等不同方面，这是以往的单一研究所不具备的。此外，本书以实际问题为导向，结合商标行政、司法中的现实问题，从理论的角度出发，尝试提出符合我国《商标法》体系框架且能解决实际问题的建议。也希望读者能够从本书的阅读中有所收获和思考。

第一章 商标使用与商标权取得

我国现行《商标法》于 1982 年 8 月 23 日由第五届全国人民代表大会常务委员会通过，1983 年 3 月 1 日开始实施。施行至今历经四次修订，全国人大常务委员会分别于 1993 年 2 月 22 日、2001 年 10 月 27 日、2013 年 8 月 30 日和 2019 年 4 月 23 日对《商标法》进行了修正。经济基础决定上层建筑，上层建筑反作用于经济基础。商标法律制度涉及商业标记与工业产权，作为上层建筑的重要部分，与国家的经济状况密切相关。我国《商标法》的历次修正均是对改革开放以来经济发展的回应，在完善商标法律制度的同时也促进了我国的经济发展。本部分通过回顾我国《商标法》的修正历史，一方面阐述商标注册取得制度下商标使用要求是如何从无到有、通过立法及司法实践应对注册取得制固有的突出问题，另一方面就商标获得显著性的判定给出可操作的指引。同时，建议在特定商标转让环节加入商标使用的强制要求，以期形成商标权利的原始取得与继受取得两个阶段协同配合，共同实现对商标抢注与商标囤积这一顽疾的最大化规制。

一、注册阶段的商标使用

（一）注册阶段对使用要求的变化

1.2019年修法前注册阶段对使用无要求

在商标获权阶段，我国商标法一直未采用使用取得模式，并一度坚持绝对的申请注册模式。自1982年《商标法》颁布以来，1993年、2001年和2013年的三次修正均未对商标注册取得模式予以更改，除了以使用在先解决同日申请的冲突之外，未在商标注册申请阶段提出使用要求。

1982年《商标法》不仅是新中国的第一部商标法，也成为新中国第一部知识产权法律。[1]该部《商标法》共八章四十三条，基本搭建了我国商标法律制度的框架。1993年第一次修订时，在整体上延续旧法，条款虽有增订，但条文数量未变。今之视昔，2001年之前的《商标法》不免略显简陋粗犷，但其确立的“注册取得原则”“自愿注册原则”和“申请在先原则”一直沿用至今，不曾动摇。

1982年《商标法》第三条规定，经商标局核准注册的商标为注册商标，商标注册人享有商标专用权，受法律保护。1993年《商标法》对此条未做改动。该条款确立了我国商标法律制度中的注册取得原则。除了2001年修法始对注册商标分类为“商品商标、服务商标和集体商标、证明商标”之外，该条文表述在大体上始终保持不变，仍可见于2019年《商标法》。根据1982年《商标法》，商标法保护的商标专用权仅限于注册商标，对未注册商标不提供任何保护。这一“注册才得救济”的局面在1993年《商标法》中基本延续，直到2001年修正时才得以打破。

[1] 刘春田.知识产权法［M］.5版.北京：中国人民大学出版社，2014：242.

同时，1982年《商标法》实现了全面注册原则到自愿注册原则的转变。在此之前，新中国成立后于1950年颁布的《商标注册暂行条例》和《商标注册暂行条例实施细则》也曾实行自愿注册原则，后因实行计划经济的需要，1957年国务院以《通知》的形式决定实行商标的全面注册原则，[1]1963年的《商标管理条例》则继续予以遵循。[2]直到1982年《商标法》重新确立了自愿注册原则，此后不再反复。自愿注册原则，顾名思义，是否申请注册商标取决于自己的意愿。注册与否，不影响在商品上实际使用商标（除极少数商品），这是一种国际惯例，亦符合知识产权的私权本质。[3]注册取得制度下的自愿注册原则使得商标有了注册商标与未注册商标之分。未注册商标虽然存在于经济生活，却无法得到1982年及1993年的《商标法》之庇护。

申请在先原则实际上是注册取得制度的延伸。1982年《商标法》第十八条规定，两个或者两个以上的申请人，在同一种商品或者类似商品上，以相同或者近似的商标申请注册的，初步审定并公告申请在先的商标；同一天申请的，初步审定并公告使用在先的商标，驳回其他人的申请，不予公告。该条款确立的以申请在先原则为主，以使用在先为补充的审核制度也一直延续至今。1993年《商标法》对该条款只字未变，2001年修正时除了变“申请人”为“商标注册申请人”之外，其余表述未动，并一直保留该表述至2019年《商标法》。

在注册获权阶段，使用并非我国商标权授予的依据，即我国未设定注册阶段的使用要求。依据2019年修法前《商标法》第四条的

---

[1] 1957年国务院《转发中央工商行政管理局〈关于实行商标全面注册的意见〉的通知》。

[2] 刘春田．知识产权法［M］.5版．北京：中国人民大学出版社，2014：242.

[3] 吴汉东．知识产权法［M］.5版．北京：法律出版社，2014：244.

规定:"……需要取得商标专用权的，应当向商标局申请商标注册"。条文中规定的"需要取得"可以理解为申请商标注册应当有实际使用商标的需要，且申请人应当有实际使用的意图，但实践中却出现大量非以使用为目的或不具备使用意图的商标申请。

2. 注册制度与商标抢注

商标抢注可以说是注册取得制度的必然产物。2001 年之前的《商标法》对未注册商标基本上不提供任何保护。❶ 由于使用并非我国商标注册的前提，在这种绝对化的制度之下，商标抢注在市场经济的大潮下显现出来只是时间早晚的问题，但一定不会缺席。

早在 1988 年 5 月 26 日,《光明日报》曾发布新闻《警惕"商标大鳄"扰乱市场》。据该报道，中国（深圳）对外贸易中心有限公司近几年抢先注册其他企业不同类别的 200 多件商标，这些商标涉及国内 48 家上市公司和大批公众熟知的企业。"长虹"的商品商标被其抢先申请注册了服务类商标，还有"秦池""春兰""熊猫""实达"……甚至连韩国著名企业大宇（DAEWOO）也因此无法用其商标在中国从事保险信息、金融信息、租借担保、资本投资、不动产出租等业务。❷

商标抢注只是投机的第一步，转让牟利才是最终目的。中国（深圳）对外贸易中心有限公司的 200 多件商标中，156 件被商标局核准注册。获准注册后，该公司旋即通过多种方式联系商标转让事宜。如致函北京、武汉等多地的商标代理机构，请求联系商标转让。对转让商标明码标价，如:"熊猫"商标 340 万元,"大京九"商标

❶ 1993 年《商标法》第 27 条第 1 款新增"以欺骗或其他不正当手段取得注册"的规定，在当时的争议裁定行政终局的背景下，成效确实不彰。

❷ 胡晓军 . 警惕"商标大鳄"打乱市场［N］. 光明日报，1998-5-26（14）.

310万元，“凤凰”110万元，“长城”107万元，“孔雀”96万元。[1]在当时就如此之高价，即使以今日之视角，也不啻为狮口大开；又如向社会公开发布《致上市公司倡议书》，表示“愿意本着公平自愿的原则，以投入的成本费用作为基数与相关上市公司进行友好协商（商标转让事宜）”。再如该公司在向商标局提交的《关于我公司注册商标引发社会争论的情况报告》中，甚至建议商标局召开相关上市公司座谈会，邀请该公司参加，协商解决商标异议或争议问题，同时核算了其注册的成本构成。[2]

在当时的商标法律框架之下，商标局化解商标抢注事件的主要是依据1993年《商标法》第二十七条第一款和《商标法实施细则》第二十五条第一款第（5）项。[3]第二十七条第一款是1993年修正《商标法》时的新增内容，即“已经注册的商标，违反本法第八条规定的，或者是以欺骗手段或者其他不正当手段取得注册的，由商标局撤销该注册商标；其他单位或者个人可以请求商标评审委员会裁定撤销该注册商标”。商标局认为，中国（深圳）对外贸易中心有限公司行为的违法性有二：一是短时间内集中大量地注册与有一定知名度商标和上市公司简称相同的商标，反映出其主观上具有不正当注册的恶意；二是在注册后随即联系有偿转让，体现出其注册商标的目的，不是为了在自己生产、制造、加工、拣选、经销的商品

[1] 关于撤销中国（深圳）对外贸易中心有限公司注册不当商标有关情况介绍［J］.工商行政管理，1998（16）：22.

[2] 关于撤销中国（深圳）对外贸易中心有限公司注册不当商标有关情况介绍［J］.工商行政管理，1998（16）：22-23.

[3] 1993年修订的《商标法实施细则》第二十五条第一款规定：下列行为属于《商标法》第二十七条第一款所指的以欺骗手段或者其他不正当手段取得注册的行为：（1）虚构、隐瞒事实真相或者伪造申请书件及有关文件进行注册的；（2）违反诚实信用原则，以复制、模仿、翻译等方式，将他人已为公众熟知的商标进行注册的；（3）未经授权，代理人以其名义将被代理人的商标进行注册的；（4）侵犯他人合法的在先权利进行注册的；（5）以其他不正当手段取得注册的。

或提供的服务上使用，而是为了通过转让谋取不正当利益。[1]该商标抢注事件如发生在今日的经济和司法环境下，商标局的裁定恐怕也难出其右。

该案件的处理结果在当时引发两方争论。一方主要认为于法无据，商标法并未有一定期限内对商标注册作特定的数量限制，短时间内的大量注册，在法律和逻辑上难以推导出恶意存在；同时注册和转让均为商标法所允许，如此合乎法律规定，何来注册之不正当。另一方则从公平与诚实信用原则出发，论证了商标法的基本目的之一是维护正常的社会经济秩序，其立法核心是保护商标专用权，抢注本身破坏了这种秩序和宗旨，应予以制止。[2]

直观地看，当时商标局的认定理由与2019年《商标法》第四条新增内容不谋而合："不以使用为目的的恶意商标注册申请，应当予以驳回"。尚待讨论的是，商标局的这一裁定是过于超前，还是2019年《商标法》的修正过于迟滞。1993年《商标法》规定了"以欺骗或其他不正当手段取得注册"条款作为处理商标争议案件的主要依据，这也是2001年之前的《商标法》中唯一可能用于保护未注册商标的条款。彼时，商标争议案件的行政终局裁定不受司法审查，对何谓"其他不正当手段取得注册"可能并未有明确而统一的认知。该外贸公司的抢注行径究竟是手段不正当？抑或目的不正当？仍值得进一步探讨。事实上，与其说商标局依据"其他不正当手段取得注册"条款裁定撤销商标，但不如承认是依据了诚实信用原则而径直予以断案。但诚实信用原则毕竟是源于民法的一项指导性原则，一般认为仍应与其他立法政策、法律规则、具体条款结合起来予以

[1] 关于撤销中国（深圳）对外贸易中心有限公司注册不当商标有关情况介绍［J］.工商行政管理，1998（16）：23.

[2] 周长玲.商标注册原则与使用原则之比较——谈完善我国商标注册制度［J］.政法论坛，1999（6）：29.

谨慎理解和适用。不可否认，在当时的经济环境下，商标立法相对落后于迅速变化的社会实践，但超前的法律理论已经在为注册取得制度除弊兴利。

3. 2019 年《商标法》：不以使用为目的的恶意商标注册申请

进入 21 世纪，加入世界贸易组织后，我国产业迅速融入全球价值链的分工体系中。凭借要素禀赋和基础设施的比较优势，我国对外贸易环境进一步优化，对外贸易规模连年大幅上升，作为"世界工厂"的地位不断得以巩固。与此同时，品牌溢价效应被中国消费者广泛接受，知名商标的市场价值和号召力得到了更多认同与接受。

2010 年，中国商标申请量首破百万件大关，之后的商标年申请量更是以百万件递增不断刷新纪录。2017 年突破 500 万件，2020 年国内商标申请量达到了 911.6 万件，再创历史新高。[1] 这一趋势在全球都非常令人瞩目。根据《科睿唯安亚太知识产权 2020 年度报告》，2010 年，中国大陆收到的商标申请数量占全球总数量的 31%。自此以后，这一占比逐年递增。2020 年，中国大陆商标注册机构收到的商标申请数量已占全球总数量的 70%。

毋庸置疑，在巨大商标申请量中确实包含一定数量的不以使用为目的，甚至是恶意抢注的商标申请。并且，其中相当部分也通过了实质审查程序且最终获准了注册，这也是最为社会公众所诟病之处。对此，首先需要明确的是，不应以道德的标准来代替现实的法律标准，不应以道德指责代替法律判断。只有确实进入法律界限内的道德评价才具有法律意义。法制原则在任何情况下均需要也必须得到敬畏和尊重。为了避免注册制下商标申请的无序失衡，凸显商标使用的重要性，2013 年《商标法》已经进行了一定程度的纠偏。

[1] 国家知识产权局商标局 .2020 年四季度各省、自治区、直辖市商标注册申请、注册统计表［EB/OL］.（2021-01-11）［2021-03-13］.http://sbj.cnipa.gov.cn/sbtj/202101/W020210111460315435301.pdf.

例如，在第七条第一款强调了商标注册和使用时应当遵循诚实信用原则，在第四十九条阐述了商标不使用的法律后果，在第五十九条第三款肯定了在先使用在特定范围的正当使用权，在第六十四条则明确了商标侵权中赔偿权主张因未使用的限制等。

直至到《商标法》于2019年第四次修正，又有针对性地在第四条增加了“不以使用为目的的恶意商标注册申请，应当予以驳回”的规定。该条款修改明确体现了商标申请应当“以使用为目的”，这是我国立法第一次在申请注册阶段提出了“使用目的”的要求，但依然未正面规定申请人应具有商标使用的积极义务。这与一些国家立法对商标使用的重视程度及对商标使用义务的强调还存有一定的差异。

除了在商标注册阶段突破性地限制“不以使用为目的的恶意申请”获得专用权的保护，第四条增加的规定一定程度上解决了实务中饱受争议的《商标法》第四十四条第一款适用范围的问题。2019年《商标法》修法以前，在申请审查阶段，并无可直接适用的条款直接驳回具有批量规模性、非以使用为目的的商标申请。在商标异议、不予注册复审及无效宣告程序中，为了遏制商标恶意注册，行政及司法机关适用第四十四条第一款中“以其他不正当手段取得注册”规定解决囤积商标和不正当占用公共资源的问题。但该实践一直饱受争议，曾有观点认为该条款规制的是已注册的商标，因此不应当适用到异议、不予注册复审程序中的未注册商标。在异议或者不予注册复审案件中参照适用《商标法》第四十四条第一款，事实上是行政审查及司法实践对该条款擅自予以扩张解释，将适用范围针对“已经注册的商标”扩大至未注册商标，参照适用有司法代替立法越俎代庖之嫌。

《商标法》第四次修正之后，在商标审查、异议、不予注册复审阶段可以适用《商标法》第四条解决规模性非以使用为目的的商标注册行为，不再适用《商标法》第四十四条第一款规制“以其他不正当手段取得注册”的规定。

无效宣告程序中，依据修法后的规定，由于第四条可以作为独立提起无效宣告的法条，对于无真诚使用意图的规模性注册应直接适用《商标法》第四条而非《商标法》第四十四条“以其他不正当手段取得注册”的规定。而“以其他不正当手段取得注册”的规定作为兜底条款，当出现规模性注册但诉争商标投入实际使用的情形留予“以其他不正当手段取得注册”的规定规制。

当前实践中，两个条款的适用确实有较大范围的重合度，且《商标法》第四十四条第一款规制“以其他不正当手段取得注册”的规定在不予注册复审阶段广泛使用，因此对于在何种情形优先适用哪一条款，确有待今后的商标审查即司法实践及规范性文件予以明确，部分业内人士也对此进行了积极的探索和建议。[1]

（二）注册阶段使用要求的完善建议

1. 调整体例位置、明确内涵与外延

在商标使用概念的立法上，部分国家如美国、德国，或在商标法中用专门条款对“商标使用”予以规定，或者在总则部分对“商标使用”予以规定；而部分国家未设立专门条款，而将其放在注册商标使用要求的相关制度中提及，如欧盟的《共同体商标条例》和英国商标法。

鉴于我国现时恶意抢注、囤积商标的问题仍较为突出，本书认为有必要在商标法总则部分对“商标使用”概念予以明确，以强调商标使用的义务，采用“概括＋列举”的方式明确商标使用的内涵

[1] 周丽婷．新《商标法》背景下部分商标注册绝对条款的适用［J］．中华商标，2020（12）：47-52.

和外延。其中，关于“商标使用”的内涵，可规定“商标使用应反映商标指示和区分商品或服务来源的基本功能”或者“商标使用应体现为真实的商业性的使用”。关于“商标使用”的外延，《商标法》第四十八条的规定仅列举部分使用方式，并未考虑服务商标的特点更未提及使用，但未将商品和服务商标的使用加以区分，则不利于公众参照适用。[1]

此外，正如消费者已深刻认知且感受的，商标使用的现实市场环境已经发生了深刻变化。商标不仅只出现在商品包装、卖场货架、商店橱窗、广告牌和纸质媒体上。商标业在跨越国界的互联网上已被广泛应用，并与网站、域名、赞助搜索引擎广告、拍卖网站、电子邮件、QQ、微信、移动应用程序等密切相关。例如，在加拿大联邦上诉法院2020年审结的一件有重要意义的案件[2]中，就在加拿大没有实体店的情况下如何厘定商标在指定服务上使用的概念提供了指引。在该案件中，华尔道夫酒店（Waldorf Astoria）是一家著名的豪华酒店，其酒店遍及全球，但从来未在加拿大成立实体店。其指定使用在“酒店服务”的商标“WALDORF ASTORIA”被请求因不使用而撤销。法院查明：在请求撤销的指定期间内，访问被请求撤销人的网站的加拿大人能够看到“WALDORF ASTORIA”商标，且有大约1300个来自加拿大的人获得了华尔道夫酒店的折扣房价，并收到了显示了该商标的预订确认邮件。因此，法院认定上述证据表明，消费者在加拿大能够实质和有意义地享受到有该商标指定使用的“酒店服务”。法院更进一步指出：商标注册中所使用的词汇含

---

[1] 在如下情形中使用服务商标，则被视作服务商标的使用：（1）服务场所；（2）服务招牌；（3）服务工具；（4）带有服务商标的名片、明信片、赠品等服务用品；（5）带有服务商标的账册、发票、合同等商业交易文书；（6）广告及其他宣传用品；（7）为提供服务所使用的其他物品。参见：1999年3月30日国家工商行政管理局商标局《关于保护服务商标若干问题的意见》（商标〔1999〕12号）第七条。

[2] Miller Thomson v Hilton Worldwide Holding LLP（2020 FCA 134）（Hilton FCA）.

义会随着时间而改变，尤其是当向消费者提供服务的方式因重大技术进步而被彻底改变之时。在对商标使用的要求不能毫无限制的前提下，该要求必须应因当前商业惯例而有所调整。

中国互联网经济的迅速发展，促使我们对互联网环境下的商标使用要求也应当尽快予以明确，并在立法中对相关使用方式予以规定完善。就区分商品和服务商标的使用以及网络环境下使用，可以先进行原则上的规定，具体可参考2016年韩国商标法关于“商标使用”的规定。[1]

通过上述修改，不仅能够在立法开篇强调商标使用的重要性，亦能使“商标使用”概念统一适用于不同的使用要求制度中。

2. 引入意图使用制度

为了强化在商标注册取得制下对于使用要求的强化，建议考虑立法方面，应明确在商标注册申请阶段引入意图使用制度。

在最高人民法院的法发〔2011〕18号文[2]中，在第十八条依法加强商标权保护时，要求需要考虑把握商标注册申请人或者注册人的主观状态，采用了“真实使用意图”这一措辞。本书认为“真实”一词含义为：与客观事实相符合；而“真诚”一词含义为：真实诚恳，没有一点儿虚假。因此，采用“真诚使用意图”（the Bona Fide Use Intention）更能准确描述对申请人在申请商标时所应秉持的正确

[1] 2016年《韩国商标法》修改前，第2条“定义”对商标使用行为进行了列举，包括（1）商品上或在商品包装上标志商标的行为；（2）转让或引导商品上或在商品包装上的标志商标，或以此为目的进行展示、出口或进口的行为；（3）在商品的广告、价目表、交易文件、招牌或商标等处标志商标以及对此展示或颁布的行为。同时明确上述规定的商品、商品包装、广告、招牌或商标上标志商标的行为，包含商品、商品包装、广告、招牌或商标用形象、声音、气味作为标识的情形。在2016年修订后，对上述商标使用的方式进行了拓展，规定上述商标使用行为包括，“在电子通信网络中通过电子方式来展示商标。”

[2] 参见《最高人民法院关于充分发挥知识产权审判职能作用　推动社会主义文化大发展大繁荣和促进经济自主协调发展若干问题的意见》（法发〔2011〕18号），2011年12月16日公布。

主观心态。同时，也是对贯彻落实《商标法》第七条第一款“申请和使用商标，应当遵循诚实信用原则”的具体体现和要求。

因此，笔者建议在《商标法》第二章“商标注册的申请”部分增加一条规定：“申请商标注册时，申请人应当提交已实际使用的证据，或者对该商标具有真诚使用意图的申请人签字确认的声明”，使得审查机构在审查商标注册申请阶段有明确的法律适用依据。

作为配套规定，还可规定申请人提交商标注册申请时应一并提交关于真诚使用意图声明。该声明除了确认申请人对申请商标具有真诚使用意图外，还可以明确违背该使用意图声明时申请人应当承担的法律后果，作为判断申请人主观目的的初步证据。

此外还可规定，在商标申请确实具有体现主观恶意的情形之时，审查员可以要求申请人提供商标真诚使用意图的说明，或提供证明材料以证明其具有真诚善意使用商标的意图，包括但不限于将商标准备使用、已经使用的书面证据。继而，可考虑引入审查机构的主动审查机制，配合《商标法》第四条“不以使用为目的的恶意注册申请应予以驳回”的适用。若申请人在注册申请阶段不能依审查员要求提供商标使用意图的说明、准备使用或者已使用的书面证据，且存在其他体现主观恶意的客观情形时，应认定为构成“恶意”而予以直接驳回。

在商标注册申请审查实践中，商标审查机构确已考虑在具有体现恶意的客观情形时出具商标审查意见书要求申请人提供使用声明、使用或者准备使用的证据等，若无法提供的，则驳回其注册申请。在国家知识产权局于2021年6月发布的《商标审查及审理标准（征求意见稿）》关于第四条适用时就列举了一个典型案例：某自然人自2004年起至2019年11月累计在30多个类别上申请了900余件商标，多数已核准注册，在2019年12月至2020年4月又少量提交了100余件商标注册申请。商标审查部门通过审查意见书程序要求申请人就申请注册商标意图及使用情况做出说明并提供必要证据。申请人辩称：提交大量商标注册申请，一是为爱好商标而申请商标；二是为企业客户提供商标设计服务；三是为其本人开展经营备用；四是部分商标在先已获准注册，这些申请属于防御性注册，在其他类别进行延伸保护。经查，申请人提交的个体工商户营业执照显示，该个体工商户成立于2007年，注册资本1万人民币，经营范围为“经济信息咨询；销售服装、首饰、工艺品、五金交电、日用品、饲料、化妆品、家用电器；电脑图文设计”，申请人在30多个类别上共提交1000余件商标注册申请，明显超出其实际使用需求；提交多件商标注册申请指定类别与其营业范围行业跨度较大，如第33类白酒、第5类人用药等，明显超出其经营范围。申请人辩称的防御性注册，应当是申请人在先注册商标已投入实际商业使用并具有一定知名度，基于防止他人抢注的目的申请相同近似商标的行为，申请人并未提交在先注册商标使用情况相关说明，基于防御意图申请注册的理由难以成立。申请人辩称为开展经营备用，但未提供相关材料证明其已实际做出准备，且申请人在先已注册数百件商标，足以满足其生产经营需要，申请人无法对大量提交新的商标注册申请行为做出合理说明且未提供必要证据，故其上述商标注册申请构成不以使用为目的的恶意商标注册申请，适用《商标法》第四条予以驳回。

需要强调的是，关于注册申请阶段申请人依审查员要求提供使用意图的说明、准备使用或者使用的证据，应当符合何种要求，本书认为应当在规范性文件中做出相对明确的指引，避免对于使用及使用意图的审查判断全部依赖于审查员的自由心证。建议可在规范性文件中明确“真诚使用意图”的判断标准和考量因素。例如，在判断商标注册申请是否属于《商标法》第四条规定的不以使用为目的的恶意申请商标注册，国家市场监督管理总局颁布的《规范商标注册申请行为若干规定》第八条明确规定了六条认定标准[1]，起到很好的审查指引作用。因此，判断具有“真诚使用意图”仍应当有相对明确而清晰的审查标准。本书认为，除了使用意图声明之外，与下列活动相关的证据应同样可以考虑被用于证明具有真诚使用意图：与拟使用商标的经销商、代理商或被许可人的电子邮件或其他书面函件；拟将商标使用于项目产品或者服务项目的研发，市场调查，生产和促销活动；为使用商标所申请的政府部门所要求的执照，监管证明或许可文件；或者从事其他相类似的能够表明商标使用意图的积极市场行为等。

二、使用获得显著性制度

（一）使用获得显著性制度确立及演化

商标具有显著性是获得专用权保护的先决条件之一，商标的显著性可以分为固有显著性和获得显著性两种类型。

首先需要明确的是，在判断商标是否具有显著性时，不仅需要考虑商标，还要结合该商标所指定的商品或服务进行判断。以“苹果”文字商标是否具有显著性为例，当它使用在苹果这一商品上是不具有显著性的通用名称，但当其使用在电子产品上就成为一个显著性较强的商标。

“使用获得显著性”制度为原先指定在特定商品及服务上缺乏显著特征的标志获得商标专用权确立了可能性，符合商标权保护商标实际使用的根本目的，是对实际使用商标行为的表彰。

我国商标法一度禁止将商品的通用名称、图形以及描述性标志

---

[1] 参见《规范商标申请注册行为若干规定》（国家市场监督管理总局令第17号），2019年12月1日起施行。

作为商标使用，在1982年《商标法》中将通用名称、图形及描述性标志与其他损害国家、公共利益、具有欺骗性及不良影响的标志一并规定为禁止作为商标使用的标志，认为通用名称、图形和描述性标志不应作为商标使用。

1993年修法保留通用名称、图形及描述性标志不得作为商标使用的规定。[1]

2001年《商标法》在此点有较大突破，明确将“本商品的通用名称和图形；直接表示商品的质量、主要原料、功能、用途、重量、数量及其他特点的”标志与禁用标志区分开来，单独在第十一条规定“（一）仅有本商品的通用名称、图形、型号的；（二）仅仅直接表示商品的质量、主要原料、功能、用途、重量、数量及其他特点的；（三）缺乏显著特征的标志不得作为商标注册”。至此，“获得显著性制度”正式在我国商标立法中予以明确。

2013年、2019年《商标法》修正时均未对此相关条款予以修改。确立使用获得显著性制度使得原本无法获得商标专用权保护的标志通过使用能够发挥指示和区分商品来源的作用，继而使得此类标志具有获得商标专用权保护的可能性。这与我国商标保护实践及对商标使用认知程度的变化密不可分，体现从最初的绝对注册主义向强调使用的注册主义演化，是我国商标获权立法的一大进步。

（二）使用获得显著性制度实践及问题

我国《商标法》及规范性文件虽然规定了使用获得显著性并已历经十几年的实践运用，但在获得显著性的认定问题上，仍存在适用对象不明确，认定标准模糊，认定方式过于原则、简单化等问题。

---

[1] 1982年及1993年《商标法》第八条均规定，“商标不得使用下列文字、图形：……（5）本商品的通用名称和图形；（6）直接表示商品的质量、主要原料、功能、用途、重量、数量及其他特点的”。

进而导致相关理论和实践中仍存在不少争议和冲突。

1. 使用获得显著性制度实践的现状

（1）现状一：驳回复审案件中主张通过使用获得显著性，难以获得支持

2001 年《商标法》修正之前，虽然立法没有规定使用获得显著性制度，但在审查实践中已被予以一定程度的接受。如在“正味 ZHENGWEI”商标异议案[1]中，商标局充分考虑到“被异议人已经将‘正味’作为麦片等商品上的商标实际使用多年，并进行了大量的广告宣传，具有了一定的知名度，取得了作为商标应有的显著性。指定使用在第 30 类麦片等商品上的被异议商标‘正味 ZHENG WEI’系在实际使用并取得显著性的基础上的申请注册，‘正味’一词作为该商标的组成部分，其区分商品来源的功能已强于其作为普通商贸用语所具有的直接叙述商品质量、口味等特点的功能”。[2]

确立通过使用获得显著性制度，实际上是对已存在的市场事实予以法律确认，是对缺乏显著特征但在市场中已投入广泛使用并足以区别产源标志的必要保护。如“六个核桃”[3]“ONETOUCH”[4]“BESTBUY”[5]“沩山毛尖及图”[6]等均是成功的典型案例。但在大部分商标驳回复审案件中，法院均未支持申请人的这一主张。[7]实践中，申请人想要通过使用方式使得描述性标识和其他缺乏显著性的标识

[1] 国家工商行政管理总局商标局（2001）商标异字第 2138 号《“正味 ZHENG WEI”商标异议裁定书》。

[2] 汪泽 . 商标显著性研究［EB/OL］.（2009-04-09）［2021-03-15］.http://spw.sbj.cnipa.gov.cn/llyj/200904/t20090409_229731.html.

[3] 参见北京市高级人民法院〔2012〕高行终字第 256 号行政判决书。

[4] 参见北京市高级人民法院〔2015〕高行（知）终字第 1077 号行政判决书。

[5] 参见最高人民法院〔2011〕行提字第 9 号行政判决书。

[6] 参见最高人民法院〔2011〕行提字第 7 号行政判决书。

[7] 吴园妹 . 商标驳回复审行政纠纷中对“获得显著性”的考量［J］. 中华商标，2017（12）：12.

获得注册，即使提供大量证据亦难以得到审查机构和法院的支持，举证确实存在较大困境。

（2）现状二：细化的判断标准仅体现于审查机构的规范性文件

关于“使用获得显著性”制度，法律规定的判断标准较为原则，即体现在《商标法》第十一条第二款“前款所列标志经过使用取得显著特征，并便于识别的，可以作为商标注册”。

相对细化的规定体现在规范性文件和司法解释中，包括：国家工商管理总局商标局、商标评审委员会编著的2016年版《商标审查及审理标准》中，即“本身不具备显著特征的标志经过使用取得商标显著特征，能够起到区分商品或服务来源作用的，可以作为商标注册”及第九章部分。

《最高人民法院关于审理商标授权确权行政案件若干问题的规定》（以下称“《商标行政案件若干问题的规定》”）第七条规定：“人民法院审查诉争商标是否具有显著特征，应当根据商标所指定使用商品的相关公众的通常认识，判断该商标整体上是否具有显著特征”。

（3）现状三：实践中已形成判断是否通过使用获得显著性的考量因素

实践中，商标审查机构和法院逐步总结出一些可供参考的考虑因素和判断标准。例如，作为行政规范性文件的《商标审查及审理标准》中规定，应当综合考虑下列因素判断某个标志是否经过使用获得显著特征：①相关公众对该标志的认知情况；②该标志在指定商品/服务上实际使用的时间、使用方式及同行业使用情况；③使用该标志的商品/服务的销售量、营业额及市场占有率；④使用该标志的商品/服务的广告宣传情况及覆盖范围；⑤使该标志取得显著特征的其他因素。

《北京市高级人民法院商标授权确权行政案件审理指南》（以下

简称《商标行政案件审理指南》）关于"第二含义"的认定中规定：当事人主张诉争商标标志经过使用取得显著特征的，可以综合考量下列因素予以认定：①诉争商标标志的使用足以使其发挥识别商品来源的作用；②使用诉争商标标志的时间、地域、范围、规模、知名程度等；③其他经营者使用诉争商标标志的情况。[1]

通过对比可以发现，行政机关与司法机关在认定通过使用获得显著性的考量因素存在一定的区别。

首先，《商标审查及审理标准》与《商标行政案件审理指南》对于判断角度的规定存在差异。《商标审查及审理标准》第一项规定应考虑"相关公众对该标志的认知情况"。《商标行政案件审理指南》第一项规定应考虑"诉争商标标志的使用足以使其发挥识别商品来源的作用"。所谓相关公众对该标志的认知情况，无论是将其视为行业内或市场中的通用名称或描述性词汇，还是将其视为具有一定识别性的词汇，均无法直接地表明这种识别性应达到的效果是使消费者明白无误地意识到使用该商标的商品或者服务来源于特定的提供者。即需要起到足以发挥识别商品来源的作用。因此，相比较而言，《商标行政案件审理指南》的规定更加明确。

其次，《商标审查及审理标准》将"同行业使用情况"与"该标志在指定商品／服务上实际使用的时间、使用方式"并列规定，而《商标行政案件审理指南》将"使用诉争商标标志的时间、地域、范围、规模、知名程度"与"其他经营者使用诉争商标标志的情况"区分对待。考虑同业经营者使用情况仅适用于，当市场上的许多经营者使用该标志作描述性用途或者作为商号或者商品名称时，相关公众无法将该标志与特定的商业经营者相关联。相反，若存在同行

[1] 见北京市高级人民法院知识产权庭于 2019 年 4 月 24 日发布并执行的《北京市高级人民法院商标授权确权行政案件审理指南》第 9.7 条"'第二含义'的认定"。

业竞争对手竞相模仿的情况，那么可以作为商标通过使用获得第二含义的一个重要证据。

如第3037973号商标“[redacted]”驳回复审案[1]中，吉列公司提交了以下证据以证明同行业竞争对手竞相模仿其颜色组合商标而意图通过混淆、假冒使用方式获利：①美国国际贸易委员会关于他人构成非法使用申请人申请商标标志的裁定的部分章节复印件；②浙江省义乌市人民法院〔2001〕义刑初字第723号刑事判决书；③深圳和上海海关处罚决定书复印件二份；④义乌市和广州市工商局行政处罚决定书复印件三份；⑤舟山市、金华市、粤阳市质量技术监督局行政处罚决定书复印件三份；⑥美国、英国海关查处记录复印件及翻译件十二份；⑦英国高级法院判决书复印件及翻译件一份；⑧在英国、阿根廷、以色列侵犯申请人商标的侵权者保证书复印件及翻译件五份；⑨新会市工商局行政处罚决定书一份。因此，关于同行业使用该标志的情况可以作为单独证据发挥证明作用。《商标行政案件审理指南》将同行业竞争者使用情况予以单独列明的安排相对更加科学且必要。

（4）现状四：立法对于单一颜色可注册性规定不明确

《商标法》第八条规定，任何能够将自然人、法人或者其他组织的商品与他人的商品区别开的标志，包括文字、图形、字母、数字、三维标志、颜色组合和声音等，以及上述要素的组合，均可以作为商标申请注册。该条款明确列明“颜色组合”商标能够获得注册，但未将“单一颜色标志”明确列举在可申请注册商标的范围内。

纵观我国《商标法》修改历程，仅在2011年国务院法制办公布

---

[1] 参见商评字〔2005〕第3087号《关于第3037973号颜色组合商标驳回复审决定书》。

的《中华人民共和国商标法（修订草案征求意见稿）》中涉及颜色（未限制是单一颜色还是颜色组合）作为商标构成要素征求意见。[1]但2013年《商标法》中，删除单一颜色注册商标的规定。具体实践中，申请的单一颜色商标多以缺乏显著性为由被驳回，部分申请情况如表1–1所示。

表1–1 部分单一颜色商标申请

申请日	申请人	申请号	商标颜色	类别
2002–09–05	南昌市三源南钢燃料有限公司	3297256	红色	39
2003–07–17	吉百利英国有限公司	3636258	蓝紫色	30
2004–09–13	美国马斯公司	4265815	紫色	31
2005–07–28	XELLA DEUTSCHLAND GmbH	G852047	黄色	19

表1–1申请商标中，除吉百利英国有限公司所申请的3636258号被初步审定公告外，其余三件商标均因缺乏显著性被驳回。而吉百利公司的商标也在经马斯公司、雀巢公司异议并经异议复审后最终被裁定不予核准注册。[2]

反对单一颜色即使通过使用亦获得保护的理由主要有两点：第一，自然界中单一颜色种类极其有限，给予单一颜色通过使用获得保护将可能造成对某一颜色的使用垄断，妨碍其他生产经营主体的正常使用；第二，实践中我国企业还没有将单一颜色作为商标注册的需求。[3]而认为立法对单一颜色商标注册保护应予以明确确认的理

---

[1] 国务院法制办公室．关于《中华人民共和国商标法（修订草案征求意见稿）》公开征求意见通知［A/OL］．(2011–09–01)［2021–02–27］.http://www.gov.cn/gzdt/ 2011–09/02/content_1939013.htm.

[2] 陈伟莉．从“红鞋底”案看单一颜色商标在中国的发展和保护［J］．中华商标，2020（04）：71.

[3] 侯玉静．浅析单一颜色商标的可注册性和司法保护［EB/OL］．(2018–04–16)［2021–03–15］. https://mp.weixin.qq.com/s/loBYzmfO8BZMKJRLPklJYA.

由主要也有两点：第一，商标法律的制定和修改应当具有一定前瞻性，若仅局限于现实需求而不顾未来形势的发展，势必需要经常对商标法律进行修改，增加立法的不稳定性；第二，为单一颜色商标提供注册保护对于消费者和生产者都具有较强现实意义。相关研究表明，消费者识别颜色要比识别其他标志更容易，消费者能够通过颜色在第一时间内捕捉到自己所需要商品或服务的信息。[1]例如货架上的红色“可口可乐”和蓝色的“百事可乐”，醒目的绿色“中国农业银行”和红色的“中国工商银行”都给予消费者极强的辨别感，方便消费者很好地识别其商品及服务。

在第G1031242“红鞋底”商标（如图1-1所示）商标驳回复审行政纠纷案件中，二审法院和最高法院在判决里明确指出，虽然“红鞋底”商标标志构成要素“不属于《商标法》第八条中明确列举的内容，但其并未被商标法明确排除在可以作为商标注册的标志之外，国家知识产权局认为其不属于《商标法》第八条保护之商标类型无法律依据，不予支持”。[2]该案判决首次明确了《商标法》第八条列举的商标可注册标志及其构成要素并非对商标可注册类型的限定，为法条中未列明的非传统商标的注册和保护提供了可能性。这实际上是司法对法律条文的规定进行了目的解释而做出的回应实际问题的判决，但从第八条自身条文语义来看，解释确有些过于超越法律文义规定之嫌。

[1] 湛茜.单一颜色商标的注册问题研究［J］.暨南学报（哲学社会科学版），2012，34（10）：116.

[2] 参见北京高级人民法院〔2018〕京行终2631号行政判决书及最高人民法院〔2019〕最高法行申5416号再审行政裁定书。

涉案商标

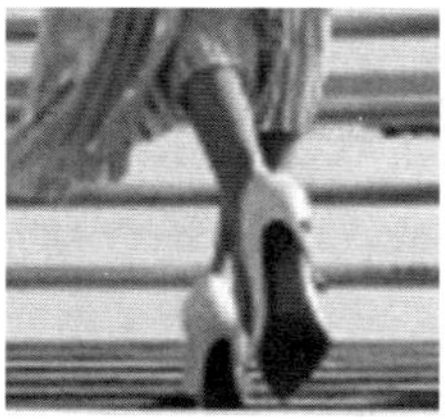

实际使用方式

图 1–1　G1031242 商标

此外，商标审查机构的《商标审查及审理标准》中对《商标法》第十一条规定的其他缺乏显著性的标志列举中包含“单一颜色”。依据其规定，“单一颜色”属于《商标法》第十一条第一款三项规定的其他缺乏显著性的标志。而《商标法》第十一条第二款规定，前款所列标志经过使用取得显著特征，并便于识别的，可以作为商标注册，说明“其他缺乏显著性的标志”可以通过使用获得显著性。考虑到《商标审查及审理标准》明确将“单一颜色”列为“缺乏显著性的标志”，那么依据《商标审查及审理标准》现行规定，“单一颜色”能够适用《商标法》第十一条第二款予以保护。

据此，我们认为有必要对单一颜色的可注册性在立法方面予以规定，将立法与规范性审查指南文件中的规定予以统一。

2. 使用获得显著性制度实践的不足之处

不足之处一：实践中对商标获得显著性认定标准不统一。

如前所述，《商标法》中关于获得显著性的判断多为原则性内容，相对细化的规定体现在商标审查机构的审查规范性指南中，这使得实践中对如何判断商标获得显著性存在不同的认识和认定标准，行政和司法机关裁判适用认定标准不统一。

考察涉及获得显著性判断的司法案例，可得出司法实践中主要存在两种认定标准：

第一种，适用“唯一对应关系”认定标准。

无论是理论界还是司法实践中，曾一度认为获得显著性需要达到“唯一对应性”的认定标准，如《商标授权确权的司法审查》中关于获得显著性的论述认为“通过使用获得显著性，实际上就是某一本身原本不具有显著特征，不能作为商标注册的标志，因实际使用行为而使该标志与单一主体之间建立起唯一的、稳定的联系，从而使相关公众能够通过该标志对商品来源加以识别”。[1]

在国际注册第640537号“”立体商标争议纠纷案件[2]中，一审、二审法院均认为认定获得显著性应证明该标志与单一主体之间建立唯一、稳定的联系。在第12381250号“”商标无效宣告行政纠纷再审案[3]中，最高法院认为“仅直接描述商品上述特点的标志要经过使用获得显著特征，应当以该标志是否经过实际使用与使用主体之间建立了唯一、稳定的联系，使相关公众能否通过该标志区分商品或者服务来源作为判断标准”。

第二种，适用“稳定对应关系”认定标准，认为缺乏固有显著性的标志经过使用，已经与特定商品或服务来源建立了紧密、稳定的联系。该认定标准并不要求申请标志经过使用与使用主体之间建立唯一的联系，而认为相关公众能够将经过使用的标志与特定商品或服务来源相联系即可认定通过使用获得显著性。

如第3993808号“汤瓶八诊”商标无效宣告行政纠纷再审案[4]中，最高人民法院认为“除杨华祥及其家族外，目前从事‘汤瓶八诊’治疗、使用‘汤瓶八诊’作为公司字号或商标使用的主体或经过杨华祥的授权，或与杨华祥存在不同程度的管理关系……争议商标已经与杨华祥形成了较为明确的服务来源指向关系，相关公众在

[1] 北京市高级人民法院知识产权审判庭. 商标授权确权的司法审查［M］. 北京：中国法制出版社，2014：92.

[2] 参见北京市高级人民法院〔2012〕高行终字第1750号行政判决书。

[3] 参见最高人民法院〔2020〕最高法行申5186号行政裁定书。

[4] 参见最高人民法院〔2018〕最高法行再63号行政判决书。

看到争议商标时，能够将其与杨华祥及其杨氏家族建立联系，争议商标在客观上已经发挥了指示特定服务来源的功能”。

如第3043421号商标无效宣告行政纠纷再审案❶中，最高人民法院认为“在相关公众能够以诉争商标识别商品或服务来源，且没有证据证明他人的使用破坏或者影响了诉争商标与其使用的商品或服务已形成的稳定联系的情况下，认定诉争商标经使用取得显著性并无不当”，法院认为经过使用取得显著性不应以使用主体的唯一性为标准。

再如2019年的第23191472号“闪送”商标驳回复审行政纠纷案件❷中，一审、二审法院认为申请人提及的大量证据能够证明诉争商标经过长期、大量的推广使用，已具有了较高的知名度和影响力，形成了与同城必应公司稳定的联系，在指定服务上能够起到区分服务来源的作用。

上述案例说明，实践对于获得显著性的认定标准不统一，个案中存在不同的认定标准，使得在商标审查和司法机关在认定申请的标志是否通过使用获得显著性时主观性较强。

不足之处二：过于强调商标知名度对认定获得显著性的重要性，使得“获得显著性”审查与“知名度”的审查混同或者等同。

在早期典型案例中，司法机关一度将认定获得显著性的认定与认定知名度或者驰名商标的认定等同。如2009年的“衡水老白干”商标民事侵权纠纷案❸中，法院认为：“原告提供的证据证明，原告是具有悠久历史的白酒生产企业，也是目前河北省白酒生产企业中唯一一家上市公司，在国内白酒行业具有一定的知名度……衡水老白干淡雅和衡水老白干67度白酒是原告系列产品中较受消费者欢迎

❶ 参见最高人民法院〔2017〕最高法行申7175号行政裁定书。

❷ 参见北京高级人民法院〔2019〕京行终5905号行政判决书。

❸ 参见河北省衡水市中级人民法院〔2009〕衡民三初字第43号民事判决书。

的产品，该两种产品外包装具有区别来源的显著特征，衡水老白干67度白酒还被工商行政管理机关认定为知名商标”。

如前述提及的国际注册第640537号“”雀巢方棕瓶立体商标争议纠纷案[1]中，法院认为“知名度的认定是判断一个商标具有获得显著性的关键。一旦可以认定在特定服务或商品上使用的某一标识具有广泛的知名程度，并可以将这一标识同标识的使用者建立起唯一的对应，那么这个标识可以被认定为在该服务或商品上具有获得显著性。由于这样的知名程度评判标准与驰名商标的知名程度评判标准基本相同，因此，获得显著性在举证上可以参照驰名商标认定标准的相关规定来实行”。

再如“为你读诗”擅自使用知名商品特有名称、包装、装潢纠纷案[2]二审中，法院认为，虽然“为你读诗”在一定程度上描述了朗诵诗歌供订阅者收听的服务内容，但是尚客圈公司在先将“为你读诗”用于商业活动，经过一定时间的大量、广泛使用，该名称具有了一定的知名度，成为能够实现区分服务来源功能的标识”。又如第13803205号“交大法学”驳回复审案件[3]中，法院认为“期刊《交大法学》从创刊到正式发行，从纸质期刊到电子期刊，不断通过各种途径增强《交大法学》的知名度，在涉及180余种期刊的相关排名中建立了较为紧密的联系”。

而从近几年法院所做的判决看，司法机关仍强调注重标志的知名度审查，将对使用、宣传情况的审查优先于相关公众对该标志指示和区分商品或者服务来源认知的审查，判决中鲜有对相关公众认知证据的审查和说明。如2019年的第18237231“混沌与秩序救赎

[1] 参见北京市高级人民法院〔2012〕高行终字第1750号行政判决书。

[2] 参见北京知识产权法院〔2016〕京73民终75号民事判决书。

[3] 参见北京知识产权法院〔2016〕京73行初134号行政判决书。

Ⅱ”商标驳回复审案[1]中，二审法院评述“诉争商标为文字和字母组合商标‘混沌与秩序救赎Ⅱ’，指定使用在提供数据库接入服务、信息传送、提供与全球计算机网络的电信连接服务、移动电话通信、计算机终端通信等服务，在一定程度上体现了指定使用服务的特点，缺乏作为商标应有的显著特征，且智乐公司提交的证据亦不足以证明其通过使用获得了商标应具有的显著性”。最高人民法院审理后则认为，判断标志是否经过使用取得显著特征，应当综合考虑相关公众对标志的认知情况；该标志在指定商品或服务上实际使用的时间、使用方式及同行业使用情况；使用该标志的商品或者服务的生产、销售、广告宣传情况及使用该标志的商品或者服务本身的特点等因素。该案中，根据智乐公司提交的证据可以证明诉争商标在中国已具有较高的知名度，自 2015 年 9 月 17 日作为游戏名称推出以来，通过长期的广告宣传、用户使用等一系列行为，诉争商标在 9 类“计算机游戏软件、计算机软件（已录制）等商品上取得了显著特征，以便于被相关公众识别，符合《商标法》第十一条第二款所指的情形。最高人民法院的判决指出诉争商标已通过使用具有较高知名度，但对相关公众的认知情况未予评述。

再如 2020 年的第 27901764 号“ ”商标驳回复审案[2]中，法院评述：获得显著性的判断关键在于知名度的认定，若使用者可以证明全国范围的相关公众对使用在特定商品或服务商的某一标志已广为知晓，且能够将其与使用者建立起唯一对应关系，则可以认定该标志在这一商品或服务上具有获得显著性。因这一知名度标准与驰名商标的知名度标准基本相同，故对于获得显著性的举证要求可以参照驰名商标的相关规定。法院之所以为获得显著性设定这一

[1] 参见最高人民法院〔2019〕最高法行再 116 号行政判决书。

[2] 参见北京知识产权法院〔2020〕京 73 行初 2471 号行政判决书。

知名度标准，主是基于以下考虑：此类标志之所以不具有固有显著性，究其根源在于该类标志均具有识别作用之外的其他“固有”含义，且相关公众对上述“固有”含义均有所认知。此种情况下，使用者如希望相关公众对该类标志产生“商标”的认知，必须使该类标志的商标识别含义强于其“固有”的含义，而因为相关公众对于这一固有含义通常具有较为强烈的认知，因而只有该使用行为使该标志具有很高知名程度时方可能达到这一效果。

上述提及的诸多典型或者近期案件中，司法机关将对“获得显著性”的审查转为对“知名度”的审查，甚至转为对“是否达到驰名”的审查，认为获得显著性的认定标准基本与驰名商标的认定标准相同。本书认为这种认定标准的混同是值得商榷的。

获得显著性在于标识通过使用可以发挥来源识别功能，而驰名商标的知名度判断问题是在确认商标具有基本的来源识别功能的前提下对商标的知名度进行的判断，两者在认定上，前者的审查关键在于相关公众对标志与提供者之间是否形成特定的对应关系，而后者则侧重于商誉及认可范围的评价。将“获得显著性”的判断标准抬高到商标驰名程度，无疑增加了当事人的举证负担，同时增加行政和司法审查成本。除此之外，将“获得显著性”的审查等同于“知名度”或者“驰名程度”的审查很可能将本已通过使用获得显著性的商标被不合理地排除注册，或者对具有较高知名度但不具有显著性的标志作为商标予以注册和保护，从而损害其他同业经营者的合法权益。

本书认为，关于知名度的证据应属于证明“获得显著性”的间接证据，且对于知名度高度的评价往往具有相当程度的不确定性，使得裁判者具有过大的自由裁量权并且不必要地增加其论理难度。因此，商标知名度的高低不应直接影响该标识具有指示和区分商品或者服务来源的基本功能。

不足之处三：缺少对证明使用获得显著性的直接证据的规定。

目前，司法实践中，将相关消费者的调查问卷作为证明标识获得显著性的证据尚不多见，但在证明混淆方面已有申请人意图通过提交消费者调查问卷等证据来证明申请标识已通过使用发挥指示和区分商品来源的作用。[1]

事实上，在证明获得显著性方面，以相关公众为中心的证明体系还未建立起来。在是否获得显著性的认定上，裁判者往往在综合各种商标的使用证据对消费者认知情况进行主观判断，但因缺少直接、客观的证据支持，判决结果缺乏说服力。关于市场调查报告的规定，仅在《北京市高级人民法院商标授权确权行政案件审理指南》中有体现，并且该规定仅出现在“关于商标法第三十条、第三十一条的适用”部分。在关于获得显著性认定方面，则并无市场调查或者消费者调查问卷等证据的规定。多数行政决定和司法判决以“提供的证据不足以证明申请商标已获得显著性”而否定了商标申请标识通过使用获得注册的可能性，使得裁判不具有充分的说服力。

司法判例显示，多数调查报告基于种种原因，在认定申请商标是否通过使用获得显著性时并未被采纳或者予以充分考虑。如马爹利股份有限公司第 27664684 号“”立体标志驳回复审案[2]中，法院对申请人提交的《无品牌标示洋酒酒瓶认知度项目报告》未予评述。再如爱克林有限公司第 24047421 号立体商标驳回复审案[3]中，申请人提交了商标知名度情况测试、公证书、证人证言等证据，用

[1] 张玲玲．商标显著性的司法判断（三）——获得显著性的司法认定［J/OL］．中国知识产权（网络版）．（2017-7-28）［2021-3-15］．http://www.chinaipmagazine.com/zl/columnview.asp?fid=52&id=154.

[2] 参见北京知识产权法院〔2020〕京 73 行初 2454 号行政判决书。

[3] 参见北京高级人民法院〔2019〕京行终 8150 号行政判决书。

以证明北京零点市场调查有限公司在多地销售市场进行了针对相关消费者对诉争商标知晓程度的实地调查。二审法院认为“知名度情况测试的受访对象与包装牛奶制品用塑料袋行业领域的生产者或经营者（指定商品的相关公众）有一定的差异，该证据不足以证明相关公众能够在包装牛奶制品用塑料袋商品上将其作为标示商品来源的标志进行识别。”

依据某项调研结果显示，在侵害商标纠纷案件中商标问卷调查的采信率较高。相反，在商标授权确权行政案件中商标问卷调查的采信率较低。[1]法院拒绝采信问卷调查的理由包括：第一，问卷调查方法上的缺陷；第二，许多案件中商标问卷调查是在诉讼阶段才提出，法院认为其不是做出商标评审裁定的依据；第三，调查对象选择不当包括样本量太少、地域范围存在局限性等；第四，问卷调查是由当事人单方委托的，客观性存疑；第五，上诉程序中提交的商标问卷调查并非法定的新证据；第六，调查报告不符合形式要求如未提交原件或者存在明显瑕疵等。如在博柏利有限公司等诉汤铁卉等商标侵权及不正当竞争案中，原告为证明其“格子布”设计已获得“第二含义”，而在上海市淮海中路三八一号中环广场底楼大堂开展问卷调查。但是，这一调查所涉及的对象显然与“涉案商品的全部潜在购买者”尚存在一定的差距。[2]

对于何种关于证明相关公众对标志与商品或者服务之间对应关系的证据能够予以采纳，实践中无统一标准亦无明确的规范性文件指引，使得商标申请人投入大量金钱、资源获得的调查报告、证人证言等不被采纳，申请人难以证明其申请商标已通过使用，并被相关公众识别指示特定的商品或者服务来源。

[1] 陈贤凯．商标问卷调查的司法应用——现状、问题及其完善路径［J］．知识产权，2020（9）：64.

[2] 参见广东省高级人民法院〔2016〕粤民终564号民事判决书。

不足之处四：对非传统商标获得显著性审查的标准较之传统商标更为严格。

非传统标志包括立体标志、声音标志、颜色组合标志等。关于立体商标、声音商标虽然较之商标注册申请总量而言非常小，但实践中由于非传统商标具有其独特的优势，如立体商标的视觉直观性、声音商标的听觉刺激效果，而愈加受到商标使用者和相关公众的喜爱。当然还有逐渐引起更多重视的气味商标。例如，存留在老北京人童年夏天的记忆中的，必然有在简单玻璃瓶身上标识有长脖大白熊的黄色北冰洋汽水。那种饮入口后翻腾的橙橘味直冲鼻腔，清凉透爽难以忘怀。这种味觉体验不仅是一种情怀，更值得作为气味商标保护而不断传递下去。

进入快速营销时代，现实表明我们已进入一个可以体验更多“感官品牌”的时代。营销学专家指出，综合利用人的视觉、嗅觉、听觉、味觉和触觉这五种感官知觉的感觉营销，能够有效塑造更为强烈的品牌信息，吸引进而留住消费者。[1]为了实现差异化经营、获得比较优势，经营者不再拘泥于文字与图形，转向利用更为新颖的三维立体造型、颜色、声音等区分商业出处。[2]

关于立体标志获得显著性的规定体现在《最高人民法院关于审理商标授权确权行政案件若干问题的规定》第九条第二款，“第一款所称标志经过长期或者广泛使用，相关公众能够通过该标志识别商品来源的，可以认定该标志具有显著特征。”根据上述司法解释，我国对申请人须证明经过使用获得显著性的证明责任的安排仅限于立

---

[1] SEE GENERALLY MARTIN LINDSTROM.Brand Sense：Building Powerful Brands Through Touch，Taste，Smell，Sight，and Sound［M］.London：Kogan Page Publishers,2005.

[2] 胡骋．论非传统商标的显著性认定：价值立场与论证框架［J］．知识产权，2020（1）：44.

体商标，对于其他类型的非传统商标没有直接的规定。在成文法没有规定的情况下，商标局在《商标审查及审理标准》中规定，一般情况下，声音商标、颜色组合商标需经长期使用才能取得显著特征，商标局可以发出审查意见书，要求申请人提交使用证据，并就商标通过使用获得显著特征进行说明。

而除了立体商标、声音商标、颜色组合商标之外，关于其他非传统类型商标如单一颜色商标或者未来可能出现的气味商标等获得显著性的证明标准均无任何成文法律规定或者规范性文件予以说明。本书认为有必要对诸多非传统类型商标获得显著性的证明标准予以规定，或是统一非传统类型商标获得显著性的证明标准，抑或是与传统商标获得显著性证明标准相统一应当予以明确。

实践中将传统类型商标与非传统类型商标如立体商标、颜色组合商标、声音商标获得显著性的审查严格程度加以区分。对非传统类型商标是否获得显著性的判断标准更加严格。如在腾讯公司申请的第 14502527 号“嘀嘀嘀嘀嘀嘀”声音商标驳回复审案[1]中，腾讯公司提供大量证据证明其软件的知名度。在第 14503615 号“中国国际广播电台广播节目开始曲”声音商标驳回复审行政案件[2]中，中国国际广播电台整理出近千份历年广播节目音频、节目单、获奖证书、听众来信、问卷调查等材料，最终筛选出 317 份音频、书面材料、50 余份第三方收听数据调查报告等证据证明其通过使用已获得显著性。

本书认为，非传统类型商标与传统类型商标在法律上均属于商

[1] 参见北京高级人民法院〔2018〕京行终 3673 号行政判决书及北京知识产权法院〔2016〕京 73 行初 3203 号行政判决书。

[2] 吕可珂 . 李佳琦真将“Oh my god，买它买它！”申请注册声音商标了！他能如愿吗？［EB/OL］. 中国知识产权报微信公众号 .（2020-05-13）［2021-01-13］.https://mp.weixin.qq.com/s/zekGMOPE7UzPtgDArWsopQ.

标范畴，作为商标的下位概念，对于非传统类型商标的获得显著性判断，原则上应当与传统类型商标一视同仁，适用同样的获得显著性判断标准。即该非传统类型商标能够起到区分商品或服务来源的作用时，应当认定其为具备商标法意义上显著性的商标。[1]正如“嘀嘀嘀嘀嘀嘀”声音商标案[2]中二审法院所指出，为了平等地对待不同商标注册需求的市场经营者、平等地保护已经获准注册的不同类型商标的商标权人，除非商标法有特殊规定，否则不应对声音商标以及今后可能出现的其他新类型商标做出特殊对待。

为了保留商标法的公共领域范围，从而维护自由竞争的市场，《商标法》第十二条已明确非传统类型商标如立体商标除了审查其显著性，还对其功能性予以审查。基于此明文规定，通过对申请标志的显著性、功能性的审查来判断商标的可注册性足以保护公众利益。对于其他非传统类型商标如声音商标等我国立法未对其进行功能性审查予以明确，而美国商标立法及实践中对于非传统类型商标，（如声音商标、单一颜色商标）的申请则包括对非功能性和显著性审查两个层面。随着实践发展变化欧盟也扩大了非功能性的适用范围。根据原《欧盟共同体商标条例》的规定和实践，仅在申请立体商标时才审查其是否具有非功能性。而《欧盟商标条例》和《欧盟第2015/2436指令》第四条则将功能性的审查范围扩大到某些平面标志和传统标志。[3]本书认为美国和欧盟的实践可以作为借鉴参考，对于非传统类型商标可以通过功能性、显著性的审查来确认其可注册的资格。实践中，由于已有对功能性的审查，对具有功能性的标志予

---

[1] 白战堂 . 浅议立体商标显著性认定问题［EB/OL］. 知产力微信公众号 .（2020-10-30）［2021-3-15］.https://mp.weixin.qq.com/s/SMeirW_c-N614w34_Pq4mA.

[2] 参见北京高级人民法院（2018）京行终 3673 号行政判决书。

[3] 秦建平 . 论商标功能性的判定——以美国判例的司法实践为例［J］. 中华商标，2020（12）：62.

以排除足以保护市场的自由竞争，而对审查是否具有显著性及是否获得显著性的判断应当坚持“是否具有指示和区分商品或者服务来源”的标准予以判断，不应将非传统类型商标独立出来苛以更高的获得显著性的证明要求，这不利于鼓励市场经营者使用非传统类型商标标识其商品或服务来源，亦不利于市场上商品或服务的多样化发展。

（三）部分国家或地区使用获得显著性制度的介绍

1. 获得显著性制度适用范围

关于描述性标志。各国商标法在将描述性标志纳入拒绝注册事由的同时，均认可在经过使用获得显著性后可予注册，以体现对商标使用者投入以及已形成市场认知的尊重。如《德国商标法》第八条第三款规定，在注册日之前描述性标识因由使用而成为所申请商品在相关商业领域内的区别性标志的，可以获得商标注册。《日本商标法》第三条第二款规定，虽然属于前款规定的描述性标志，但如果消费者依据这些标志的使用结果能够区分出其是特定主体之商标时，可以获准注册。《英国商标法》第三条之第一款规定，如果在申请注册之日以前，某一商标已经事实上通过使用获得了显著性，则不得依据第三条一款之 b、c 和 d 项驳回该商标的注册。《美国联邦商标法》（兰哈姆法案）第 1052（f）条规定，如果申请人已在商业中使用的商标，在其商品上获得了显著性，本章中的其他规定都不能阻碍其注册。多边协定如《与贸易有关的知识产权协定》第十五条亦明确规定，如标记无固有的区别有关货物或服务的特征，则各成员可以由通过使用而获得的显著性作为注册的条件。

关于通用标志。各国商标立法对待该问题的态度迥异。英国、德国、法国等大多数欧盟国家和欧盟商标法均允许商品或者服务的通用类标志可以通过使用获得显著性。如《法国知识产权法典》第

L.711–2 条、《英国商标法》第三条、《意大利商标法》第十九条均认可通用名称在提交注册申请之日前已经因使用而获得显著性的可以作为商标注册。[1]

而日本、韩国及美国商标法和实践排除通用名称成为使用获得显著性制度的适用对象之外，如《日本商标法》第三条规定：①仅由以普通方式表示其商品通用名称的标志组成的商标；②其商品所惯用的商标；不得取得商标注册。《韩国商标法》第六条规定，除普遍使用该商品的一般名称标志标识的商标之外，第六条列举的其他类型标识都可进行商标注册。[2]《美国联邦商标法》（兰哈姆法案）第1052 条明确规定描述性标志能够通过使用获得“第二含义”而进行注册，未对通用标志能够通过使用获得显著性进行规定。美国行政及司法实践中，申请商标若系其注册的商品或服务或其一部分的通用名称，则不能注册为商标。而于 2020 年 11 月 15 日签署的《区域全面经济伙伴关系》（RCEP）第三节第十九条对可受到商标专用权保护的标记范围予以规定，“每一缔约方应当确保能够将一个企业的货物和服务与其他企业的货物和服务区分开来的任何标记或任何标的组合都应当能够构成商标。此类标记，特别是包括人名、字母、数字、图形元素、立体形状、颜色组合在内的标记以及此类标记的任何组合，应当有资格注册为商标。如标记本身不能区分有关货物或服务，一缔约方可以将通过使用获得的显著性作为注册条件。缔约方不得将标记可被视觉感知作为一项注册条件，也不得仅因该标

[1] 曹世海 . 商标权注册取得制度研究［M］. 北京：商务印书馆，2019：92.

[2] 《韩国商标法》第三十三条【商标注册要求】第 1 款规定:（1）除下述情况外均可进行商标注册。①普遍使用该商品的一般名称标志标识的商标；②对该商品惯用的商标；③该商品的产地、品质、原材料、功效、用途、数量、形象（含包装形象）、价格、生产方法、加工方法、使用方法或时节等只用一般方法标志的标识商标；④仅有显著的地理名称、其简略语以及地图构成的商标；⑤只以常见姓氏或名称按照一般使用方法标识；⑥只有简单且常见标识的商标；⑦上述①至⑥规定之外，需要者无法识别标志是表示何人业务相关商品的商标。

记由声音组成而拒绝商标注册”。依据上述的规定，通用名称、型号或者图形等均应能够通过使用获得显著性。

2. 市场调查是证明使用获得显著性的重要证据

综合各国情况，主要通过以下类型证据证明获得显著性：①相关公众调查证据；②广告宣传证据；③销售的使用证据及同类市场中的占有率；④工商业行会及其他组织的专业声明。

其中，相关公众调查证据是认定相关公众认知状态最直接的证据，是英国、美国、澳大利亚、加拿大、瑞典、德国及欧盟其他许多国家商标司法实践成熟而普遍的取证方式。其中法国、德国实践均认为证明通过使用获得显著性调查证据是必需的。美国司法实践中，法院认为在证明商标是否已经获得显著性的判定上，最直接最有说服力的证据就是问卷调查，如未开展问卷调查，则很难证明商标已经获得相应的显著性。[1] 此外消费者证词、问卷调查、消费者存在实际混淆的证据（若他人对标识的使用导致消费者产生混淆，这可以证明该标识已获得显著性）也具有相同的证明力。如英国高等法院于 2020 年 8 月 3 日做出判决〔2020〕EWHC 2130（Ch），维持英国知识产权局的决定，基于一般消费者的普通判断力认定路虎 Defender 车型立体标志没有和其他载客用车车型的明显区别，缺乏显著特征。针对使用获得显著性问题，虽然路虎公司提交的调研证据显示有 20% ~ 40% 的被调查对象能将涉案标志识别为路虎 Defender 车型，但尚不足以认定使用获得显著性。[2]

对于消费者认知调查证据，各国有相应的要求和认定规则。如欧盟法院对于被访问者的选择有严格的要求和规定：必须说明被访

---

[1] Security Center，Ltd. v. First Nat. Sec. Centers，750 F.2d 1295（C.A.L.a，1985），1301.

[2] 英国高等法院认为路虎 Defender 车型立体标记缺乏显著性［J］. 中华商标，2020（9）：80.

问者的选择过程以及选择合适的受访者。英国关于消费者调查的认定规则[1]，包括：①调查必须针对公众的相关领域；②其调查范围必须具有统计意义；③必须充分披露进行了多少次调查，确切地以哪些方式进行以及多少人接受了调查；④问题不能有引导性或引人猜测；⑤必须准确记录答案；⑥所有答案必须公开；⑦所有针对调查者的指示必须公开。在英国调查证据被视为专家证据的一种形式，其价值源于统计有效性。明确说明调查方法对增加调查报告证明价值是至关重要的。[2]

在德国，关于证明获得显著性的直接证据包括消费者调查、知名工商业联合会关于品牌认可的声明及德国专利商标局商标部门协助指定的调查报告等。关于证据的要求为：若达到 50% 或者以上的相关调查公众认为标志能指示商品或者服务来源则被认定为通过使用获得显著性，但消费者调查并不是必需的。德国知名的工商业联合会（Industrie-und Handelskammer，IHK）关于品牌认可的声明也可作为证据并且具有说服力。当前述证据不足以证明获得显著性时可以考虑进行消费者调查。此外，德国专利商标局的商标部门可以协助制定调查问题，以确保调查报告可以接受。根据 2019 年德国专利商标局商标申请和审查和注册指南，调查报告问题可以包括：

①被调查者是否属于相关的目标消费者群体？

②调查参与者是否注意到与指定商品和服务有关的标志？

③如果调查参与者回答说他或她熟悉所讨论的标志，则询问他或她是否认为该标志代表特定公司。

---

[1] KIMBERLEE G W. The Consumer as the Empirical Measure of Trade Mark Law［J］. The Modern Law Review，2018（80）：57-87.

[2] FOX A，BUCHER J. Making the Most of Brand Surveys in the UK and Germany［EB/OL］.（2019）［2021-03-15］.https://www.maucherjenkins.com/news-and-events/2019/trade-mark-consumer-surveys-uk-germany.

④如果对问题③的回答为“是”，则要求调查参与者提供公司名称。

如果受访者认为该标志表示来自特定公司的商品或服务，但不能识别该公司，通常不重要；重要的是，该标志应被视为可识别来源。

美国商标司法中已形成测度不同问题的商标问卷调查的标准模型。例如，对通用名称的测度通常采用 Thermos 模型[1]或 Teflon 模型[2]。前者的核心设计是询问消费者在购物过程和日常生活中如何向售货员和朋友描述涉案商品。如果受访者用涉案商标描述该商品，则意味着该商标已退化为通用名称。后者事先提供如何区分品牌和通用名称的简易教程，然后要求受访者判断一组标识究竟是品牌还是通用名称。测度“第二含义”的标准做法是将待测标识与商品的其他部分隔离，再询问受访者在看到待测标识时是将它与一家生产涉案商品的企业联系在一起，还是与多家企业联系在一起。如果多数受访者将标识与一家企业联系在一起，则证明标识已具备指示来源的“第二含义”。该提问方式需严格遵守商标定义中的“匿名来源规则”，即商标的功能是指向“单一的、尽管是匿名的来源”（Single，Albeit Anonymous Source）。与其他模型相比，该模型最能准确测度待测问题。[3]

[1] American Thermos Products Co. v. Aladdin Industries，Inc.，207 F. Supp. 9（D. Conn.1962），aff'd，321 F.2d 577（2d Cir. 1963）. 该案件中确立的 Thermos 消费者调查模型，涉案商标“THERMOS”因一项消费者调查而被法院认定为通用名称“热水瓶”。

[2] E. I. DuPont de Nemours & Co.，v. Yoshida Intem.，Inc.，393 F. Supp. 502（E.D.N.Y.1975）. 该案件中确立的 Teflon Survey 消费者调查模型，被告日本吉田公司（Yoshida 或 YKK）被诉在其拉链产品上注册的“EFLON”商标与杜邦公司（E.I. DuPont de Nemours）拥有的“TEFLON”商标近似。被告辩称 TEFLON 已成为不粘锅等厨具产品的通用名称。

[3] 陈贤凯. 商标问卷调查的司法应用——现状、问题及其完善路径［J］. 知识产权，2020（9）：67.

综上，从列举的部分国家和地区的规定和实践看，市场调查应是证明使用获得显著性的重要证据。

（四）完善使用获得显著性制度的思考和建议

1. 获得显著性制度的适用范围

关于通用名称、图形、型号的可注册性。依据《商标法》规定，“仅有本商品的通用名称、图形、型号的”经过使用取得显著特征，并便于识别的，可以作为商标注册。而实践中，本书认为“本商品的通用名称、图形、型号”无论以何种方式、何种形式使用均不会使得“该商品的通用名称、图形、型号”产生指示和区分商品来源的功能。如《商标审查及审理标准》中示例通用名称“红富士”用于“新鲜水果”商品、“MULLER”用于“磨具（手工具）”商品、“拍卖”用于“拍卖”服务上，相关公众仅能将其与某类商品相联系，而非某个商品或服务的来源。如果允许通用名称通过使用获得显著性从而具备注册的可能性，将导致某一强势市场主体对通用名称、图形、型号等标志的垄断，妨碍相同市场中的其他竞争者使用该通用名称、图形、型号等标志指示、描述其提供的商品和服务。不可否认，实践中确实存在注册商标因使用不当淡化为通用名称的案例，但是并不存在，也不应允许存在通用名称通过使用获得显著性的案例。尽管，《最高人民法院关于审理商标授权确权行政案件若干问题的意见》中规定：虽在申请时属于本商品的通用名称，但在核准注册时已经不是通用名称的，则不妨碍其取得注册。[1]但事实上，这种纯粹学理上的宣示意义不大，而且对实践的司法导向亦存疑。因此，本书认为可以考虑排除通用名称、图形和型号适用通过使用获得显著性的必要性。

[1] 参见（法发〔2010〕12号）第8条。

关于单一颜色的可注册性。如前所述，我国商标法未明确列明单一颜色可以通过使用获得保护。而纵观全球，美国和欧盟等主要国家均认为单一颜色在满足非功能性条件下，可适用通过使用获得显著性制度予以保护。[1]有关知识产权的国际条约也有对单一颜色商标通过使用获得显著性持开放态度。如《巴黎公约》第六条规定："商标的申请和注册条件，在本联盟各国由其本国法律决定"；《与贸易有关的知识产权协定》第十五条第一项明确规定"可保护客体"，即"任何标记或标记的组合，只要能够将一企业的货物和服务区别于其他企业的货物或服务，即能够构成商标。此类标记，特别是单词，包括人名、字母、数字、图案的成分和颜色的组合以及任何此类标记的组合，均应符合注册为商标的条件。如标记无固有的区别有关货物或服务的特征，则各成员可以由通过使用而获得的显著性作为注册的条件。各成员可要求，作为注册的条件，这些标记应为视觉上可感知的。"实践中，不断有案例涌现，如在美国通过几个著名的案例逐步将单一颜色通过使用纳入可注册标志的范畴，自 1985 年的"Owens-Corning"粉红色绝缘材料案，美国联邦巡回上诉法院确认粉红色使用到玻璃纤维绝缘材料上可以起到指示商品来源的作用。1995 年的"Qualitex"金绿色烫洗板衬垫案，美国联邦最高法院支持了金绿色在烫洗板衬垫上的可受保护性以及 2012 年"Louboutin Vs. YSL"红底高跟鞋案中，美国联邦巡回法院认为 Louboutin 公司

[1] 比如《美国联邦商标法》（兰哈姆法案）规定，商标可以由"文字、姓氏、象征、设计或以上之组合"构成，其中"象征（Symbol）"的外延就可以将颜色、声音甚至气味等非传统商标囊括进来；如《欧盟商标法》第二章第一节第四条，规定"所有类别的标志都可被注册，包括单词、相关人名或图片、拼写、数字、颜色及商品包装，或者声音等标志"；再如《德国商标法》第三条，"任何能够将其代表的商品或服务与使用其他标志的商品或服务区别开来的标志，都可以作为商标获得保护，包括文字、图案、字母、数字、审阅商标、三维造型（包括商品或其包装以及容器的形状）以及颜色或颜色的组合等"。参见：侯玉静．浅析单一颜色商标的可注册性和司法保护［EB/OL］.（2018-04-16）［2021-03-15］.https://mp.weixin.qq.com/s/loBYzmfO8BZMKJRLPklJYA.

的识别性标识通过使用已能够起到区分商品来源的作用。如前所述，实践中我国最高人民法院亦通过“红鞋底”案件对《商标法》第八条商标构成要素予以示明，意味着“单一颜色”在通过使用获得显著性的情况下亦应当能够获得注册和保护。随着我国经济的不断发展及与世界交流进一步深入，非传统类型商标必定层出不穷。随着国内外申请人采用和保护单一颜色商标需求的出现，本书认为将单一颜色纳入使用获得显著性制度的适用对象范围已经具有很强的现实意义。

在充分论证和考察单一颜色使用获得显著性制度的必要性和可行性后，本书建议《商标法》第八条可以考虑相应地修改为：任何能够将自然人、法人或者其他组织的商品与他人的商品区别开的标志，包括文字、图形、字母、数字、三维标志、颜色和声音等，以及上述要素的组合，均可以作为商标申请注册。

2. 修正获得显著性认定标准

第一，《商标法》第十一条第二款规定，“前款所列标志经过使用取得显著特征，并便于识别的，可以作为商标注册”。商标最本质的功能为指示和区分商品或者服务来源，而该条款未予以明确。为使得该条款规定在措辞上更加科学严谨，建议修改为“前款所列标志经过使用取得显著特征，能够指示和区分商品或者服务来源的，可以作为商标注册。”

第二，作为配套规定，在相应的司法规范性文件中对认定标准及考量因素予以明确。随着商标许可协议、商标共存协议的广泛适用，市场中同一商标所标示的商品或服务越来越可能来自不同的生产者，因此确立“唯一对应”关系标准已不再具有普遍适用意义。本书建议通过使用获得显著性的认定标准定义为：相关公众能够将诉争商标与商品或者服务的提供者建立特定对应联系时应当认定为使用标识通过使用已获得显著性。而“特定对应关系”标准在于通过使用使得标志能够指向特定商品或者服务来源，并不要求使用主体唯一。

3. 区分获得显著性与驰名商标认定标准和证明方式

首先，获得显著性与驰名商标认定的标准应当予以明确区别。如前部分所述，行政和司法实践中确有将获得显著性与驰名商标的认定标准等同的案例，但获得显著性与驰名商标的证明要求存在本质上的不同。获得显著性的证明要求标志使用者能够证明相关公众能够将该标志与该特定来源相联系而非其他主体。而驰名商标的证明是在该商标上形成较高声誉，为相关公众广为知晓。因此两者的认定标准应当予以明确区分开来，建议在规范性指南文件或者司法解释中予以明确。

其次，获得显著性与驰名商标认定的证明方式亦应予以明确区分。明确证明获得显著性的证据主要涉及两个方面：一方面是经营者使用商标的情况。如仅有广告宣传投入、销售数据及销售收入等证据则不能证明该标志已通过使用获得显著性；另一方面是消费者的认知情况。应强调调查证据对证明商标获得显著性的重要性。如美国司法先例曾强调，认定是否产生“第二含义”的关键，不在于促销行为的努力程度，而在于这些行为在影响相关公众对该标志含义认识上的效果。[1] 如 2020 年 12 月中旬，Glossier 公司内部为粉红色的盒子位置商标在美国专利商标局获得主簿注册。[2] 在该案中 Glossier 提交了 95 份消费者有关能通过涉案标志识别商品来源的声明、广告、媒体报道和来自第三方的内容，比如消费者在社交媒体

[1] Aloe Crème Laboratories，Inc.，v. Milsan，Inc.，423 F.2d 845，(1970).

[2] MOHAGHEGH D. Pretty in Pink：Millennial Makeup Brand Gets Trademark Registration for Color Pink [EB/OL].(2020)[2021-03-01].https://ipandmedialaw.fkks.com/post/102gm5o/pretty-in-pink-millennial-makeup-brand-gets-trademark-registration-for-color-pin.

上发布的自己打开 Glossier 产品包装盒展示粉色内饰的照片来表明其自 Glossier 处购买了目标商品，以证明其千禧粉的单一颜色商标已通过使用获得识别和区分商品来源的功能。该案中 Glossier 并没有向美国专利商标局提交证明其广告或销售数据的证据，美国专利商标局仍认为其证据已能够证明“千禧粉”单一颜色商标已通过使用获得显著性。对于是否通过使用获得显著性应更依赖于客观、直接的证据如市场调查证据。诸如消费者调查、市场调研等证据能够更为客观、直接地体现相关公众的认知情况。通过对消费者认知情况的衡量，能够避免将标志是否通过使用起到指示和区分商品来源的作用交由行政、司法机关以相关公众的视角予以自由裁量判断，使得认定结果更加客观且直接。

最后，对于如何获取直接证据如消费者调查问卷确立相应的调查规范。例如，明确调查问卷的适用范围即仅适用于证明“获得显著性”，并对如何实现调查的客观性、中立性等予以规定。参照德国模式，通过一个具有较高公信力的专业机构予以配合设计调查。这不仅能减少申请人调查费用的支出，也使得调查对于是否已通过使用获得显著性的判断更加客观、公平，报告具有更强的证明力。

4. 明确获得显著性的证据形成时间

《最高人民法院关于审理商标授权确权行政案件若干问题的意见》第八条对于通用名称证据形成时间的审查予以规定。[1]但通用名称的判断问题上实际上亦是显著性的判断问题。针对判断商标是否已通过使用获得显著性，现行立法及司法解释中对可采证据的形成

[1] 《最高人民法院关于审理商标授权确权行政案件若干问题的意见》(法发〔2010〕12 号）第 8 条规定，人民法院审查判断诉争商标是否属于通用名称，一般以提出商标注册申请时的事实状态为准。如果申请时不属于通用名称，但在核准注册时诉争商标已经成为通用名称的，仍应认定其属于本商品的通用名称；虽在申请时属于本商品的通用名称，但在核准注册时已经不是通用名称的，则不妨碍其取得注册。

时间均无明确规定。

但是，在作为商标审查规范指南文件的《商标审查及审理标准》中规定，判定某个标志是否属于经使用取得显著特征，驳回复审案件、不予注册复审案件应当以审理时的事实状态为准，无效宣告案件原则上以系争商标申请注册时的事实状态为准，以审理时的事实状态为参考。

本书认为按照案件不同类型对相关证据的形成实践予以不同的要求是恰当的，建议在今后的立法或者司法解释中对商标通过使用获得显著性的证明证据形成时间应予以更权威和清晰的确认明确。

三、使用取得商标权利

2001 年 12 月 11 日，中国正式加入世界贸易组织（WTO）。为了满足世界贸易组织《与贸易有关的知识产权协定》（TRIPS 协定）的要求，我国《商标法》于 2001 年 10 月 27 日迎来了第二次修正。与 2001 年之前《商标法》相比，此次修正后的《商标法》完成了一次质变，是一个历史性的进步，使我国商标法律制度完成了向现代化的转变。[1]第一条立法目的条款，变“促进社会主义商品经济”为“促进社会主义市场经济”；修正的重点内容诸如商标申请人范围扩大至自然人、商标构成要素范围扩大到立体商标和颜色组合商标、引入了优先权制度、增加了司法审查制度等。更重要的是，此次修正在坚持注册制度的同时，注重商标使用在商标权取得制度中的地位，新增了未注册驰名商标保护条款和明确了不得以不正当手段抢先注册他人已经使用并有一定影响的商标。这一方面与《保护工业产权巴黎公约》（以下简称《巴黎公约》）和 TRIPS 协定关于禁止恶

[1] 刘春田．商标法律的现代化［J］．中华商标，2001（12）：6.

意注册他人商标的规定相一致，另一方面也作为应对当时国内愈发增长的商标抢注的积极举措。

（一）未注册驰名商标的制度产生及其保护机理

在我国，驰名商标的保护一开始就是一个国际问题，解决的是外国申请人的未注册驰名商标在中国被抢注的问题。由于商标注册的地域性限制，某些商标虽然没有在请求保护国注册，但事实上通过广泛的宣传和使用已经广为人知。如果坚持绝对的“不注册不保护”原则，对驰名商标所有人有失公平，同时可能会误导消费者。[1]1925年《巴黎公约》海牙文本最早提出对驰名商标予以保护，规定在第六条之二。1958年《巴黎公约》里斯本文本增加了驰名商标所有人的禁止使用权。《巴黎公约》对驰名商标的保护限于未注册但驰名的商品商标，保护范围也限于相同或类似商品上的商标，且以造成混淆为前提。[2]1994年TRIPS协定第十六条对驰名商标的保护范围进行补充和扩大，包括：保护对象延及服务商标；区分注册商标和未注册商标的保护；注册的知名商标保护范围可扩大到不相同或不类似的商品或服务上。

在商标注册制度下，注册的主要益处在于公示公信、权利明晰。注册商标因登记在册、公开查询而可为人所共知。未注册驰名商标，虽不因注册而为人所知，但因其使用、宣传已经声名在外，广为人知已成既定事实，因此注册亦不应再成为获得保护的要件。一般注册商标的禁用权范围及于相同或类似商品上的相同或近似商标，未注册驰名商标在法律效果上与此相同，这在逻辑法理上也可成立。驰名商标的特殊保护是对以注册原则为基础商标制度的补充。《巴黎

[1] 黄晖．商标法［M］.2版．北京：法律出版社，2016：238.
[2] 吴汉东．知识产权法［M］.5版．北京：法律出版社，2014：260，306.

公约》第六条之二便是协调注册制度和使用制度之冲突的产物，是在普遍实行以注册确定商标权的情况下，对未注册商标采取的一个有限例外。❶

（二）商标使用与未注册驰名商标的司法认定与保护

我国商标法律制度中，首次以法律形式对未注册驰名商标提供保护的即为 2001 年《商标法》第十三条第一款：就相同或者类似商品申请注册的商标是复制、摹仿或者翻译他人未在中国注册的驰名商标，容易导致混淆的，不予注册并禁止使用。该条款自增设之初一直适用至今。我国《商标法》关于未注册驰名商标保护的规定实质上是增加了一种商标权取得途径，即使用取得商标权。❷

在司法实践中，经何种形式、何种程度的使用可赋予未注册商标以驰名地位，并据此获得等同于注册商标的保护待遇？以下案例从不同侧面展示了未注册驰名商标在司法认定中的基本要点。

“酸酸乳案”与“广为人知”。蒙牛集团的“酸酸乳”商标成为我国第一件在民事诉讼程序中认定的未注册驰名商标。❸该案中，法院在认定“酸酸乳”为乳饮料上的未注册驰名商标时，重点考虑五方面因素：①“酸酸乳”商标在相关公众中的知晓程度（从持有人的知名程度、商标被仿冒的情况、民意调查三方面论述）；②“酸酸乳”商标的持续使用时间；③“酸酸乳”商标宣传工作持续的时间、程度和地理范围；④标识有“酸酸乳”商标的乳饮料产品的销售收入和销售范围；⑤标识有“酸酸乳”商标的乳饮料产品的特点和质量。该五点基本上与 2003 年由当时的国家工商行政管理总局所

❶ 吴汉东．知识产权法［M］.5 版．北京：法律出版社，2014：260.

❷ 王太平．商标法：原理与案例［M］．北京：北京大学出版社，2015：439.

❸ 参见内蒙古自治区呼和浩特市中级人民法院〔2006〕呼民四初字第 12 号民事判决书。

颁布施行的《驰名商标认定和保护规定》第三条规定的认定材料相一致。就驰名状态的确定而言，未注册商标的认定材料与注册商标的驰名认定并无实质区别。

“苏富比案”与“地域范围”。驰名商标应在请求保护国具有较高的知名度，这一点，从我国历来的法律、法规、规章和司法解释的规定中可以明确推知。1996 年由当时的国家工商行政管理局所颁布施行的《驰名商标认定和管理暂行规定》第二条中设定的范围虽为“在市场上”，但保护的驰名商标限于“注册商标”。据此可推知，驰名的地域范围应需满足“在中国境内”的条件。2003 年、2014 年《驰名商标认定和保护规定》和 2009 年《最高人民法院关于审理涉及驰名商标保护的民事纠纷案件应用法律若干问题的解释》也均设置了“在中国”或“在中国境内”的条件。在“苏富比”一案[1]中，英国苏富比拍卖行因受我国拍卖法、文物保护法等法律的限制而未在我国大陆实际从事商业性拍卖活动、仅有义卖、慈善性拍卖、预展、广告宣传等活动。法院虽然认定了“苏富比”商标为相关公众广为知晓，但应该看到，该案并没有突破驰名商标认定的地域性限制，因为此类受限主体的商标并非不能在我国使用，商标使用除了可表现在商品或服务以外，还可以同通过广告宣传、展览以及平面或立体媒介来实现。[2]TRIPS 协定第十六条第二款亦规定，决定一个商标是否驰名时，成员国应考虑该商标在相关公众中的知晓程度，包括在该成员国地域内因宣传商标而使公众知晓的程度。

“伟哥案”与“被动使用”。商标使用应当是权利人实际将商标

---

[1] 参见北京市二中院〔2007〕二中民初字第 11593 号民事判决书和北京市高院〔2008〕高民终字第 322 号民事判决书。

[2] 北京市高级人民法院知识产权审判庭 . 商标授权确权的司法审查［M］. 北京：中国法制出版社，2014：295.

使用在商品或服务上。在辉瑞制药公司的“伟哥案”[1]中，因对“伟哥”的说法均系媒体报道所主动采用，且辉瑞制药公司明确承认在中国内地从未使用过“伟哥”商标，法院对其将“伟哥”作为未注册驰名商标保护的请求不予支持。

前文述及，未注册驰名商标可得等同于注册商标的保护。在未注册驰名商标的侵权保护方面，司法实践经历了从“停止侵害”到“损害赔偿”的演变。囿于《最高人民法院关于审理商标民事纠纷案件适用法律若干问题的解释》第二条[2]及《商标法》第六十三条、第六十四条规定的损害赔偿限于“注册商标”的明文规定，在相当长的时期内，侵害未注册驰名商标的法律责任仅为停止侵害，使得未注册驰名商标实际上并未得到等同于注册商标的保护。这种名实不符的局面直至在2017年的“拉菲案”[3]和“新华字典案”[4]中得到改观，北京和上海两地的知识产权法院均判决侵害未注册驰名商标应承当损害赔偿责任。如前所述，不同于注册商标因注册而可为人知，未注册驰名商标无须注册而为人知。因其使用、宣传已经使其声名在外，商标与权利人之间的关系已然建立，这导致未注册的驰名商标与一般注册商标无异。因此，《商标法》第六十三条、第六十四条规定的损害赔偿条款自然可类推，适用于未注册的驰名商标。

❶ 参见最高人民法院〔2009〕民申字第313号民事判决书。

❷《最高人民法院关于审理商标民事纠纷案件适用法律若干问题的解释》（法释〔2002〕32号）第2条规定：“依据商标法第十三条第一款的规定，复制、摹仿、翻译他人未在中国注册的驰名商标或其主要部分，在相同或者类似商品上作为商标使用，容易导致混淆的，应当承担停止侵害的民事法律责任。”

❸ 参见上海知识产权法院〔2015〕沪知民初字第518号民事判决书。

❹ 参见北京知识产权法院〔2016〕京73民初字第277号民事判决书。

四、使用获得一定保护

（一）在先使用并具有一定影响力的商标保护

1. 获得一定的消极权能

在注册制度下，纯粹的注册便可取得商标专用权，未注册的驰名商标实质上也可取得同等地位。商标因使用的程度不同，知名度也有差别。基于诚实信用原则，对于那些未注册且知名度尚不及于驰名的商标予以保护，可制止不正当的抢注，弥补严格实行注册原则可能造成的不公平后果。

相较1993年《商标法》未规定在先使用商标保护制度而言，2001年《商标法》在第三十一条后半段规定，申请商标注册……也不得以不正当手段抢先注册他人已经使用并有一定影响的商标。同第十三条第一款，该条自2001年新增，也一直适用至今。不同的是，在先使用人不可依据该条款直接对他人提起民事侵权之诉，只可在商标的异议、不予注册复审、无效宣告行政程序及后续的行政诉讼程序中，基于此条款主张权利并进而否定相对人商标申请及注册的正当性。

2. 获得消极权能的适用要件

在注册制度下，《商标法》对“在先使用且具有一定影响的商标”与“未注册驰名商标”均提供保护，但保护力度明显有别，深层原因仍在于商标使用程度的高低。相比之下，二者均需满足“在先使用＋知名度”的组合要件，但此处的“在先使用且具有一定影响的商标”尚需满足“不正当手段”的恶意要件，对比“未注册驰名商标”则似乎无此要求。但实际上，“未注册驰名商标”因已经驰名、广为人知，任何人此时再行抢注或使用，恶意已经昭然若揭不言自明。因此，“未注册驰名商标”的保护上实际上是隐含了恶意要件，只不过没有明显强调罢了。

可以看出对“未注册驰名商标”给予一般注册商标的保护具有逻辑上的正当性。对于“在先使用且具有一定影响的商标”，因其“影响”限于“一定范围”不及于“驰名”，在注册制度下，尚需另借助于“不正当手段”要件来补足对其保护的正当性。同时，“一定影响”与“不正当手段”的关系为相辅相成，互为佐证，而非彼此独立。《商标审查及审理标准》中明确，是否构成该条款所指情形应对“一定影响”的程度和“不正当手段”的情形予以综合考虑。需要指出的是，请求保护“在先使用且具有一定影响的商标”多与商标抢注情形紧密相连，而商标抢注与诚实信用原则背道而驰，这使得在特定的案件中，“不正当手段”要件甚至能够发挥“恶意毁灭一切”的效果。

（二）在先使用并具有特定关系的保护

2001 年《商标法》第十五条确立的特定关系保护为基于诚实信用原则而设立的对被代理人或者被代表人的商标予以保护的制度。但该制度并未规定对在先使用仅具有代理或者代表关系之外的特定关系的商标予以保护。

2013 年《商标法》的修改基于在先使用对未注册商标提供的保护新增了两种保护情形。其一为第十五条第二款规定的“特定关系人抢注他人在先使用商标”，其二为第五十九条第三款规定的“在先使用商标在原有范围内的继续使用”。第二种情形置于本文第三章，从在先使用行为构成对注册商标的限制角度予以阐释。

2013 年《商标法》第十五条第二款规定，就同一种商品或者类似商品申请注册的商标与他人在先使用的未注册商标相同或者近似，申请人与该他人具有前款规定以外的合同、业务往来关系或者其他关系而明知该他人商标存在，该他人提出异议的，不予注册。该条款是在第十五条第一款对被代理人或者被代表人的商标予以保护的基础上的进一步延伸，将抢注行为人与他人之间的关系由代理关系、代表关系扩展到了合同、业务往来关系或者其他关系。《商标审查及审理标准》和《最高人民法院关于审理商标授权确权行政案件若干问题的规定》均对此类关系的判定进行了进一步细化。

拆分适用要件可以发现，该条款明确要求在先使用和恶意要件。与抢注"在先使用且具有一定影响的商标"之情形相比，略去了知名度要件，没有强调"一定影响"。但是，此处恶意要件中"明知该他人商标存在"的设定，明显揭示了"明知"比"不正当手段"更为恶劣，更应该给予否定性评价。因此，在注册制度下，对此类在先使用商标遭遇特殊关系抢注予以保护的正当性，是从诚实信用原则出发。抢注者的"明知"恶意下的注册申请可基于权利人的"异议"而不予注册，对权利人商标知名度的要求自然可以几乎降至于无。实践中，商标审理机构及法院往往扩张解释"特定关系"，以尽可能打击恶意抢注行为。如在"兴铁库板"无效宣告案[1]中，法院将"特定关系抢注"的范围扩张至"与在先商标使用人有合同业务往来关系人的近亲属抢注商标"的情形。

总结上述不同情形可以发现，我国《商标法》历次修改中对未注册商标予以保护的正当性逻辑可谓一以贯之。最核心的保护要件有二，即：他人的在先使用与抢注者的主观恶意，知名度要求则相对弹性。在先使用要件是请求保护的基础，不可或缺；恶意要件也是相伴而生；知名度要件则是与恶意要件相辅相成，互为佐证。在未注册驰名商标的情形下，抢注者的明知恶意虽未有要求，但完全可从商标的驰名状态中推知。在有一定影响的商标之情形下，在先使用是基础，一定影响不及于驰名，则需不正当手段予以辅助。在

[1] 参见最高人民法院〔2018〕最高法行申656号行政裁定书。

特殊关系抢注情形下，“明知该他人商标存在”则昭示抢注者恶意确凿，抢注商标之知名度实不必过究。至于第五十九条第三款规定的“在先使用商标在原有范围内的继续使用”，则同样适用此逻辑。因为在此情形下，在后的注册商标持有人并无抢注恶意（如有则转向了第三十二条之适用）。在先使用者所能获得的保护，不过是位于在后注册商标权利领域内的一块“飞地”，其继续使用也被限制在原有范围内。这已是在双方均无恶意时，注册制度下的《商标法》能够给予在先使用人的最大宽容。

五、继受取得中的使用要求

（一）转让取得权利模式

商标权利继受取得商标权利主要指通过转让形式取得商标权利。从各国立法来看主要存在两种商标转让模式：一种是连带转让，即商标必须与附着在其上的商誉或者经营者的营业一并转让；另一种是自由转让，即商标不要求附带任何资产或商誉可以独立转让。包括我国在内的大多数国家都采用自由转让这种模式。但是，允许商标自由转让确实为商标囤积和恶意注册提供了制度基础。须知在目前的商标注册取得制度中，商标抢注现象的产生和存在主要归因于三个制度性因素：其一为自愿注册，其二为不要求注册前的使用，其三为商标转让。这三个因素在商标抢注中所发挥的作用各不相同：自愿注册为商标抢注提供了“侵害对象”；不要求注册前的使用减低了商标抢注的难度和成本，商标转让则使抢注者的“投资”变现成为可能。

（二）转让制度完善建议

根据商标局、商标评审委员会在历年所发布的《中国商标战略年度发展报告》中提供的数据进行分析表明，我国商标局每年办理的转让申请量虽只占当年累计有效注册商标总量的 1.5% 左右，但绝对数量每年均以较大幅度增长。

基于消费者利益和社会公共利益的考量，我国现行立法已对商标自由转让进行一定的限制。包括：形式上的限制，要求转让人和受让人应当签订转让协议，并共同向商标局提出申请，亦包括实质上的限制，如要求在同一种商品上注册的近似商标或者类似商品上注册的相同或近似商标一并转让，对容易导致混淆或者有其他不良影响的转让不予核准。[1]

但我国现行商标转让制度对于公共领域保护的忽视和权利基础审查的缺失使得转让制度在运行中与其他相关制度产生不协调。如前所述，2019 年《商标法》通过修改第四条、第十九条的规定，在申请阶段为不以使用为目的恶意商标注册设置了申请人和代理机构的门槛；通过修改第三十三条、第四十四条将不以使用为目的恶意申请行为作为异议、无效的绝对理由之一；通过修改第六十八条对该类行为的处罚方法予以明确。修改后的《商标法》对获权阶段的限制及相应处罚则规定得更为详细，进一步强调商标使用的重要性，对商标权利原始取得方式中强化了对使用的要求。但此次修法仍未对商标转让制度予以修改，使得恶意囤积商标、进而通过商标转让牟利的行为在权利流转阶段依然无任何有效规制。

我们认为在回归商标使用本源的大背景下，对转让制度亦应予以相应的修改，如基于现行注册取得模式下，则需进行如下修改。

第一，对于申请中的商标转让可不予限制。该制度设计在于，我国商标基数大，新申请商标获准注册的难度大，因此申请中的商

[1] 2019 年《商标法》第四十二条第三款规定："对容易导致混淆或者有其他不良影响的转让，商标局不予核准，书面通知申请人并说明理由"。

标往往不具有很高的转让价值。

第二，对于注册后的商标，自注册之日起满三年后方可自由转让。三年时间的设立与“撤三”制度设立的时间保持一致，考虑到对于已注册满三年的商标且不具有真实使用目的的商标，可以通过“撤三”制度予以排除。

第三，对于注册之日起未满三年的商标，若要转让则应当提交使用证据。对于使用证据的要求应当与维持商标注册阶段的证据要求一致。对注册未满三年商标的转让要求提供证据之目的，在于遏止完全以转让牟利为目的的非正常商标申请。

第四，对于因法定继承、公司合并等正当理由需要进行商标转让的，在向商标局办理转让备案时可以不提交使用证据。该制度的设立在于为基于正当理由发生的商标转让保留适当空间。商标抢注者、囤积者虽也可以通过企业合并方式不受限地完成商标转让，但被抢注、囤积的商标始终归于关联企业形成的利益共同体之内，也未因商标转让获得投机性收益；徒劳无功之下，商标抢注者、囤积者自然不会大费周章循此路径。

通过上述制度设置，从权利流转的后续程序设置与获权阶段对“不以使用为目的恶意注册申请”的遏制有望可形成一个完美的规制闭环。

第二章

商标使用与商标权的维持

一、商标使用义务与商标权维持的关系

（一）商标使用的价值

1. 商标资源的有限性

我国商标法并没有对商标进行直接定义，大多数教科书认为商标是商品的生产者或经营者用来表示其产品来源，从而区别于他人同类商品的标志。《商标法》第八条规定，“任何能够将自然人、法人或者其他组织的商品与他人的商品区别开的标志，包括文字、图形、字母、数字、三维标志、颜色组合和声音等，以及上述要素的组合，均可以作为商标申请注册”。根据该条款的规定，可归纳出商标的两个法律特征：第一，商标是一种标志，且不限于可视性标志。在 2013 年《商标法》修正前，商标法定的组成要素均具有可视性。随着我国商标制度的不断发展和完善，在 2013 年《商标法》第三次修正时，加入了“声音”这一不可为视觉感知的要素。第二，商标需要具备区分商品来源的功能，即具备可识别性。《商标法》第九条规定“申请注册的商标，应当有显著特征，便于识别”，该条款进一步明确了上述各要素或要素组合需要达到一定程度，即具备

足够的显著特征，否则无法将标志作为商标进行注册使用。

基于上述商标的两个基本的法律特征来分析商标资源有限性。商标可包括文字、图形、字母、数字、三维标志、颜色组合、声音以及上述要素的组合。无论从单一要素所包含类型的多样考虑，还是从多个要素排列组合的角度考虑，标志的形式应当是不计其数，或者说目前我国的商标数量远达不到来讨论资源有限性问题的程度。

但并非所有的要素或要素组合均能作为商标进行注册使用，且很多种无法作为商标注册使用的单一要素或要素组合应当予以排除。实际上，可作为商标注册的资源仍十分有限。第一，不具有显著特征的标志应予排除。商标的基本功能是识别商品的来源，因而商标需要具备足够的显著特征才能发挥其功能价值。《商标法》第十一条对“显著特征”进行了细化分类，如“仅有本商品的通用名称、图形、型号的”“仅直接表示商品的质量、主要原料、功能、用途、重量、数量及其他特点的”等。因此，涉及上述情况的各要素及其组合均不能作为商标进行注册。第二，与在先商标相近似的标志应予排除。商标的注册审查是近似性审查，而非相同商标的审查。为了避免相关公众的混淆误认，商标禁用权的范围大于商标专用权的范围。因此，商标一旦获准注册，与其相近似的标识也无法作为商标进行注册。第三，常用的标志组合数量有限。虽然申请人在设计商标时往往会赋予其独特的创意，但商标最终是应用于商业领域，目的是被消费者所识别和记忆。因此，申请人的创意也会受到较大限制，大多会选择常见的文字、图形、数字等组合方式进行申请商标。鉴于汉字商标在中国消费者的识别和记忆方面存在天然的优势，汉字商标在当前商标总量中的比重不容忽视。以汉字商标为例探讨商标资源的有限性具有其合理性。我国最新版《现代汉语词典》共收录汉字 15 000 多个，而汉字的注音即“声韵组合”理论上有 800 多个，但能和规范汉字实际对应的只有400多个。[1]汉字的常用字有2 500个，次常用字有1 000个。日常生活中，文字商标的用字主要就由这3 500个字组成，加之人们大多喜欢选用褒义词和中性词，其结果是超过50万个词组就可能发生商标的相似与混淆。[2]可见，常用的标志组合数量是有限的。正如外国学者所言：由于字母或文字的组合作为潜在的商标对于不同的商品有着不同的价值，至少在短期内，最有价值之组合的供给并非完全弹性的，大量抢注对于其他企业选用商标会造成一定的不利影响。[3]

目前，我国商标申请量每年以百万量级逐年增长，仅2020年商标申请量就达到911.6万件，较之2019年的商标申请量增加了127.9万件。截至2020年12月15日，我国累计有效注册商标已达2 839.3万件。[4]另外，近年来商标抢注、恶意囤积的现象尤为严重，单个经营主体名下囤积上千件商标的现象也屡见不鲜。商标申请量的激增和商标抢注、囤积的行为使得原本有限的商标资源逐步变得稀缺。一方面，可商标化的符号资源自然减少，增加在后申请商标注册难度，给在后真正有生产经营所需的申请人形成巨大妨碍，显著增加企业的商标权的获得成本，甚至极可能陷入“申请—驳回—再申请—再驳回”的不良循环之中，难以尽快获得商标权。而商标商业使用的迫切性又使得企业不得不“被迫”考虑高价购买他人已注册的商标，但商标购买往往又会刺激“待价而沽现象”，并在相当程度上加剧商标囤积行为。另一方面，面对海量的商标申请，商标局

[1] 鲁川．汉字注音字符［J］．汉字文化，2012（1）：34.

[2] 邢冬生，刘瑞旗，常江，杨标．浅论闲置商标的处置利用（一）［J］．中华商标，2013（12）：40.

[3] 威廉·M. 兰德斯，理查德·A. 波斯纳．知识产权法的经济结构［M］．金海军，译．北京：北京大学出版社，2005：231.

[4] 国家知识产权局商标局．2020年四季度各省、自治区、直辖市商标注册申请、注册统计表［EB/OL］．（2021-01-11）［2021-03-13］．http://sbj.cnipa.gov.cn/sbtj/202101/W020210111460315435301.pdf.

所面临的审查难度与复杂性同样很高。这在客观上增大了商标审查人员的工作量，降低了商标审查工作的效率，影响了商标审查的审查质量，延长了商标审查的周期，间接使得企业申请商标难度加大，并增加企业知识产权获得成本。因此，为了发挥有限资源的最大效能，同时达到对于行政审查资源的节省和最优利用，必须要求商标权利人对已注册的商标进行持续、有效的使用。

2. 商标使用符合洛克财产权理论

在知识产权领域，很多学者首选约翰·洛克的财产权理论来探究知识产权的正当性，理解知识产权的规范性基础。洛克财产权理论最初是针对有形财产发展起来的，其关注的焦点是关于如何从一种“自然状态”（State of Nature）中拨归财产。

虽然洛克财产权理论针对的是有形财产，但该理论的思维逻辑同样可以适用于知识产权。首先，在知识财产的世界中，得以借助劳动而形成财产的背景材料的“给予性”（Givenness）是非常明显的。我们所称的公共领域（Public Domain）就是一种重要而普遍的背景材料，它跟知识产权的定义正好相互对应。[1]知识产权是一种无形的财产，但其从“公共领域”中脱离出来而成为私权的过程，与洛克主张的从“自然状态”中拨归财产的过程如出一辙。并且，知识产权权利人在取得权利时，不仅获得了使用、收益、处分等权利，还获得了禁用权利，整个授权过程相当于从公共领域中向权利人拨归了某块大小不等的区域。因此，知识产权权利的给予性体现得十分明显。其次，知识产权保护的客体为智力成果，而智力成果的形成需要付出劳动。洛克财产拨归理论的核心观点即是财产只有通过劳动的加入才能从自然状态中脱离，进而产生的财产权才具有正当

[1] 罗伯特·P. 莫杰思. 知识产权正当性解释［M］. 金海军，史兆欢，寇海侠，译. 北京：商务印书馆，2019：62.

性。正如智力成果的形成同样需要付出巨大努力。洛克就曾将自己的作品（Work）称为劳动（Labor），其承认作品必须通过研究与写作才能完成，而这就隐含着，至少对诸如他的作品之类的最终产品而言，以劳动为依据而提出财产主张（Labor-Based Property Claims）是正当的。[1] 因此，知识产权的获得同样符合洛克的财产拨归理论。

可见，洛克财产权理论基本适用于知识产权领域，运用该理论有助于我们理解知识产权的规范性基础。映射到商标领域，笔者认为某种程度上，洛克的财产拨归理论很好地诠释了商标使用的必要性。

洛克认为拨归的财产只有劳动的加入才能从“自然状态”中脱离出来，进而产生正当的财产权。商标专用权利的获得同样需要权利人付出劳动，在商标法语境下，此处劳动不仅指对商标标志本身构建所付出的努力，还应当包括对商标的持续性使用。此种逻辑在商标权使用取得制度的国家体现得尤为明显。在使用取得制度的国家，以美国最为典型，在商标申请时已经对商标提出“实际使用”的要求，或至少应当具有“使用意图”，商标获准注册最终是以该商标的使用事实为依据。在注册取得制度的国家，通过商标的申请注册即可获得商标权利，在申请阶段，对于商标的使用不作要求，此种制度看似不符合洛克的财产劳动拨归理论。但各个国家（包括注册取得制度的国家和使用取得制度的国家）的商标制度均对商标权人在获权后提出一定的使用要求。首先，商标权利通过持续的使用才能得以维持，否则商标权利可因一定期限内（如注册之日起满三年）未使用面临被撤销的风险。其次，只有通过持续的使用，消费者才能将商标与某种商品或服务的出处联系起来。使用不仅促成了商标权的产生，而且决定着商标权的强度和范围。商标的市场影响

[1] 洛克．政府论（下篇）[M]．叶启芳，翟菊农，译．北京：商务印书馆，1964：63.

有多大，商标权的效力就有多大。

在解释了洛克财产权理论与知识产权的契合关系后，有必要对该理论延伸出的两个附加条件进行分析。洛克在阐述了初始财产拨归后，引入了如下附加条件，其写道："劳动是劳动者无可争议的所有物，那么对于这一有所增益的东西，除他之外就没有人能够享有权利，至少在还留有足够的同样好的东西给其他人所共有的情况下"。[1]"留下足够的同样好的东西给其他人"这一约束就被称为充足性附加条件（Sufficiency Proviso），以及延伸出的反浪费附加条件（Waste Proviso）。[2]

第一，充足性附加条件。知识产权法的本质特征是，对于大多数的财产主张者而言，他们在拨归取得自己所需的财产之后，仍可以给其他人留下"足够的并且同样好的"东西。[3]充足性附加条件延伸出的是权利边界以及需求适当的问题。对权利的范围加以界定不仅是为了防止权利的肆意扩张导致他人权益遭到损害，也是为了更好地明晰权利范围，保护权利不受侵犯。《商标法》第五十六条规定了注册商标的专用权，应以核准注册的商标和核定使用的商品为限，该条款明确限定了商标专用权的范围。关于需求适当的问题，在2019年修正的《商标法》第四条中加入了"不以使用为目的的恶意商标注册申请，应当予以驳回"的内容。该新增的内容正是要求权利人在申请商标时应当以使用为目的，满足其正常的生产经营即可，任何不具有使用目的的囤积行为应当禁止。

第二，反浪费附加条件。对于此处的"浪费"，罗伯特·P. 莫杰

---

[1] 洛克．政府论（下篇）［M］．叶启芳，翟菊农，译．北京：商务印书馆，1964：74. 英文原文如下：For this labour being the unquestionable property of the labourer，no man but he can have a right to what that is once joined to，at least where there is enough，and as good，left in common for others.

[2] 文学．商标使用与商标保护研究［M］．北京：法律出版社，2008：46.

[3] 孙国瑞，董朝燕．论商标权人的商标使用义务［J］．电子知识产权，2020（4）：5.

思在《知识产权正当性解释》中解释为“一件东西已经作为财产拨归某人但它最终却未被投入任何的生产性使用（Productive Use）”。[1]按照该理论，当商标权被授予权利人后，权利人必须满足生产性使用的要求才会避免商标权的浪费。事实上，商标的核心价值本身就在于使用，只有经过使用的商标才具有值得保护的价值，相应地，对于商标的持续性保护也应当以商标持续性的使用为前提。商标一旦停止使用，不仅会失去其识别商品或服务的基本功能，而且还会妨碍他人注册和使用，对未使用的商标继续提供保护某种程度上讲，就是对资源的浪费。因此，对商标权人提出使用要求实际上就是遵循了“反浪费附加条件”，或者说是为了将“浪费”控制在一定的范围内。

3. 商标的功能实现依赖于商标的使用

商标的本质是在标识与商品或服务之间建立联系，基于消费者对这种联系的信任，才能够在企业和消费者之间促成反复的交易。[2]将经济学方法运用于商标法研究的主要成果是商标降低搜索成本理论，即商标通过降低消费者的搜索成本来提高经济效率。[3]消费者可以根据商标来识别商品或服务的产源，准确地选择自己需求的商品或服务，节约搜索成本。相应地，商标制度也会激励市场经营主体宣传和推广自身商标，凭借高质量的商品和服务建立起良好的商誉，赋予商标更多的市场价值。可见，商标制度的建立一方面可以通过表示商品或服务的产源，进而降低相关公众的搜索成本；另一方面也会刺激市场经营主体提高商品或服务质量，积累商标的良好商誉。

为了实现上述两功能，必须将商品与商标之间建立紧密联系。

[1] 罗伯特·P. 莫杰思．知识产权正当性解释［M］．金海军，史兆欢，寇海侠，译．北京：商务印书馆，2019：113.

[2] 孙国瑞，董朝燕．论商标权人的商标使用义务［J］．电子知识产权，2020（4）：7.

[3] 文学．商标使用与商标保护研究［M］．北京：法律出版社，2008：37.

而商标的使用行为则是商品和商标之间建立联系的基础。一方面，只有通过商标的反复不间断使用，才能使得消费者有可能接触和记忆商标。另一方面，在保证商品或服务质量的前提下，商标的使用程度与商标的知名度应当是成正比关系，而商标知名度的大小又关乎商标权强弱保护的问题。市场经营主体只有通过商标的使用行为，才能积累商标的良好商誉，提高品牌价值并获得商标权较强程度的保护。

（二）权利和义务的一致性

权利和义务作为构成法律关系的内容要素，是紧密联系、不可分割的。权利和义务的一致性是权利和义务互相依存、互为前提、不可分离的辩证统一关系。没有无义务的权利，也没有无权利的义务。在权利和义务的关系上，义务应当是占主导地位，法的根本目的是保护人的权利，但是如果缺乏义务性规范的支持，权利也就形同虚设。

在法理学中，义务可分为作为义务和不作为义务，或者积极义务和消极义务。作为义务或积极义务指义务人必须为一定行为的义务。如在商标领域体现为商标权人必须履行商标使用的义务，发挥商标的基本价值。不作为义务或消极义务指禁止人们做出一定的行为。如在商标领域体现为禁止侵犯他人商标权的义务、申请商标时的合理避让在先商标的义务等。

权利人获得商标权的同时，其义务随之产生。其中，最核心的义务就是对商标的使用义务。根据权利与义务的一致性原则，商标权人享有商标权的同时，应当履行使用商标的义务。否则，未进行实际和持续使用的商标权利并不稳定，存在随时被撤销的风险。

中国《商标法》规定了商标“撤三”制度，即“注册商标没有正当理由连续三年不使用的，任何单位或者个人可以向商标局申请撤销该注册商标”。依照此规定，可在权利和义务一致性的框架内总结并探讨以下两种情形：第一，注册商标自注册之日起满三年后，才会存在被撤销的可能性；第二，商标“撤三”审查制度中仅对提出“撤三”申请的申请日前三年内的使用行为进行评价，对于指定三年外的使用情形不作要求。我们首先探讨第一种情形，在商标获准注册的三年内，即便不使用也无法依照此规定动摇其权利。商标权利的存续看似并没有取决于对应使用义务的履行，商标获准注册后的三年内似乎存在着权利和义务不一致的现象。但制度的设定有其现实的考量，在权利人获得商标权后，应当给予其一定的准备时间。只要商标注册满三年后，任何人均可即时提起“撤三”申请，并要求商标局对注册后的三年内的使用情况进行审查。可见，该三年内的使用义务是一直存在的，商标权人须承担此期间未使用商标的不利后果。第二种情形，则是审查“撤三”申请日前三年的使用情况，对于指定三年期限以外的时间是否存在商标使用义务缺失的问题不予考虑。实际上，商标权人取得商标专用权后其使用义务就一直存在，只是在制度设立方面，仅仅审查某特定三年内的使用情况。因此，撤销程序中的“三年”对于商标权人仅是履行义务的缓冲期，即只有注册满三年的注册商标才可成为他人申请撤销的对象。商标“撤三”程序可以在商标注册满三年后的任何时间点提起，指定三年期限也随之具有任意性。可见，商标注册后任意时间段的使用情况均具备在“撤三”制度中的审查可能性。因此，商标专用权与商标使用义务一直是紧密联系、不可分割的。在商标注册制下，商标权人不仅有实际使用，而且负有持续使用商标的义务。

（三）商标使用义务的提出

我国《商标法》并没有对商标权人的使用义务进行明确的正面规定，但我们依然可以从部分条款中反推出商标权人所具有的使用义务。

《商标法》规定的商标"撤三"制度中，注册商标不使用则面临随时被撤销注册的风险，以此督促商标权人积极履行使用义务。为了打击商标抢注、商标囤积的现象，2019年4月23日，全国人大常委会公布的《商标法》第四次修正案的决定中，在《商标法》第四条增加了"不以使用为目的的恶意商标注册申请，应当予以驳回"，该条款的变化也意在突出强调商标的使用义务。《商标法》第六十四条[1]所赋予的"不使用不赔偿"抗辩理由从某种程度上引导和激励商标权人应积极履行商标使用的义务，才可获得更有力的保护。

国家工商行政管理总局颁布的《商标审查及审理标准》规定："商标注册人负有规范使用和持续使用注册商标并积极维护注册商标显著性的法定义务。"可见，商标行政主管机关已经明确将商标使用视为一种法定义务，并在规范性文件中加以体现。但《商标审查及审理标准》是国家工商行政管理总局所颁布的部门规章，法律位阶较低，宣示效果和规制强度难免有限。而《商标法》则缺乏对商标使用义务的正面规定，导致商标使用长期得不到应有的重视。

因此，本书认为确有必要在《商标法》中明确和强化商标权人的使用义务，将"商标使用义务"写入《商标法》中，起到一定的宣誓和引导作用。事实上，在国家知识产权局进行的2019年"商标法实施状况评估"课题的结题统计中，在恶意商标注册申请问题上，参与填写调查问卷的人员共计1561人（包括：行政管理人员180人，法官150人，高校及专业教师53人，律师341人，知识产权代理机

[1] 《商标法》第六十四条第一款规定："注册商标专用权人请求赔偿，被控侵权人以注册商标专用权人未使用注册商标提出抗辩的，人民法院可以要求注册商标专用权人提供此前三年内实际使用该注册商标的证据。注册商标专用权人不能证明此前三年内实际使用过该注册商标，也不能证明因侵权行为受到其他损失的，被控侵权人不承担赔偿责任"。

构从业人员336人，企业代表234人，其他271人）中有46.71%的反馈者认为可以通过增强使用义务有效制止恶意注册申请行为。并且，对商标使用的相关判定亦需要配套的规定进行细化和解释。

二、注册商标连续三年不使用撤销制度

（一）连续三年不使用撤销制度的概述

1. 我国连续三年不使用制度的演化

为了督促商标注册人将其注册商标积极地使用，规制恶意抢注者，避免商标资源的浪费，“撤三”制度应运而生。

“撤三”制度的主要目的在于保护商标的识别功能，促进公平竞争。商标在市场上发挥识别商品来源的功能，同时经营者通过商标的使用获得商誉，从而获得了保护的正当性。在商标注册取得制度下，立法者为商标注册人预留了商标的专用权和禁用权。商标注册人若在一定期限届满后在该预留的法律空间仍未使用商标获得识别性，就不可能建立商誉，其获得商标保护的根基和意义就不复存在。注册后在一定期限内未使用的商标，因在市场中未能发挥将标识的商品与特定的经营者建立对应关系的识别功能，从本质上讲是未在实际经济活动中取得商标识别功能的商标。因此，立法者通过“撤三”制度将未能发挥商标识别功能的商标从商标注册簿中删除，停止对其保护，以便为公众尽可能地留出更多的商标资源，以便促进公平竞争，保障产业的良性发展。

本部分将回顾我国相关立法的沿革变化，总结并提炼我国商标“撤三”制度的发展脉络。

1982年的《商标法》是我国第一部商标法，也是我国颁布的

第一部知识产权法律。[1]这是一部以权利为基础混合管理性质的法律，其中“撤三”制度也同样体现出管理法的性质。该《商标法》第三十条规定，使用注册商标，连续三年停止使用的，由商标局责令限期改正或者撤销其注册商标。与之相配套的1983年《商标法实施细则》第二十条规定，对于使用注册商标，连续三年停止使用的，由地方工商行政管理部门通知商标注册人改正，对拒不改正的，报请商标局处理。

1988年《商标法实施细则》增加了“任何人可以向商标局申请”撤销注册商标的启动程序。该实施细则第二十九条规定，对于使用注册商标，连续三年停止使用的，任何人可以向商标局申请撤销该注册商标。商标局应当通知商标注册人，限期提供使用证明。逾期不提供使用证明或者证明无效的，商标局撤销其注册商标。

1993年《商标法》和2001年《商标法》在“撤三”程序的启动和法律后果上与1982年《商标法》第三十条的规定一致，均是商标局主导下的责令改正或者直接撤销。

1993年《商标法实施细则》在保持1988年《商标法实施细则》中任何人依请求的启动程序外，另增设了“不使用的正当理由”作为商标连续三年不使用的抗辩理由。该实施细则第二十九条规定，任何人可以向商标局申请撤销该注册商标，并说明有关情况。商标局应当通知商标注册人，限其在收到通知之日起三个月内提供该商标使用的证明或者不使用的正当理由。逾期不提供使用证明或者证明无效的，商标局撤销其注册商标。

1995年《商标法实施细则》与1993年《商标法实施细则》第二十九条的规定一致。

2002年《商标法实施条例》的相关修正体现在两个方面：第一，

[1] 杨巧．知识产权法［M］．北京：法律出版社，2007：262.

将注册人答辩的期限从收到通知之日起 3 个月改为收到通知之日起 2 个月；第二，明确商标使用证据应体现撤销申请提出前的使用日。该实施条例第三十九条规定，商标局应当通知商标注册人，限其在收到通知之日起 2 个月内提交该商标在撤销申请提出前使用的证据材料或者说明不使用的正当理由。

2013 年《商标法》对“撤三”程序相关规定进行了大幅度的修正。其一，将先前《商标法实施条例》规定的“任何人可以向商标局撤销该注册商标”启动程序上升到《商标法》的规定中。该《商标法》明文规定“任何单位或者个人可以向商标局申请撤销该注册商标”。其二，删除了商标局责令限期改正的规定，修改为在满足撤销要件后直接由商标局撤销注册的规定。

2014 年《商标法实施条例》在 2002 年《商标法实施条例》的基础上，增加第六十七条有关“不可抗力、政府政策性限制、破产清算、其他不可归责于商标中注册人的正当理由”的规定。

2019 年《商标法》修正未涉及“撤三”内容。

通过回顾我国相关立法的沿革变化，可发现我国“撤三”程序从起初的依职权启动变更为任何人或单位依请求启动；从起初的与责令限期改正并行的制度变更为删除责令限期改正的规定、实施满足撤销要件后直接由商标局撤销注册的单独运行的制度；商标“撤三”制度的内在体系（如注册人的合理答辩期、商标使用证据的时间点、不使用的正当理由）也在逐渐发展和完善。以“请求启动代替职权启动”及“删除责令限期改正的规定、实施满足撤销要件后直接由商标局撤销注册”的两大演变，体现了我国对商标权和商标法定位认知的发展以及对商标注册人施加更为严格的商标使用要求。商标“撤三”制度内在体系的适宜扩充，则进一步提高了该制度的逻辑完整性，保障了制度运行的有效性。

2. 我国“撤三”制度的现状及不足

（1）现状一：商标注册人在“撤三”程序中维持商标注册的比例较低

图 2-1 是国家知识产权局商标局评审部门公布的商标评审案件审理情况月报（2020 年第 3—11 期）中裁文结果有关撤销复审数据统计。

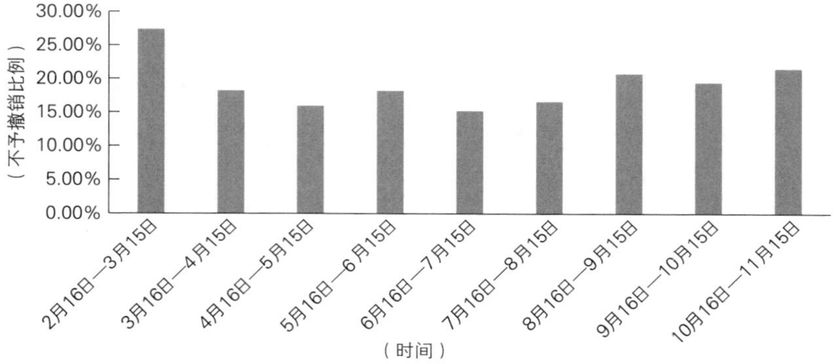

图 2-1　2020 年 2 月 16 日至 11 月 15 日商标评审撤销复审裁文中不予撤销的比例

图 2-1 统计数据表明，在 2020 年 2 月 16 日—2020 年 11 月 15 日的商标评审撤销复审裁文中，不予撤销的比例大约在 15% ~ 28%。

北京知识产权法院关于《“撤三”案件中的调研报告——完善制度、实现商标价值》提到，课题组随机抽取了 85 份商标撤销复审行政纠纷的案件并对判决书加以进一步梳理，发现仅在 18 件案件中，商标权利人提交的使用证据被北京知识产权法院认为构成商标法意义的使用。

该现状表明，我国的商标注册取得制度，不仅会产生商标抢注、囤积商标的问题，还存在已注册商标在注册满三年后怠于投入实际使用的情形。而“撤三”制度，则通过清理闲置的商标资源，确实在一定程度上抵消了我国注册取得制度的消极作用。

此外，在实践中相当多的生产经营者为了防止自身商标特别是驰名商标被他人在其他商品或服务上恶意抢注，通常会采取防御注册的形式对其主商标进行扩大保护。虽然此类防御商标在符合《商标法》规定的注册条件情况下可以被核准注册，但由于此类型商标注册完全是基于保护目的而注册，并不投入实际使用，因此这些商标若在注册满三年内没有实际投入使用，在《商标法》下仍有被撤销的风险。例如，在一起商标撤销复审的判决[1]中，法院认为：我国《商标法》关于连续三年停止使用的商标可被撤销的相关法律规定，并没有针对驰名商标的例外规定，也就是说，我国相关法律规定既没有针对复审商标被认定为驰名商标即可不适用连续三年停止使用被撤销的例外规定，也没有针对与复审商标相同标识在别类商品上的注册商标被认定为驰名商标，复审商标即可不适用连续三年停止使用被撤销的例外规定。

（2）现状二：商标申请人将"撤三"作为清除在先商标注册障碍、获得商标注册的重要途径

北京知识产权法院关于《"撤三"案件中的调研报告——完善制度、实现商标价值》提到，北京知识产权法院审理的涉及"撤三"商标行政案件，主要有两种情形：一是商标权撤销复审行政纠纷，直接对涉案商标是否应当"撤三"进行审查；二是商标驳回复审行政纠纷，即对引证商标提起"撤三"从而为申请商标的注册排除障碍的情形。2015 年北京知识产权法院受理的第一种情形的案件共 823 件；2016 年受理的第一种情形为 828 件，分别占到全部商标授权确权行政案件的 15% 和 14%。第二种情形需在具体审理中才能发现，约有 10%。也即为申请注册商标，每 10 件案件中就有 1 件引证商标被提起了"撤三"（如图 2-2 所示）。

[1] 参见北京知识产权法院〔2009〕一中行初字第 945 号行政判决书。

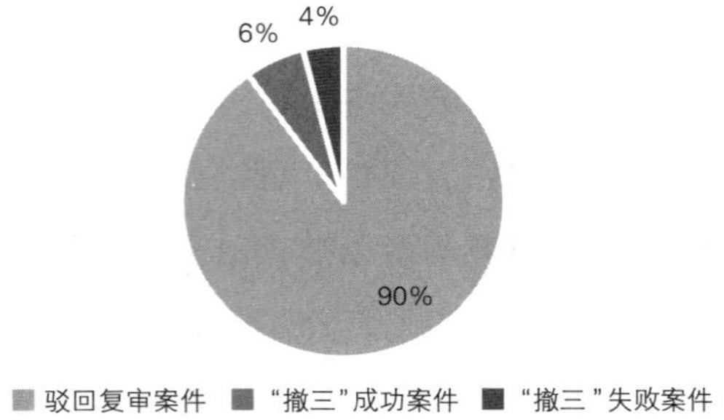

图 2–2 "撤三"案件在驳回案件中的比例估算[1]

因此，我国的商标"撤三"制度为商标使用人提供了一种救济手段，使其通过申请撤销在相同或类似商品上在先注册的相同或近似商标，为自己实际使用或有意图使用的商标的注册清除障碍，利于市场竞争和行业发展。

（3）不足之处一：撤销申请启动随意，举证责任分配单一化

《商标审查及审理标准》规定，系争商标不存在连续三年不使用情形的举证责任由系争商标注册人承担。因此，商标是否最终被认定使用完全取决于商标注册人的举证能力。商标注册人需要证明其或被许可人在规定的期限内在中国大陆核定使用的商品或服务上对该注册商标进行了真实、合法和公开的使用。若举证不能或举证有瑕疵，该注册商标就存在相应地被撤销或部分撤销的风险。

在商标申请实务中，"撤三"申请人往往只需在互联网搜索引擎以被请求撤销商标为关键词做一简单检索，并提交未检出任何使用结果的网络的搜索页，就可针对注册已满三年的商标向国家知识产权局商标局启动不使用的撤销申请。即便该注册商标最终被维持，"撤三"申请人也无须承担任何成本和代价。与此境遇完全不同的

---

[1] 宋鱼水，吴无妹，卢爱媛.完善证据制度·实现商标价值［N］.人民法院报，2017–04–27（8）.

是，商标注册人在遭遇撤销申请时，为避免注册商标被撤销，通常会积极应对，按照证据的三性要求，就被请求商标在指定商品或服务上的使用进行充分的举证。更值得警惕的是，部分案例显示在注册人对商标具有明确使用证据的情况下，撤销申请人重复、多次对他人同一件注册商标提出撤销申请，以干扰其经营增加其应对成本。这在一定程度体现出我国“撤三”程序中双方当事人责任分配偏于单一化，以及由此不可避免产生行政和司法等公共审查资源的浪费。

我国商标“撤三”制度中的举证责任分配与欧盟的做法基本一致。欧盟商标撤销案件中的举证责任在于商标所有人。而美国的做法却有所不同,《美国联邦商标法》(兰哈姆法案)第四十五条规定：如果商标中止使用，且无意图恢复使用，则该商标被视为已放弃，无意图恢复使用可根据情况推知。连续三年不使用应是放弃的初步证据。[1]这一标准确认了以放弃为由提出撤销申请时的举证责任和说服力的专门规则。正如在 Jade Apparel，Inc. v. Steven Schor，Inc. 案件中法院所阐释，商标三年未使用的证据形成了法律可推定的放弃，这就将“举证责任转移到商标所有人身上，由其提出证据表明尽管三年未使用，但其打算在合理预见的时间内恢复对该商标的使用”。[2]尽管举证责任发生了转移，但关于放弃请求的最终举证（或说服）责任仍由撤销申请人承担。[3]

美国的做法坚持了“谁主张、谁举证”的通用举证分配规则，即撤销申请人需要提出所撤销商标有三年以上不使用的证据。如果

---

[1]《美国联邦商标法》(兰哈姆法案)第 45 条原文：When its use has been discontinued with intent not to resume such use. Intent not to resume may be inferred from circumstances. Nonuse for 3 consecutive years shall be prima facie evidence of abandonment.

[2] Jade Apparel，Inc. v. Steven Schor，Inc.，No.11 Civ. 2955(KNF).

[3] SANDRA EDELMAN. Why Wait Three Years? Cancellation of Lanham Act Section 44(e) and 66(a) Registrations Based on Non-Use Prior to the Three-Year Statutory Period for Presumption of Abandonment，Vol.104 No.6，The Trademark Reporter，2014：1366-1384.

撤销申请人无法提出上述证据，则需要通过大量直接和（或）间接的证据来证明商标所有人已经停止使用该商标，且没有恢复使用的意图。[1]此规定较好地避免申请人随意提起撤销申请的轻率，并适当地减轻相对方——即商标所有人在同一程序所承担的举证压力。但考虑到撤销申请制度旨在清除不使用的注册商标，撤销申请人承担消极事实的最终举证责任显然也是不合理的。因此，在坚持商标权人在撤销程序中承担最终举证责任的同时，避免撤销申请启动的随意性，适当地减轻商标所有人的举证压力也是我国“撤三”制度面临的亟待改进的问题。

（4）不足之处二：审查标准不统一，举证期限非严格适用

我国商标“撤三”案件的审理实践中存在审查标准不统一的现象。商标局审查部门在“撤三”案件中所遵循的审查标准为，在针对所有核定商品项目所提起的撤销申请中，若商标权人能证明被请求撤销商标在一项核定商品上的使用，该使用就能维持在所有核定商品上的注册。商标局评审部门和法院则遵循不同的标准。商标局评审部门遵循《商标审查及审理标准》中的规定，即商标注册人在核定使用的商品上使用注册商标的，在与该商品相类似的商品上的注册可予以维持。《北京市高级人民法院授权确权行政案件审理指南》第19.9条规定，诉争商标在核定商品上构成使用的，可以维持与该商品类似的其他核定商品上的注册。换言之，商标局评审部门和法院均遵循如下审理标准：在针对所有核定商品提起的撤销申请中，若商标权人能证明被请求撤销商标在一项核定商品上的使用，该使用仅能维持与该商品类似的其他核定商品上的注册，不能维持

[1] SANDRA EDELMAN. Why Wait Three Years？ Cancellation of Lanham Act Section 44（e）and 66（a）Registrations Based on Non-Use Prior to the Three-Year Statutory Period for Presumption of Abandonment，Vol.104 No.6，The Trademark Reporter，2014：1366-1384.

该被请求撤销商标在与该商品不类似的其他核定商品上的注册。此外，不同于商标局评审部门和法院的审查程序，在商标局审查部门阶段，撤销申请人不能获知商标注册人提交的证据并进行相关的质证，致使撤销申请人不得不向商标局评审部门申请撤销复审，获取合理的程序救济。商标审理机构之间采取的不尽统一的商标“撤三”审查标准和实践，是导致各商标审理机构裁定或判决之间相互矛盾的原因之一。

此外，举证期限非严格适用亦是我国商标“撤三”案件审理中另一需引起重视的问题。商标局评审部门和人民法院对注册商标权利人在撤销复审和诉讼中所新提交的使用证据均予以接纳并加以审查，即对于商标不使用撤销复审案在事实上采取了“证据不关门”的做法。其主要是基于对商标权利人的实体权益所产生的重大影响和其他救济渠道机会缺失的考虑。例如，在第1419526号“斑马ZEBRA及图”商标撤销复审行政纠纷案件[1]中，二审法院认为“本案是商标权撤销复审案件，对于可能影响案件实质处理结果、对当事人是否实际使用诉争商标的认定有重大影响的证据，如不予考虑，将导致诉争商标被撤销，对于属于此类情形且当事人并非故意在行政阶段怠于提交的证据，一般对其在诉讼阶段所提交的证据可以予以采纳，否则，将对当事人的实体权益产生重大影响且当事人不再有其他救济机会。”然而，实体正义需要程序正义的保障，迟到的正义并非真正的正义。[2]我国商标审查机构对举证期限的非严格使用，客观上纵容了商标权人举证的懈怠，造成“撤三”案件审理周期冗长和相关行政和司法资源的浪费。显然，国家知识产权局也注意到此问题。国家知识产权局商标局《评审法务通讯（2020）第1期》提到“2019评审部门共收到撤销复

[1] 参见北京市高级人民法院〔2019〕京行终9465号行政判决书。

[2] 王芳.TRIPS协定下注册商标的使用要求［M］.北京：知识产权出版社，2016：184.

审败诉案件527件（含撤销通用名称复审3件），其中因诉争商标注册人在诉讼中提交新证据导致败诉的案件共有212件，尽管此类案件的败诉非因行政机关之过，应从实际败诉率中予以刨除，但我们仍要重申，当事人在行政程序中怠于举证的行为不应得到鼓励。理由之一：大量在诉讼中提交的证据并不符合相关法律和司法解释对新证据的规定，司法审查中不加区分地审理新证据有违法之嫌；理由之二，从程序经济角度，当事人在行政程序中怠于举证的行为不仅虚耗了行政审查资源，也不当占用了司法资源，对这种行为的纵容将导致对相关资源的浪费与挤占愈演愈烈。”[1]

3. 其他国家或地区不使用撤销制度的介绍

在注册商标的维持阶段，若连续不使用已逾法定期限，可申请撤销该商标之注册，是各国或地区商标法均采用的一项制度。

《美国联邦商标法》（兰哈姆法案）第四十五条规定商标在下列情况下视为放弃：如果商标中止使用，且无意图恢复使用，则该商标被视为已放弃，无意图恢复使用可根据情况推知。连续三年不使用应是放弃的初步证据。商标的使用是指在正常贸易过程中对该商标的善意使用，而不仅仅是为了保留商标的权利而使用……可见，在美国构成商标法意义上的放弃需要满足主客观两个条件：①商标客观上已停止使用。连续三年停止使用，即视为放弃的初步证据。②主观上具有不再继续使用商标的意图。强调“商标不使用意图”是美国“商标放弃”制度的与众不同之处，TRIPS协定也未予涉及。[2]2020年12月27日，美国《2020年商标现代化法案》（*The Trademark Modernization Act of 2020*）正式签署成为法律。该修正

[1] 国家知识产权局商标局商标评审部.2019年商标评审案件行政诉讼情况汇总分析（一）[EB/OL].（2020-07-06）[2020-12-25]. http://spw.sbj.cnipa.gov.cn/fwtx/202007/t20200706_319409.html.

[2] 王芳.TRIPS协定下注册商标的使用要求［M］.北京：知识产权出版社，2016：72.

案第五条增加如下两个新程序：注册商标单方清理程序（Ex Parte Expungement）和注册商标单方重审程序（Ex Parte Reexamination）。[1] 关于注册商标单方清理程序，在商标法第十六条后新增A款，规定商标注册满三年后，任何人可以以注册商标从未被实际使用为由申请撤销该注册商标。申请人需进行合理调查（Reasonable Investigation）并提供该商标从未进行商业使用的初步证据（Prima Facie Evidence）。若商标权人无法提供商标在被撤销商品或服务上的使用证据，则该商标将会在上述商品或服务上予以撤销。另外，美国专利商标局局长亦可依职权发起注册商标的单方清理程序。关于注册商标单方重审程序，修正案提出在现行商标法第十六条后新增B款，规定任何第三方可以以注册商标在相关日期前未经商业使用为由申请重新审理注册商标，相关日期指对于以使用为基础的商标申请在申请日之前，对于意图使用为基础的商标申请在提交使用声明之前或其提交使用声明的到期日。该程序必须于商标注册后的五年内提出。同样，单方重审程序的申请人需要进行合理调查并提供初步证据。新增的注册商标单方清理程序和注册商标单方重审程序符合美国商标法以使用为授权前提的原则，其程序设置的重点虽然在于快速清理未使用商标，但其符合利益平衡原则，并未施于商标权利人过大压力。商标权利人只要做到其在获准注册商标之前，真实地在商业活动中使用了商标，就可以确保其注册得到维持而不被上述撤销条款所击倒。[2]

《日本商标法》第五十条第一款规定[3]，商标权人、专用使用权人

[1] The Trademark Modernization Act of 2020，H. R. 6196.［2021-03-20］. https://www.congress.gov/116/bills/hr6196/BILLS-116hr6196rh.pdf.

[2] 梁韵笛．回归以使用为授权基础的原则——评美国商标现代化法案［J］．中华商标，2020（04）：78.

[3] 中国人民大学知识产权教学与研究中心，中国人民大学知识产权学院《十二国商标法》翻译组．十二国商标法［M］．北京：清华大学出版社，2013：261.

或一般使用权人连续三年以上均未在日本国内于各指定商品或指定服务使用注册商标时，任何人均可提出复审请求，撤销该指定商品或指定服务相关之商标注册。该条第三款规定，第一款规定之复审请求前三个月内至该复审请求登记日期间内，商标权人、专用使用权人或一般使用权人的任何一方，在日本国内与复审请求所涉的指定商品或指定服务上使用过注册商标时，若请求人能够证明该注册商标的使用是被申请人在知悉该复审请求后所为，则该注册商标的使用不属于第一款规定之注册商标的使用。上述条文显示，《日本商标法》规定，撤销申请的主体可以是任何人，商标使用主体包括三类，商标权人、专用使用权人或一般使用权人。

《法国知识产权法典》L.714–5 条规定，商标所有人如无正当理由，在连续五年内未在核定的商品或服务上真正使用该商标，其商标权利应当失效。在五年不使用可撤销制度的基础之上，法国通过颁布修法法令进一步强化了商标权人的使用义务。2019 年 11 月 13 日，法国颁布法令（Ordinance 2019–1169）修改《法国知识产权法典》中的第七编商标法部分，该法令已于 2019 年 12 月 15 日生效。[1] 这次修改的法令进一步强化了商标权人的使用义务，主要体现在如下三个方面：第一，商标权人基于其已注册满五年以上的在先商标对在后商标提起异议或无效宣告请求时，经在后商标申请人的请求，在先商标权人需要证明在后商标申请日或优先权日（或无效宣告申请日）前五年内在其核定商品或服务上的真实使用情况或提供不使用的正当理由，否则异议或无效宣告请求将不予受理（Irrecevable）（参见 L712–5–1、L716–2–3 条款）。第二，在侵权案件中，经被告请求，原告则需要证明提起侵权诉讼之日前五年内在其核定商品或服务上的真实使用情况或提供不使用的正当理由，否则侵权案

[1] 张广良 . 国际知识产权发展报告［M］. 北京：中国人民大学出版社，2020：51.

件将不予受理（Irrecevable）（参见 L716-4-3 条款）。第三，无效宣告案件中对在先商标获得显著性及知名度的认定时间节点限定于在后商标的申请日或优先权日。如相对方在无效宣告案件中提出上述审查请求而在先商标权人无法提供相应证明时，案件将不予受理（Irrecevable）（参见 L716-2-4 条款）。[1] 可见，修改后的《法国知识产权法典》中的第七编商标法更加强化了商标权人的使用义务，审查机关依申请必须审查在先商标的真实使用情况以及在先商标的获得显著性、知名度等相关情况，否则可能直接面临不予受理的风险。

在英国，商标权最初产生于使用，后来又逐步吸收了商标注册制度。2004 年 5 月 5 日，《英国商标法》将注册商标不使用撤销制度引入该国国内法。《英国商标法》第四十六条规定，商标的注册可因下列任何一种理由而被撤销：①在完成注册程序后的五年内，该商标没有被所有人或在其同意下在英国真正使用于该商标所注册的商品或服务，并且没有不使用的适当理由；②该商标已被不间断地暂停使用五年，并且没有不使用的适当理由。《英国商标法》第四十六条规定，任何在 5 年期限届满之后但是在提出撤销申请之前 3 个月内开始的使用或恢复使用将不予考虑，除非在注册商标所有人意识到有可能提出该申请之前，已经开始使用或开始恢复使用的准备。《英国商标法》还规定，任何人都可以提出注册商标撤销申请，未设定任何限制条件，受理机关包括商标注册机构和法院，申请者可以在两者间自行选择。

[1] 关于《法国知识产权法典》中“L714-5、L712-5-1、L716-2-3、L716-4-3、L716-2-4”条款参见：https：//www.legifrance.gouv.fr/codes/section_lc/LEGITEXT000006069414/LEGISCTA000006133336/2019-12-15/#LEGISCTA000039381535，访问时间：2021 年 3 月 25 日。

德国在商标权取得方面采用混合制模式。[1]其在注册商标维持阶段，建立了较为完备的商标使用的制度性要求。2019年1月14日正式实施《德国商标法改革法》，对现有的商标制度进行了全面修订。新修订的《德国商标和其他标志保护法（商标法）》（以下简称“《德国商标法》”）第四十九条规定，自商标异议期限届满之日起五年内，商标没有如第二十六条所规定的不间断使用，则应当根据请求撤销和注销该商标的注册。但是，如果在5年期限届满与撤销请求的提交的间隔期间，第二十六条所述商标已经开始或者重新开始使用，任何人都不可主张应当注销该商标的所有权。但是，如果准备使用或重新开始使用仅发生在商标所有人知道可以提起撤销请求之后，在连续5年不使用的期限届满之后、撤销请求提出之前的3个月期间内的开始使用或重新开始使用，应不予考虑。上述条文显示，《德国商标法》对撤销申请主体未做任何限定，任何人均可以提出撤销申请，这也显示出德国法对商标所有人施加的使用要求比较严格。新修订的《德国商标法》更为重视商标使用情况，《德国商标法》第四十三条第一款[2]规定，在基于在先商标权利而提起的商标异议程序中，如果在先权利人的“使用宽限期”在被异议商标的申请日或优先权日之前已经届满，经被异议人请求，异议人需提交证据证明在先注册商标在被异议商标申请日或优先权日之前五年内的使用情况。可见，新修订《德国商标法》规定基于以商标作为在先权利对其他商标提出请求权时，审查机关可以依申请对该在先商标权利的使用情况进行审查。此外，新修订的《德国商标法》对异议程序抗辩制

[1] 《德国商标法》第4条规定：“商标保护因下列行为而取得：（1）将标识作为商标在专利局经管的注册簿上注册；（2）在商业流通中使用标识，以该标识在所参与的流通范围内已被视为商标为限；或者（3）商标获得《巴黎公约》第6条规定的驰名性。”

[2] 《德国商标法》第四十三条第一款规定．[2021-03-16]．http://www.gesetze-im-internet.de/markeng/index.html#BJNR308210994BJNE005001360.

度进行简化，仅保留“5年使用宽限期”内的使用情况作为抗辩理由，删除了“在先权利人针对新商标申请提起异议之时前推5年内的使用情况”的抗辩理由。此简化规定反映了德国商标制度系统性、逻辑性的内在要求和德国国内实践的需要。[1]

我国台湾地区“商标法”第六十三条规定，商标注册后有下列情形之一，商标专职机关应依职权或依申请废止其注册：无正当事由迄未使用或继续停止使用已满3年者。但被授权人有使用者，不在此限。上述条款显示，我国台湾地区不使用商标撤销程序可依商标主管机关职权或依申请而启动，连续不使用法定期间的期限为三年，商标使用人包括商标注册人或被授权人。

对整个欧盟内有法律效力的欧盟商标进行规制的《欧盟商标条例》（2017/1001）[2]第五十八条第一款（a）项规定，欧盟商标所有人的权利应在其向欧盟知识产权局申请后宣布撤销或在侵权诉讼中以反诉为由宣布撤销：（a）如果商标连续五年未在欧盟内在注册的商品或服务上真正使用，又无不使用的正当理由；但是，如要在5年期满和提出撤销申请或反诉这段时间内，商标开始或恢复正常使用，任何人都不可以要求撤销所有人对欧盟商标的权利；如果撤销申请或反诉在五年不使用的期限届满后提出，而注册商标开始或重新使用是在该撤销申请或反诉提出之前的3个月内发生，且商标所有人已经意识到撤销申请或反诉可能被提起，这种使用将不被考虑。上述条款显示欧盟商标条例规定的不使用的期限是连续5年，还明确规定撤销申请前3个月的使用不被考虑，这是对商标注册权人临期使用行为的规制。商标不使用撤销程序的启动可基于第三人向欧盟知识产权局提出申请或商标侵权诉讼中的反诉。《欧盟商标条例》第

[1] 孙靖洲.《德国商标法》的最新修订及其对我国的启示[J].知识产权，2019（06）：88.

[2] 有关欧盟商标的欧洲理事会（EC）第2007/1001号条例，2017年6月14日。

六十三条未对撤销申请注册的资格做出限定，任何自然人或法人以及任何为了代表制造者、生产者、服务供应者、贸易商或消费者而设立的团体或机构均可以自己名义提出撤销申请。若注册商标不满足欧盟商标条例规定的使用要求，欧盟商标将从撤销申请日或提出反诉之日起失去效力。应当事人一方的请求，可以将产生撤销原因的一个在先日期附在裁决中。可见，不使用被撤销的法律后果是欧盟商标失去效力，失效日原则上追溯至撤销申请日或提出反诉之日，在特殊的情况可追溯至比此更早的日期。

《与贸易有关的知识产权协定》（TRIPS 协定）（2017 年 1 月 23 日修正）有关注册商标维持阶段的使用要求体现在第十九条[1]中。该条规定，如果使用是维持商标注册的条件，那么只有当该商标至少连续三年不使用后“方可被撤销”，除非商标所有人能够证明存在使用障碍的有效理由。独立于商标所有人意志之外且构成商标障碍的情形应视为不使用的有效理由，例如对受商标保护的商品或服务施加的进口限制或者政府对该商标所标示的商品或服务的其他要求。在商标所有人控制之下的他人使用商标的行为，应当被视为旨在维持商标注册的使用。该条款的义务：针对设立使用是维持商标注册条件的成员国，而不对未设立相应制度的成员产生条约效力。从这个角度来说，TRIPS 协定第十九条属于选择性义务。但是，对于设立使用是维持商标注册条件的成员国，TRIPS 协定第十九条的规定就属于强制性义务。上述规定之第二款显示，在商标所有人控制之下的他人使用行为同样应当视为为维持注册的使用行为，不使用

---

[1] 《与贸易有关的知识产权协定》（TRIPS 协定）第十九条规定：①如维持注册需要使用商标，则只有在至少连续 3 年不使用后方可注销注册，除非商标所有权人根据对商标使用存在的障碍说明正当理由。出现商标人意志以外的情况而构成对商标使用的障碍，例如对受商标保护的货物或服务实施进口限制或其他政府要求，此类情况应被视为不使用商标的正当理由。②在受所有权人控制的前提下，另一人使用一商标应被视为为维持注册而使用该商标。

的期限为至少连续3年，不使用的有效理由包含两个构成要件，即"独立于商标所有人意志之外"和"构成商标障碍"，注册商标不使用的后果是被撤销。TRIPS协定体现了国际条约在注册商标使用要求方面较高程度的协调水平。

综上所述，各国或地区立法上均有注册商标连续不使用满法定期间可申请撤销商标注册及具备正当理由可免除使用义务的规定。这是可注册商标资源稀缺性和商标保护正当性的必然需求。各国或地区相关规定主要的区别在于：不使用的期限规定有所差异，部分规定3年（如中国、中国台湾地区、美国、日本等），部分规定5年（如英国、法国、德国、欧盟等）；大多数国家和地区规定依请求而启动不使用的撤销程序，部分国家或地区规定依请求或依职权而启动不使用的撤销程序（如我国台湾地区）。此外，一些国家或地区还对临期使用进行了有针对性地规制（如德国、英国、日本、欧盟、法国等）。

各国或地区相关制度的建立均植根于各自的法律土壤，并汲取了域外制度的雨露。因此，针对世界上主要国家或地区的不使用撤销制度进行比较研究，总结出各国家或地区制度的异同点，有利于我国借鉴不同制度的优势，做到取长补短、博采众长。

（二）连续三年不使用撤销制度中对商标使用的要求

根据《商标审查及审理标准》的规定，商标注册人负有规范使用和持续使用注册商标并积极维护注册商标显著性的法定义务[1]。另外，根据《商标法》规定的注册商标连续三年不使用撤销制度、商标不使用不赔偿侵权抗辩制度等均可以反推出商标注册人应负有积

[1] 中华人民共和国国家工商行政管理总局商标局和商标评审委员会于二〇一六年十二月联合发布的《商标审查及审理标准》下篇《商标审理标准》第七章引言部分。

极使用注册商标的义务。从法理而言，根据权利和义务一致性原则，商标注册人享有商标专用权的同时，也应当履行商标使用的义务。对于商标法意义上的使用行为在《商标法》第四十八条中予以明确，但实践中商标的使用则往往涉及多种情形。本节尝试按照商标使用主体、商标使用客体、商标法意义的使用行为三个维度梳理商标使用行为的效力认定。另外，对于《商标法》第四十九条第二款规定的“不使用的正当理由”一并作简要梳理和介绍。

1. 商标使用主体

根据商标使用主体的不同，可划分为商标注册人使用行为、许可他人使用行为以及不违背商标权人意志的使用行为。此种划分方式在《最高人民法院关于审理商标授权确权行政案件若干问题的规定》第二十六条[1]的规定中有所体现。本章节主要梳理和探析商标“撤三”制度中上述三类主体对于商标使用的相关问题。

关于“商标注册人的使用行为”，使用主体明确且容易判断，实践中审查重点则放在使用行为是否符合“商标法意义上的使用行为”的判定。关于“许可他人使用行为”和“不违背商标权人意志的使用行为”，实践中则情形较为复杂，可能涉及再许可问题、许可方与被许可方的内部使用问题，以及受权利人控制或不违背权利人意志使用的认定问题等。

（1）关于商标注册人使用的情形

实践中，商标注册人自主使用商标情形最为多见，此处所指的商标注册人既包括通过申请注册程序取得商标专用权的原始注册人，同时也包括通过受让、继承等方式取得商标专用权的继受注册人。在商标“撤三”案件中，针对原始注册人的商标使用主体判定较为容易，

[1] 《最高人民法院关于审理商标授权确权行政案件若干问题的规定》（法释〔2017〕2号）第二十六条规定：“商标权人自行使用、他人经许可使用以及其他不违背商标权人意志的使用，均可认定为商标法第四十九条第二款所称的使用”。

且争议不大。针对受让或继承等方式取得商标专用权的继受注册人的使用情形则需要考虑取得权利的时间节点与指定期限的关系。根据取得权利时间节点所处期间的不同，则会涉及不同法律问题的审查，可能包括通过受让取得权利前使用行为的认定、事后对使用行为的追认授权问题等。目前实践中，经过追认的获权前的使用行为被视为商标权人的使用，商标使用的法律效果应当归属于商标权人。

（2）关于许可他人使用的情形

商标获准注册后，既可以由商标注册人自主使用，也可以由其合法授权许可的主体进行使用。根据《商标法》第四十三条的规定，"商标注册人可以通过签订商标使用许可合同，许可他人使用其注册商标。"《商标法实施条例》第六十六条第二款规定，"前款所称使用的证据材料，包括商标注册人使用注册商标的证据材料和商标注册人许可他人使用注册商标的证据材料。"上述条款均明确承认和保护了被许可人的商标使用行为。在商标"撤三"案件中，被许可人经商标权人合法授权取得商标使用权后，其对商标的使用应当视为商标权人的使用。

在许可使用的情形下，再许可使用问题和许可方与被许可方之间的内部使用问题尤为值得探讨。

第一，再许可使用问题。此处"再许可使用"行为指被许可人再次将商标使用权许可给第三方使用的行为。该种情形可分为被许可人有权和无权再许可使用两种情况。

在许可协议中，商标权人与被许可人明确约定被许可人有权继续许可他人使用商标，那么再被许可人的使用应当视为在商标权人控制的情况下的使用行为。例如，在第1415267号"开捷"商标撤销复审行政纠纷案件[1]中，原告上海开捷门窗有限公司先是将诉争商

[1] 参见北京知识产权法院〔2019〕京73行初4807号行政判决书。

标第1415267号“开捷”商标授权至上海开捷门窗幕墙工程有限公司使用，上海开捷门窗有限公司与上海开捷门窗幕墙工程有限公司又签订《商标使用授权书》，约定将包括诉争商标在内的四枚商标再授权给浙江开捷幕墙有限公司使用。北京知识产权法院经审理后认定：“上海开捷门窗有限公司与上海开捷门窗幕墙工程有限公司签署的商标使用许可合同、商标局许可备案通知书、诉争商标再许可授权予浙江开捷幕墙有限公司的授权书，可以证明开捷门窗公司许可他人使用该案诉争商标的事实……浙江开捷幕墙有限公司与吴江市中亚标识科技有限公司签署的厂房标牌制作协议、付款发票及相关照片，开捷幕墙公司在《中国建筑金属结构协会年鉴》《上海玻璃》期刊上刊登的广告等证据，相互印证，可以证明该案诉争商标在指定期间内进行了持续的广告宣传。”可见，在商标权人与被许可人明确约定再许可第三方使用商标的情形，再被许可人的使用取得了合法权利来源后，其使用效力应当能够得到承认。

在许可协议中，商标权人与被许可人明确约定被许可人不得再许可他人使用商标，那么再被许可人的使用行为应当视为无效。

在第738354号“康王”商标撤销复审行政纠纷案件[1]中，北京康丽雅健康科技总公司将诉争商标第738354号“康王”商标授权云南滇虹药业集团股份有限公司使用。该份授权许可合同中约定，云南滇虹药业集团股份有限公司仅限于在自己生产研发的化妆品类、食品类商品上使用，亦不得在与他人联营生产的商品上使用。由于该授权书明确约定被许可人无权继续许可他人使用，因此云南滇虹药业集团股份有限公司再许可昆明滇虹药业有限公司使用其注册的全部商标的行为无效，昆明滇虹药业有限公司无法取得诉争商标的使用权。可见，在商标权人与被许可人明确约定被许可人无权再许

[1] 参见北京市第一中级人民法院〔2006〕一中行初字第1052号行政判决书。

可商标使用的情况下，被许可人的再许可行为无效。

第二，许可方与被许可方之间的内部使用问题。商标法意义上的商标使用行为应当是将商标使用在公开的商业领域，使得相关公众能够接触并识别商标，并且依据商标准确的区分商品或服务的来源。而商标许可方与被许可方之间的内部使用很明显不是公开的使用行为，商标并没有发挥其基本的功能，不能视为商标法意义上的使用行为。在第5408725号“GEROS”商标撤销复审行政纠纷案件[1]中，法院查明虽有部分商标使用许可合同及购销合同在指定期间且销售的产品为核定使用的产品，但购销合同之间的买卖双方系商标使用许可合同的许可方和被许可方，这种特定的市场主体之间的买卖行为的发生不是通过商标的识别作用而建立的。在这种情况下难以认定是该被许可使用的商标起到了区分商品来源的作用，因而也就不能认定使用该商标标志的行为构成商标法意义上的商标使用行为。因此，在商标“撤三”案件中审查商标的使用行为还是应回归到商标的基本功能，即在商业流通领域发挥区分商品或服务来源的识别作用。注册商标许可使用人与被许可使用人之间，或者生产标注被许可的注册商标标志的商品的委托人与受托人之间，即使有标注被许可的注册商标标识的商品买卖行为，由于此类买卖行为是在特定的市场主体之间发生的，该买卖行为的发生并非通过商标的识别作用而建立的，故在这种情况下难以认定是该被许可使用的商标起到了区分商品来源的作用，因此，不应认定使用该商标标志的行为构成商标法意义上的商标使用行为。

（3）关于不违背商标权人意志的使用行为

在《最高人民法院关于审理商标授权确权行政案件若干问题的

[1] 参见北京市高级人民法院〔2017〕京行终5271号行政判决书。

规定》第二十六条[1]中明确规定“不违背商标权人意志的使用”可认定为商标法意义上的使用。同样地，在TRIPS协定第十九条第二款中规定：“在受所有人控制的情况下，另一方使用该商标应视为保留商标注册而使用商标。”可见，最高人民法院的上述规定和TRIPS协定均对他人使用商标的行为均做出了规定和限制。

商标的“许可使用行为”同样属于“不违背商标权人意志的使用行为”，只是最高人民法院在上述规定中将“许可使用行为”单列出来，以“其他不违背商标权人意志的使用”行为作为兜底条款。由于上文已经对“许可使用”行为进行了充分的论述，本节将着重论述除“许可使用”行为之外的“不违背商标权人意志的使用”情形，即商标权人和商标使用人之间不存在明示或默示的许可关系，商标权人在知晓他人未经授权使用自己的商标却未表示反对的情况。

此类情况最为典型的就是“被动使用”问题，“被动使用”是指相关消费者或相关公众主动地将某一标志在特定的商品或服务上特定指向某一生产者或者服务者，从而客观上对商标、商标所标示的商品或服务以及商品或服务提供者之间形成特定联系的认识，而实际发挥了区分商品或服务来源作用的行为。在被动使用的运行过程中，消费者角色转变为商标创设的主动参与者：在一定程度上说，消费者是联系主被动使用商标的媒介，不再单纯被动接受商标权人通过商标所传递的商品信息，而是通过对商标权人传递的信息进行加工，产生出新的信息。[2]

“被动使用”行为能否受到保护，以及“被动使用”行为产生的

[1] 《最高人民法院关于审理商标授权确权行政案件若干问题的规定》第二十六条：“商标权人自行使用、他人经许可使用以及其他不违背商标权人意志的使用，均可认定为商标法第四十九条第二款所称的使用”。

[2] 刘珂，张伟弘．论商标被动使用的法律效果归属于商标权人的合理性［J］．中华商标，2019（07）：69-71.

法律效果能否归于商标权人，上述问题目前在商标理论界和实践中均存在较大争议。

反对者认为被动使用并非商标权人明示意图及主动追求的结果。被动使用行为不受商标权人的控制，违反了商标权人对注册商标的使用义务，不应当获得保护。其主要观点如下：

第一，商标被动使用保护论有违商标权的财产权属性。[1]商标被动使用过程中，商标权人没有付出“劳动”，其获得的财产权不具有正当性，不符合洛克财产权理论。相应地，商标被动使用的法律效果不应属于商标权人。

第二，被动使用保护论有违商标权私权属性。[2]在被动使用的情形下，消费者将其创设的某个标识与某个特定经营者联系起来，无论该经营者的意志如何，其必须接受，此种逻辑有违商标权私权属性。

第三，被动使用保护论有违“商标使用”属性界定。[3]被动使用的标识并未使用在商品或服务上，是一种脱离经营目的的使用行为，不属于“商标法意义上的使用”。

支持者则认为被动使用虽非商标权人所积极寻求的结果，但是该使用客观上发挥了区分商品或服务来源的作用，且未违反商标权人的意志，被动使用行为仍应可视为对商标的使用行为。其主要观点如下：

第一，被动使用的标识是特定经营者长期宣传和自身经营的成果，且同样承载着特定经营者的商誉。被动使用往往发生在特定经营者的商标已经具有较高知名度的情形，消费者一般会选择便于记忆、便于传播的标识来替代该商标。而商标知名度的建立源于特定经营者的产品质量及稳定经营，被动使用的标识所起到的识别作用

[1][2][3] 黄汇，谢申文．驳商标被动使用保护论［J］．知识产权，2012（7）：86-91.

依然指向特定经营者并稳定地承载其商誉。

第二，虽然商标权属于私权，但商标权的保护最终都是以相关公众作为量度标准。最高人民法院在第4594511号“广云贡饼”商标异议复审再审行政案件[1]中认为“某一标志能否成为商标，不在于商标权人对该标志是‘主动使用’还是‘被动使用’，关键是生产者与其产品之间以该标志为媒介的特定联系是否已经建立”。该判决中，最高人民法院充分保护了已客观形成的“特定联系”，表明了以相关公众作为商标权保护的最终量度标准。

第三，商标使用是一项具有丰富内涵的制度，在商标生成、商标维持、商标侵权等不同阶段，其内涵也是不同的。就商标的生成或获得而言，商标使用更应注重结果，而不是目的或过程，不管是否以销售商品为目的，只要能够使特定的标识产生识别功能，这种使用就是一种商标法意义上的使用。[2]

以上观点均有一定道理。本节试图在商标“撤三”案件中，分析被动使用行为在维持商标注册时的行为认定。

首先，消费者的使用行为客观上仍是一种积极的“使用”状态，只要被使用，该商标标识就非闲置商标。商标“撤三”制度旨在强调通过商标的持续使用来激活商标资源，达到清理闲置商标的目的。显然，消费者的积极使用行为，使得该类标识充分发挥着识别商品和服务的功能，已不属于商标“撤三”制度所针对的撤销对象。在第1993206号“DOLPHIN”商标撤销复审行政案[3]中，法院认为“虽然被动使用行为并非商标权人所主动追求的结果，但是考虑到在该使用过程中涉案商标客观上发挥了区分商品或服务来源的作用，在

---

[1] 参见最高人民法院〔2013〕知行字第40号行政裁定书。

[2] 凌宗亮．商标被动使用的证伪与公众使用商标的提出［J］．上海政法学院学报（法治论丛），2016，31（1）：107.

[3] 参见北京知识产权法院〔2015〕京知行初字第5532号行政判决书。

无其他相反证据证明的情况下，可以推定上述被动使用行为系为商标权人所默许的行为，同样可视为积极使用”。

其次，消费者通过使用使得商标与商品或服务之间建立起的客观联系更为稳定且值得保护。司法实践中，已经有生效的司法判决承认了被动使用行为在证明商标在先使用且具有一定影响方面的效力。最为典型的就是第1535599号“陆虎”商标争议行政纠纷案件，[1]法院认为：“虽然这些新闻报道或评论文章并未表明是由当时的权利人宝马公司所主动进行的商业宣传，但仍可以证明中文‘陆虎’商标已经与英文“LAND ROVER”指向了同一产品，并进行了商业化的使用……此外，根据路华公司提交的新闻报道或评论文章的数量，以及所涉媒体的专业性，亦可以认定在争议商标申请日前，‘陆虎’商标在汽车领域以及与汽车行业相关的领域已经具有较大影响。”另外，行政审查机关在部分行政诉讼案件中同样表达了对被动使用行为积极效果的承认。在第4578349号“拉菲庄园”商标行政争议案件[2]中，商标评审委员会在再审答辩中明确表示：“本案争议焦点在于争议商标申请日前相关公众看到争议商标是否会联想到拉菲酒庄的引证商标，该事实的确定不在于拉菲酒庄对‘拉菲’是主动使用还是被动使用，有时被动宣传更能够证明‘拉菲’的知名度。”可见，被动使用行为在证明商标知名度或影响力方面的积极效力已经予以认定。本书认为，在“撤三”案件中，在权利人不存在恶意的情况下，结合权利人提交的主动使用证据，应当认定被动使用行为的法律效果归属于该权利人。

最后，承认商标被动使用行为对保护消费者和维护市场秩序具有积极意义。只有在商标“撤三”案件中，承认商标被动使用证据

[1] 参见北京市高级人民法院〔2011〕高行终字第1151号行政判决书。

[2] 参见最高人民法院〔2016〕最高法行再34号行政判决书。

的效力，才会促进特定经营者积极的维护商标的权益。反之，若该注册商标被撤销进入公共领域，则使得任何人有权申请注册和使用该商标，从而为第三人恶意抢注该类商标提供可能，必然会在某种程度上扰乱既定的市场秩序，引发相关公众的混淆误认，损害社会公众利益。特定经营者为了保有其商标权利，采用重复申请的策略，增加了企业的维权成本，浪费了宝贵的行政司法审查资源。

综上，无论从商标“撤三”制度设立目的考虑，还是从保护通过消费者使用行为所建立起商标与商品之间稳定的客观联系的角度考虑，抑或是出于防止他人恶意抢注的目的考虑，在商标“撤三”案件中接受商标被动使用的证据，并归利于商标权利人在总体上是利大于弊。

2. 商标使用客体

可以注意到，在长期的商标“撤三”案件审理实践中，法院已经总结出一套审理的标准，即对于注册商标的使用应当满足“真实、合法、公开”[1]三个要素，并进而逐步发展为五个要素，即要求对于注册商标的使用应满足“真实、合法、公开、有效、规范”[2]的要求。其中，“规范”的使用应当包括商标权人按照核准的商标标识在核定的商品（服务）上进行使用，即商标使用客体包括“核准商标标识”和“核定商品或服务”，尤其值得引起重视。

（1）核准的商标标识

商标权人应当按照核准的商标标识进行使用，不得自行改变。根据《商标法》第四十九条规定，商标注册人在使用注册商标的过程中，自行改变注册商标的，由地方工商行政管理部门责令限期改正；期满不改正的，由商标局撤销其注册商标。但在实际的生产经营活动中，商标权人出于经营习惯、宣传推广和商标印制等方面的

[1] 参见北京市高级人民法院〔2018〕京行终6008号行政判决书。
[2] 参见北京市高级人民法院〔2020〕京行终7136号行政判决书。

需要，往往并不严格按照核准的商标标识进行使用，实际使用的与核准的商标标识存在一定差异。

在司法实践中，并非存在差异的商标标识使用就一定不视为注册商标的使用。根据《最高人民法院关于审理商标授权确权行政案件若干问题》第二十六条的规定，实际使用的商标标志与核准注册的商标标志有细微差别，但未改变其显著特征的，可以视为注册商标的使用。最高人民法院的规定引入了“未改变显著特征”标准，该标准成为“细微差异”与“自行改变”界限。

本书尝试梳理以下“未改变显著特征”和“改变显著特征”的几种典型情形。

第一，“未改变显著特征”的情形。

① 注册商标是“汉字 + 拼音或简单字母”组合，实际使用中仅使用了汉字的情形。

国家知识产权局在审理商评字〔2020〕第 0000102987 号撤销复审案件中，注册商标是第 6641473 号“雷士亚 LEISHIYA”商标，实际使用商标标识为“雷士亚”。国家知识产权局认定虽然被申请人提交的证据中显示的商标为“雷士亚”，但并未改变复审商标的显著特征，可以视为复审商标的使用。

国家知识产权局在审理商评字〔2020〕第 0000124658 号撤销复审案件中，注册商标是第 10139687 号“Hee 小屁孩”商标，实际使用商标标识为“小屁孩”。国家知识产权局认定虽然被申请人提交的证据中显示的商标为“小屁孩”，但并未改变复审商标的显著特征，可以视为复审商标的使用。

② 注册商标是图文组合，实际使用中仅使用了文字的情形。

国家知识产权局在审理商评字〔2020〕第 0000028899 号撤销复审案件中，注册商标是第 5105260 号“御林”商标，实际使用商标标识为纯文字形式的“御林”。国家知识产权局认定虽实际使用的商标“御林”与复审商标“御林”不完全相同，但未改变其显著特征，可以视为对复审商标的使用。需要提醒的是，该案中图形部分是作为背景形式出现，并非显著识别部分。倘若图形部分构成了商标的显著识别部分，则这种改变的性质则另当别论。

③ 注册商标是纯文字商标，实际使用中对部分文字进行艺术化处理。

国家知识产权局在审理商评字〔2020〕第0000056264号撤销复审案件中，注册商标是第7902095号“TANGO LIGHT”商标，实际使用商标标识对“LIGHT”一词进行艺术化处理。国家知识产权局认定虽然产品包装所示“TANGO LIGHT”商标中“LIGHT”一词经艺术化处理，但该处理并未改变复审商标的主要部分和显著特征。需要提醒的是，倘若该处理已经实质性的改变了注册商标，则应当属于“改变注册商标显著特征”的情形。

④ 中文商标繁体/简体互换情形。

在国家知识产权局审理商评字〔2010〕第14439号撤销复审案件中，诉争商标为第1168448号“大力马防咬线”商标，实际使用的商标与核准注册商标虽有简繁体之细微差别，但未改变其显著特征，可以视为注册商标的使用。

⑤ 字母商标大写/小写互换情形。

在国家知识产权局审理的商评字〔2018〕第0000121607号撤销复审案件中，注册商标为第561082号“歌林 KOLIN”商标，虽然证据显示被申请人实际使用的商标多为“歌林 kolin”与复审商标“歌林 KOLIN”存在字母大小写的差别，但实际未改变复审商标的显著特征，可以视为对复审商标的使用。

第二，“改变显著特征”的情形。

① 自行添加文字的情形。

国家知识产权局在审理商评字〔2020〕第0000127221号撤销复

审案件中，注册商标是第 3742410 号“灌籃”商标，实际使用商标标识为“灌篮高手”。国家知识产权局认定“灌篮高手”与复审商标“灌籃”文字构成不同，含义差异较大，已不属于对复审商标标志的细微变化，改变了复审商标标志的显著特征。

在北京知识产权法院审理的第 983412 号“信诺”商标撤销复审行政纠纷案件[1]中，商标权人提交的证据显示使用的商标为“招商信诺”“cigna 及图”“招商信诺 Cigna & CMB 及图”商标。法院认定:“招商信诺”“cigna 及图”“招商信诺 Cigna & CMB 及图”与诉争商标相比差别较大，即原告信诺西格纳数据技术（上海）有限公司（以下简称西格纳公司）在实际经营中自行改变了诉争商标的标识，导致其实际使用的商标相对于诉争商标发生了较为显著的变化，故原告西格纳公司实际使用“招商信诺”等商标的行为不能视为对诉争商标的使用。

另外，在北京市高级人民法院审理的针对第 1470448 号“洋河”商标撤销复审行政纠纷案件[2]中，商标权人提交的证据显示使用的商标为“洋河老字号”“洋河微分子”“洋河大曲象耳”“洋河迎宾”“洋河牌蓝的诱惑酒”“洋河牌醇香酒”“洋河牌大曲酒”“洋河牌特曲酒”文字，并非诉争商标。且考虑到商标权人在该类别上申请了含“洋河”的商标近 400 件，故法院难以认定商标权人提交的证据为诉争商标的使用证据。

② 商标由中外文组成，改变部分文字的情形。

在北京市高级人民法院审理的第 1092823 号“鐵力士 TINIT”商标撤销复审行政纠纷案件[3]中，诉争商标为“TINIT 鐵力士”商标，实际使用的标识为中文“鐵力士”和英文“LISHIX”的组合。法院认定:

---

[1] 参见北京知识产权法院〔2016〕京 73 行初 6874 号行政判决书。

[2] 参见北京市高级人民法院〔2020〕京行终 4258 号行政判决书。

[3] 参见北京市高级人民法院〔2013〕高行终字第 303 号行政判决书。

此种使用方式虽使用了复审商标中的中文部分，但复审商标中的“TINIT”英文部分亦为复审商标的显著识别部分。广告中使用“鐵力士”与其他英文字母组合形成的商标标识与复审商标形成较大差异，即使广告中标注了复审商标的注册号，亦不能视为复审商标的使用。

（2）核定商品或服务

商标权人应当在核定的商品（服务）上使用注册商标。实践中所涉及情形较为复杂，本书尝试梳理以下“不属于核定商品上使用”和“属于核定商品上使用”的几种典型情形。

第一，“不属于核定商品上使用”的情形。

① 实际使用商品与核定商品不属于类似商品的情形。

该情形比较容易判断其已经有明确的结论：如果实际使用商品与核定商品不属于类似商品，且商品在功能用途、销售渠道、销售场所和相关公众方面存在显著差异，应判定为“不属于核定商品上使用”。

② 实际使用商品与核定商品属于类似商品的情形。

此种情形在《北京市高级人民法院商标授权确权行政案件审理指南》中第19.4条已有明确规定：“仅在核定使用范围外的类似商品或者服务上使用诉争商标的，当事人主张维持商标注册的，不予支持”。北京市高级人民法院审理的第1660397号商标撤销复审行政纠纷案件[1]中，商标权人实际使用的商品为“洗车液、表板蜡”等，并主张“洗车液、表板蜡”等商品与复审商标核定使用的“清洁制剂”等商品属于类似商品，故可视为复审商标在其核定使用商品上的实际使用，法院认定上述证据即使能够证明复审商标在“洗车液、表板蜡”等商品上使用，且“洗车液、表板蜡”等商品与复审商标

[1] 参见北京市高级人民法院〔2019〕京行终2468号行政判决书。

核定使用的商品属于类似商品，但由于前述商品是复审商标核定使用范围外的商品，故不能视为对复审商标进行了商标法意义上的实际使用。

第二，“属于核定商品上使用”的情形。

① 实际使用商品是核定商品的一部分的情形。

该种情形在实践中已经形成同一的结论，即商标权人在部分核定商品上的使用注册商标的，在与该部分商品相类似的商品上的商标注册可予以维持。国家知识产权局在审理商评字〔2020〕第0000229173号第3025473号“ISA”商标撤销复审案件中，商标权人实际使用的商品是“计算器、电话机”商品，裁定认为鉴于复审商标核定使用的“计算机器、计算机外围设备、电子笔（荧屏显示系统用）”等商品与计算器商品属于类似商品，因此，复审商标在上述商品上的注册亦可予以维持。

② 实际使用商品与核定商品属于上下位概念的情形。

国家知识产权局在审理商评字〔2020〕第0000081806号撤销复审案件中，商标权人实际使用的商品为“护目镜”商品，裁定认为复审商标核定使用的眼镜商品与申请人实际使用的护目镜商品属于上下位概念，护目镜商品可以理解为眼镜的一种。故可以认定复审商标在复审期间内在眼镜商品上进行了商业性使用。可见，对于实际使用商品与核定商品属于上下位概念的情形，一般视为在核定商品上的使用。

3. 商标法意义的使用

我国《商标法》第四十八条规定：“本法所称商标的使用，是指将商标用于商品、商品包装或者容器以及商品交易文书上，或者将商标用于广告宣传、展览以及其他商业活动中，用于识别商品来源的行为。”该条款详细规定了商标使用的形式性要件，即将商标用于商品、商品包装或者容器以及商品交易文书上，或者将商标用于广告宣传、展览以及其他商业活动中。更为重要的是，该条款明文规定所有的商标使用行为，需满足识别商品来源的实质性要件。换言之，即使形式上满足了在商品或服务上的使用，如果在实质上并未起到识别商品来源的功能，亦不能视为商标法意义上的使用。如第 8590241 号商标撤销复审行政纠纷[1]案件中，商标权人将彩色人字形图案遍体覆盖在编织针商品表面，且商品表面的图案与诉争商标存在一定差异的情况下，相关公众更容易将其识别为编织针的外观装饰，而不会将该装饰性图案与商品来源建立起唯一的稳定的联系。因此，法院认定商标权人在主观上对诉争商标缺乏真实使用意图，客观上亦未达到区分商品来源的实际使用效果，不能证明诉争商标在核定使用商品上于指定期间内进行了商标意义上的使用。因此，在现行法下对于商标使用行为的判断存在形式性要件与实质性要件的界分。[2]

在具体案件的审查中，商标使用行为的形式性要件较易审查，而实质性要件的审查则相对复杂，并且争议较大。本部分将结合几个较为典型的商标使用的情形对商标使用行为的实质性要件，做出进一步的分析。

（1）象征性使用

《美国联邦商标法》（兰哈姆法案）第四十五条规定，商标的使用是指在正常贸易过程中对该商标的善意使用，而不仅仅是为了保留商标的权利而使用。“象征性使用”的规制在我国没有明文的规定，但可从我国《商标法》第四十八条的实质性要件“用来识别商品来源的行为”推导而出。商标的象征性使用是商标注册人仅为维持商标的注册而进行的商标使用行为，而不是出于识别商品来源的

---

[1] 参见北京市高级人民法院〔2019〕京行终 2666 号行政判决书。

[2] 张鹏.《商标法》第 49 条第 2 款“注册商标三年不使用撤销制度”评注［J］. 知识产权，2019（2）：12.

真实、善意的主观意图。商标象征性使用的危害在于，其本质上属于一种变相的囤积商标行为，违背了诚实信用的基本原则，不当地侵占了公共资源，阻碍了产业的发展，导致商标“撤三”制度不能有效运转，进而实现提高商标资源使用率的预设功能。

注册商标的象征性使用基本上体现了客观层面的商标使用行为，如：刊登广告、许可他人使用、小规模地销售行为等。而区别商标的真实善意的使用与象征性使用的判断标准在于对商标注册人的主观意图的判断，即商标注册人的客观层面的商标使用行为是否出自“用于识别商品来源”的主观意图。但是由于主观层面是内在的而且无法觉察的，因此必须依赖其外在表征对主观意图进行判断。

我国较早采用“象征性使用”的典型司法案例是2010年北京市高级人民法院审理的第1240054号“大桥DA QIAO及图”商标撤销复审案。[1]在该案中，法院认为判定商标使用行为是否属于仅以或主要以维持注册效力为目的的象征性使用行为，应综合考察行为人使用该商标的主观目的、具体使用方式、是否还存在其他使用商标的行为等因素。该案中，注册人在规定的三年期限内，使用复审商品的商品销售额仅为1800元，期间也仅有一次广告行为投放于在全国发行量并不大的《湖州日报》上，且上述广告行为与使用复审商标的商品销售行为均发生在杭州油漆有限公司主张复审商标未使用的三年期限内的后期。故北京市高级人民法院认定复审商标的上述使用系出于规避《商标法》第四十四条相关规定以维持其注册效力目的的象征性使用行为，而不是出于真实商业目的使用复审商标。

在2015年审结的成超与通用磨坊食品亚洲有限公司等商标撤销复审行政纠纷案[2]中，最高人民法院指出，判断复审商标是否进行

[1] 参见北京市高级人民法院〔2010〕高行终字第294号行政判决书。

[2] 参见最高人民法院〔2015〕知行字第181号行政判决书。

了实际使用，需要考察商标注册人是否具有真实的使用意图和使用行为。仅为维持复审商标存在而进行的象征性使用，不构成商标的实际使用行为。最高人民法院综合审查商标注册人成超提交的证据及所体现的商标使用行为，进而判断其不具有在“餐厅”等核定服务上的真实的使用意图。值得特别关注的是，最高人民法院认可二审法院将成超申请注册50余件与他人知名商标相同或近似商标的情况，作为其对该案诉讼商标是否具有真实使用意图的参考的做法。该案作为2015年最高人民法院知识产权案件年度报告典型案例，体现了最高人民法院在象征性商标使用判断上采取主客观层面（使用意图和使用行为）相结合的裁判方法和审理思路。

另外，在判断是否构成象征性使用时，应当综合考虑在案证据，从商标使用量、持续使用时间、使用是否为进入流通领域、是否符合相关商品和服务的准入标准等核心方面仔细分析。在第4571774号“HSS”商标撤销复审行政纠纷案件[1]中，法院查明商标权人李京生提交的协议书、告知书等证据发生在指定期间的最后两个月中，且数量有限。虽然是魏县人民医院经许可使用诉争商标，却由李京生提供相关医疗用纸、机织商标等物品，不符合正常的商业交易习惯。尽管李京生持有执业医师证书，但诉争商标核定使用的服务为医院、整形外科等，考虑到当前医疗服务行业的准入资格等要求，此类服务一般无法以自然人身份提供。商标权人提供的部分宣传证据未体现服务提供主体及相关联系方式，所指向的服务亦不甚明确。法院在综合考虑上述情形后，认定在案证据不足以证明诉争商标于指定期间在核定使用服务上进行了公开、真实、合法的商业使用。

相似的，在美国就商标不使用的撤销案件进行裁判审理时，裁判者会从商标使用的“数量”（Quantity）和“质量”（Quality）两方

[1] 参见北京市高级人民法院〔2019〕京行终8540号行政判决书。

面进行考察，且对后者进行评估的重要性远甚于前者。[1]在商标使用的“数量”评估上，法院通常需要考虑的因素包括：带有商品标识的商品的销售数量和销售金额、商标使用的持续时间、许可使用、广告促销使用、使用的地域程度等。在商标使用的“质量评估”上，法院则要求商标使用必须是通常贸易过程中的真诚使用，而非仅为了维持商标权。[2]

综上所述，本书认为对象征性商标使用的判断，仍需从商标使用人提供的证据出发，体系化地审查证据所反映的客观使用行为，对商标使用行为进行必要的数量层面的评估。此外，需进一步考察使用行为是否符合商品所属行业的商业交易习惯，对商标使用行为进行质量层面的恰当评估，最终实现对商标注册人主观使用意图的判断。

（2）违法使用

商标“撤三”制度中的“违法使用”主要是指，商标使用违反了商标法外的其他法律、行政法规的情况。

违法使用能否维持商标注册，在我国的司法实践中存在一个发展变化的认知过程。

最高人民法院在 2008 年 12 月 25 日审结的第 738354 号“康王”商标撤销行政案件[3]中认为，《商标法》第四十四条第（四）项规定的“使用”，应该是在商业活动中对商标进行公开、真实、合法的使用。从《商标法》第四十五条的规定来看，判断商标使用行为合法与否的法律依据，并不限于商标法及其配套法规。对于违反法律

[1] CHRISTOPHER T. MICHELETTI. Preventing Loss of Trademark Rights: Quantitative and Qualitative Assessments of “Use” and Their Impact on Abandonment Determinations, The Trademark Reporter, 2004（94）: 639.

[2] 王芳 .TRIPS 协定下注册商标的使用要求［M］. 北京：知识产权出版社，2016：73.

[3] 参见最高人民法院〔2007〕行监字第 184-1 号行政通知书。

法规强制性、禁止性规定的生产经营活动中的商标使用行为，如果认定其法律效力，则可能鼓励、纵容违法行为，与商标法有关商标使用行为规定的本意不符。该案中，再审申请人云南滇虹药业集团股份有限公司及昆明滇虹公司均没有生产、销售化妆品所必需的生产许可证和卫生许可证，不能认定再审申请人在争议期内合法使用了复审商标。

但是，最高人民法院之后在2011年12月17日审结的第1372099号“卡斯特”商标撤销复审案件[1]推翻了在康王案中的相关裁判规则，认为《商标法》第四十四条第（四）项的立法目的在于激活商标资源，清理闲置商标，撤销只是手段，而不是目的。因此，只要在商业活动中公开、真实地使用了注册商标，且注册商标的使用行为本身没有违反商标法律规定，则注册商标权利人已经尽到法律规定的使用义务，不宜认定注册商标违反该项规定。该案中，综合商标权利人所提交的证据可以认定在商业活动中对涉案商标进行公开、真实的使用。至于涉案商标有关的其他经营活动中是否违反进口、销售等方面的法律规定，并非《商标法》第四十四条第（四）项所要规范和调整的问题。

在理论界，“违法使用”的证据能否在商标“撤三”程序中维持商标注册，亦存在多种观点。第一种观点认为商标使用是事实确认，事实以外的因素不应予以考虑。第二种观点认为注册商标的使用行为本身若没有违反商标法律规定，就不宜认定注册商标违反《商标法》第四十四条第（四）项的规定。第三种观点认为，应区分商标使用是违反了其他法律的效力性强制性规定，还是管理性强制性规定。违反前者将导致商标使用被视为自始无效，违反了后者的商标使用原则上仍可以维持注册。

[1] 参见最高人民法院〔2010〕知行字第55号行政裁定书。

最高人民法院在2018年10月19日审结的第9274903号“捕鱼达人”商标异议复审行政纠纷案件[1]中认为，虽然希力公司的“捕鱼达人”游戏机是否属于赌博机这一情节不会改变该案的裁判结果，但是认为因生产和销售赌博机违反了我国法律的禁止性规定，对于在专门用于赌博的具有赌博功能的游戏机即赌博机上在先使用的商标不应当予以保护。虽然该案为商标异议复审行政纠纷案，审查的条款未涵盖《商标法》第四十四条第（四）项，但本书认为其判断宗旨也应适用于“撤三”程序中商标使用合法性的审查。“商标使用中对于合法性的要求主要是指商品可以在市场中合法的流通，这样如果根据其他法律、行政法规的规定禁止附着了商标的商品在市场中公开的流通，那么商标所起到的商品来源识别功能并不能合法地得以实现”。[2]而违背其他法律管理强制性规定的商标使用，相关管理机关可依法对相关的使用主体采取行政处罚措施。换言之，违反管理强制性规定的商标使用行为发生行政责任，但不当然影响该使用行为的效力，故仍然可能在市场上存在能够使得相关公众识别商品来源的使用证据。因此，本文认为第三种观点将法律中的强制性规定区分效力性强制性规定与管理性强制性规定进行商标使用合法性的审查是较为妥当周全的。

另外需要指出的，对于违法使用所涉及的“违法”目前我国司法实践倾向理解为仅是违反了国内法律，而不涉及其他国家或地区的法律。例如，在最高人民法院审理的一起商标撤销复审再审行政诉讼案件[3]中，再审申请人主张被请求撤销商标系对再审申请人商标的抢注，且仅用在假冒再审申请人包装装潢的相同产品并全部出口

[1] 参见最高人民法院〔2016〕最高法行再96号行政判决书。

[2] 张鹏.《商标法》第四十九条第二款“注册商标三年不使用撤销制度”评注［J］.知识产权，2019（2）：19.

[3] 参见最高人民法院〔2019〕最高法行申8739号行政裁定书。

至再审申请人在境外的传统销售市场。因此，再审申请人认为被请求撤销商标的该种使用，违反了诚实信用原则，不具有使用的真实性及合法性，无法发挥商标指示真实商品来源的作用，不足以维持商标注册。针对这一法律问题，最高人民法院经审理后认为，出口后是否侵害他人商标权利的问题，不属于我国《商标法》第四十四条第（四）项所规制的情形。

（3）赠品使用

赠品使用是否构成商标法意义上的使用是另一个有争议法律问题。国家工商行政管理总局 2016 年 12 月发布的《商标审查及审理标准》规定，“仅作为赠品使用”，不被视为商标法意义上的商标使用。然而“赠品使用”在司法实践中确没有被全盘否定，不同的判决之间也存在认定分歧。

北京市高级人民法院在 2016 年 3 月 7 日审结的第 3427636 号“开心人大药房”商标撤销复审行政纠纷案件[1]中认定，商标最基本的功能是表明商品的来源，以便相关公众区分不同的商品提供者。开心人大药房虽然把诉争商标贴印在雕牌、立白洗洁精等去污商品上作为赠品发放，但受赠者仍可清晰辨别开心人大药房并非赠品的生产者。开心人大药房的此种使用行为无法区分其自身提供的商品来源，属于 2001 年《商标法》第四十四条第（四）项规定的连续三年停止使用商标的情形。

北京市高级人民法院在 2016 年 12 月 27 日审结的第 3342442 号“万和”商标撤销复审行政纠纷案件[2]中认定，赠品也是商品，商业赠送本质上仍然属于商业活动，即使带有诉争商标的商品以赠品的形式进入商品流通领域，诉争商标在赠品上的使用也应当认定为商

[1] 参见北京市高级人民法院〔2016〕京行终 131 号行政判决书。

[2] 参见北京市高级人民法院〔2016〕京行终 5665 号行政判决书。

标法规定的使用。该案中，广东万和公司向商标评审委员会提交的证据可以证明其向礼品公司购买电动牙刷、多功能电热饭盒产品作为活动赠品向消费者提供，消费者从赠品外包装足以认定广东万和公司是赠品的生产者，诉争商标对相关公众起到了识别商品来源的作用，可以认定诉争商标已经在指定期限内进行了实际使用。

北京市高级人民法院在2018年12月13日审结的第3604265号“Alpine”商标撤销复审行政纠纷案件[1]中认定，在该案中，注册人大汉乐器公司提交的证据可以证明，其在指定期间实际销售了乐器，同时其销售的乐器搭配了乐器箱包，且该乐器箱包上使用了诉争商标。通常情况下销售乐器搭配的乐器箱包不属于赠品，况且在销售商品上即便有赠品也是一种商业行为。无论在销售乐器时搭配的乐器箱包构成赠送行为，还是构成销售行为，在销售乐器时搭配的乐器箱包上使用诉争商标的行为都构成对诉争商标的商业使用行为。

在学理上，否认赠品使用构成商标使用的观点认为，赠品使用并非此类商品的商业环境下的真实交易活动，并且赠品不是作为独立交易对象进入市场流通的商品，而是为了促进其他类别商品的销售，因此并非真正的商标使用。支持赠品使用构成商标使用行为的观点认为，商品交易并不限于买卖契约关系，还包括以营利为目的的各种交易形态。不能认为没有支付对价的赠品，就不是商标法上的商品。从整体上看，赠品属于和其他产品捆绑销售，用以企业商业推广和积累商誉之用，并且赠品上的商标，仍然可以表征赠品来源，并且其质量也受到商标法、产品质量法等法律法规的监督，与一般商品无异，其商标也发挥着质量保障的作用。因此，从宏观上看，赠品并不因为其没有对价性而失去商品地位，其从整体上来看

[1] 参见北京市高级人民法院〔2018〕京行终6043号行政判决书。

仍然属于市场交易的对象，自然附着其上的商标也发挥着正常作用，属于商标使用。[1]另有折中主义的观点认为，应该从使用赠品的主观目的一分为二来认定。若使用赠品的主观目的，仅是为了促进其他商品销售的促销，赠品未进行真实流通交易，则种行为应认定属于象征性使用；如果商标权利人在使用赠品促销的同时也希望给赠品带来一定的市场份额，则该使用行为应当属于商标真实的使用。[2]

本书倾向于前述折中主义的观点。赠品使用的确属于一种商业行为，赠品也可被认为是一种商品。但若使用人的主观目的是将赠品作为促进其他商品销售，而非意指或部分意指赠品本身的市场推广，则此使用行为未能满足用于识别商品来源的实质性要求。此等情况下，被相关公众区分来源的是其他商品，而非赠品。反之，若使用人的主观目的是通过与其他商品的捆绑销售，实现或部分实现赠品本身的市场价值，则此使用行为属于用于识别赠品来源的作用，符合了商标使用的实质性要求。诚然，使用人的主观意图难以鉴别，仍需借助其外在表征（比如使用人的产品范围、市场推广资料、商业规划书等）综合进行考虑。

（4）公开使用

商标法意义的使用，要求商标权利人或被许可人对商标进行公开地使用，带有注册商标的商品或服务最终流通于市场，为相关公众所识别。

在实践中，“公开使用”的争议主要发生在“关联主体之间的内部交易”以及“涉外贴牌加工”中商标使用的界定。

最高人民法院在2012年1月5日审结的第800816号商标撤销复

---

[1] 袁博.“撤三”制度视野下商标的非典型使用［N］.人民法院报，2015-01-21（007）.

[2] 曹道洋.“商标连续三年不使用撤销”案中象征性使用的认定研究［D］.兰州大学，2020：17.

审再审行政纠纷案件[1]涉及关联主体之间的内部交易证据的认定。该案中，注册人韦廷建为了证明珠江饮料厂在咖啡饮料和冰红茶等商品上使用了复审商标，提供了复审商标的原注册人阳光商店于2004年6月22日签署的"商标许可使用授权书"。该授权书显示原注册人授权珠江饮料厂在"维生素营养液（非医用营养液）"等产品上使用复审商标。但是，天丝公司也提供了一份授权书，该授权书授权珠江饮料厂在"维生素营养液"上使用复审商标，而未包括复审商标中核定的其他商品名称。阳光商店业主覃艳萍与韦廷建存在亲戚关系。最高人民法院比较两份授权书的证明效力，认为注册人韦廷建主张的商标使用证据为业主与其存在亲戚关系的阳光商店的商标使用授权书，而"撤三"申请人天丝公司与阳光商店无关联，因此认为天丝公司提供的授权书的证据效力更优。

上述案件中，最高人民法院认为关联主体之间产生的商标使用证据效力弱于非关联主体之间产生的商标使用证据。从该案延伸到关联主体之间交易的一般判断，本书认为尚不能机械地将关联主体之间的交易认为内部交易，而是应根据具体情况进行具体分析。若当事人提交的所有证据均为关联主体方可以自行创制的，则可认为内部交易。若当事人提交的证据，有第三方的对应文件（例如，海关报关文件、承运人提供的提单、税务机关出具的纳税证明）辅助证明相关交易的实际履行，则不宜直接认为关联公司之间的商标使用是非公开使用。

涉外贴牌加工是指境外的商标权利人委托境内的企业生产附有商标的商品，并将该商品全部直接出口至境外的行为。涉外贴牌加工的特殊性在于贴牌加工的商品并未进入中国境内的市场流通领域。有学者认为，涉外贴牌加工行为，充其量是一种境外委托方与受托

[1] 参见最高人民法院〔2011〕知行字第28号行政裁定书。

国内加工方之间的内部使用，贴牌行为不构成商标性使用。因为该产品及其贴附的商标并未非面向中国境内的相关公众，中国境内相关公众也不具有接触这些商标和产品的可能性。在进入委托方指定国家的市场之前，商标仅处于非面向市场的内部流通状态。❶

涉外贴牌加工是否违反了商标使用的公开性要求一直以来沸沸扬扬争论不休。不同于涉外贴牌加工商标侵权判断中的莫衷一是的司法裁判认定❷，涉外贴牌加工在商标"撤三"程序中已被普遍地认定为商标法意义上的使用行为。

关于涉外贴牌加工在商标"撤三"程序中应维持商标注册的原因，现实中有多种观点。观点一:《商标法》第四十九条第二款规定的立法目的在于激活商标资源，清理闲置商标，督促商标权利人连续履行使用商标的义务。因此，商标权人只要确实存在积极使用商标的意图，则不宜因商品销售的地域作为判断是否构成商标使用要件从而撤销注册商标。❸观点二：如果涉外贴牌加工不认定为商标使用行为，贴牌加工贸易生产的产品将无法正常出口，而导致该贸易无法在中国继续。故认定诉争商标的涉案行为属于商标使用行为，也是基于公平原则，符合中国拓展对外贸易政策的要求。❹观点三：从维护法律制度的统一性，涉外贴牌加工应视为构成商标法意义上的商标使用。最高人民法院在第〔2019〕最高法民在138号民事判决书中认定，争议的涉外定牌加工方式具备了让与此行为密切相关的经营者等相关公众区别商品来源的可能性，构成商标使用行为，构成商标侵权。若涉外贴牌加工在商标"撤三"程序中不认为构成

---

❶ 孔祥俊 . 商标使用行为法律构造的实质主义——基于涉外贴牌加工商标侵权案的展开［J］. 中外法学，2020，32（05）：1295.

❷ 参见最高人民法院〔2014〕民提字第38号民事判决书，最高人民法院〔2016〕最高法民再339号民事判决书，及最高人民法院〔2019〕最高法民再138号民事判决书。

❸ 参见北京知识产权法院〔2019〕京73行初12278号行政判决书。

❹ 参见北京市高级人民法院〔2019〕京行终5434号行政判决书。

商标使用行为，而在侵权环节仍受侵权责任的追及，显然是对商标权利人双重不公平。

4. 正当理由

尽管商标权人负有持续使用注册商标的法定义务，但不使用的“正当理由”为商标权人在一定期限内不使用商标提供了法律上的抗辩理由。《商标法实施条例》第六十七条规定：“下列情形属于商标法第四十九条规定的正当理由：（一）不可抗力；（二）政府政策性限制；（三）破产清算；（四）其他不可归责于商标注册人的正当事由。”

（1）不可抗力

《民法典》第一百八十条规定，“不可抗力是不能预见、不能避免且不能克服的客观情况”。商标权人遇到不可抗力的情形，确实无法正常使用注册商标的，应当给予商标权人使用注册商标的机会，维持商标的注册，但“不可抗力”的判定问题一直以来都是实践中比较难以把握的问题。

例如，一个值得探讨的话题是，自 2020 年起肆虐全球的 COVID–19（冠状病毒）疫情是否构成不可抗力，从而作为已注册商标不使用的正当理由？尽管尚没有案例对此予以明确，本书倾向于认为，COVID–19 疫情构成全球公共卫生事件，其对社会生活和经济活动带来了深远和持久的广泛影响，原则上应属于不可抗力的范畴。当然，对于不可抗力的判定必然是在个案中分析，而非普遍适用。特别是商标权利人需要证明其遭受的 CPVID–19 疫情不可抗力，已对其商标的使用确实产生超出其控制范围的实质性的影响，并导致客观上无法使用注册商标。换而言之，如果仅是由于疫情导致的隔离使得商业活动受阻或产品的需求减少，并基于自身业务决策，对相关注册商标主动放弃使用的理由恐难以得到支持。

在目前的司法实践中，支持“不可抗力”情形主要包括自然灾害、政府行为等。在北京市高级人民法院审理的第 6483614 号

“”图形商标撤销复审行政纠纷案件[1]中，以商标权人为法定代表人的公司发生火灾，基于火灾的不可抗力，法院认定商标权人在指定期间内未能将复审商标投入商业使用亦符合情理。

在北京知识产权法院审理的第6701784号“Isotonix”商标撤销复审行政纠纷案件[2]中，商标权人所在县被国务院撤县设区，商标权人向相关部门提交了名义变更申请。考虑到药品生产行业具有其特殊性，需要经过国家有关部门的认证、审批等手续方可投入生产、销售，且之后第三人又因不可抗力的客观事由而无法立即将诉争商标实际使用在市场流通领域，故第三人在指定期间内未使用诉争商标具有正当理由。

（2）政府政策性限制

政府政策性限制的情形往往发生在注册商标核定商品为需要特殊行政审批的商品，由于政府政策的要求，商标权人存在不能归咎于自身的原因而无法使用注册商标。法律给予此种情形一定的宽容，认定属于存在正当理由不使用注册商标的情形。

在北京市高级人民法院审理的第1658612号“宝岛及图”商标撤销复审行政纠纷案件[3]中，该注册商标核定使用在“香烟”商品上。经审理认为，商标权人为国家烟草专卖局直属中国烟草实业发展中心下属公司，自2007年起，国家烟草专卖局下达的准产目录中一直暂未安排海南红塔公司生产“宝岛”牌卷烟。商标权人在复审期间未使用复审商标具有正当理由。

（3）破产清算

“破产清算”作为商标不使用的正当理由存在较大争议，司法实践中的认定标准也不统一。如在北京市高级人民法院审理的〔2018〕

[1] 参见北京市高级人民法院〔2018〕京行终5553号行政判决书。
[2] 参见北京知识产权法院〔2018〕京73行初10271号行政判决书。
[3] 参见北京市高级人民法院〔2014〕高行（知）终字第3272号行政判决书。

京行终2146号和〔2019〕京行终486号行政判决中，针对“破产清算”是否能够作为商标不使用的正当理由出现了完全相反的判决。支持的判决认定公司破产清算期间，商标权人无法从事生产销售，无法正常使用注册商标；反对的判决则认为商标使用存在多种方式和可能，商标权人陷于破产程序并非该注册商标停止使用的正当理由。

（4）其他情形

实践中还存在一种情形是“积极为使用而做准备”的情形，此种情形是否足以维持注册商标的注册仍存在争议。

在北京知识产权法院审理的国际注册第977293号“URUS”商标撤销复审行政纠纷案件[1]中，法院认为，商标权人在指定期间虽没有将诉争商标投入商业使用，但确有证据能够证明其具备真实使用商标的意图，并进行了必要准备，特别是诉争商标指定使用的车辆现已在中国市场销售，指定期间之后的持续使用行为证据也可以用来佐证权利人的真实使用意图。因此，诉争商标的生命力得以实现，不存在占用商标资源、浪费社会成本情况。

无独有偶，在美国第九巡回上述法院审理的*Star-Kist Foods, Inc. v. P.J. Rhodes & Co.*一案[2]中，法院认为“Star–Kist”公司由于向美国进口鱼类商品无利可图，在一定期间在美国停止使用该商标，但该公司打算并确实在等再次可以获利的时候恢复使用该商标。第九巡回上诉法院承认该事实，并认为只要商标权人对其声称的恢复使用意图有证据支持，就不应该低估恢复使用的价值。

可见，对于本可以被撤销却未被撤销的注册商标，如果其所有人基于真诚的意图开始或者重新投入使用，则其不使用瑕疵被“修

[1] 参见北京知识产权法院〔2018〕京73行初8223号行政判决书。

[2] Star–Kist Foods，Inc. v. P.J. Rhodes & Co.，United States Court of Appeals，Ninth Circuit. 227 U.S.P.Q. 44. No. 84–5588.

复”，依然可以维持其商标权的注册。

（三）完善注册商标连续三年不使用撤销制度的建议和思考

1. 依职权要求提交使用证据

回顾我国商标“撤三”制度的立法规定的演变，可看到商标“撤三”制度从起初的以职权启动的程序，变更为任何人或单位依请求启动的程序。该变化是一个历史的进步，不仅与各国常见做法一致，符合商标权的私权属性，也一定程度地解决了行政机关可能因怠于履责而产生的消极性后果。

我国商标“撤三”制度进一步完善，仍需立足于我国的商标现状及存在的问题。我国目前的商标申请量常年维持在全世界第一位。2020 年，我国商标年申请量达到 911.6 万件。截至 2020 年 12 月 15 日，我国累计有效注册商标已达 2 839.3 万件。[1] 一方面，在商标注册制下取得的令人瞩目的成绩需要充分肯定，另一方面，需要正视的是，我国的商标申请及注册中仍存在为数不少的恶意抢注和囤积的商标。这些恶意抢注和囤积的商标，侵占了有限的公共商标资源，让真正有注册、使用需求的后来者的商标申请变得异常艰难。其次，商标是在商业活动中用来识别商品来源的标识，识别性是其本质及首要功能。离开了在实际商业活动中的使用，商标不再是商标法意义下的商标，而仅仅是表现形式为图形、文字、符号等的标识。因此，使用是商标功能发挥和价值实现的基础。将在一定期限内未使用的注册商标予以撤销，是商标识别功能的内在需求。再次，依请求启动的商标“撤三”程序仍存在一定的缺陷。如当事人向商标局申请撤销商标注册，需缴纳一定的费用，并递交相应的申请文件。

[1] 国家知识产权局商标局 . 2020 年四季度全国省市县商标主要统计数据［EB/OL］.（2021-01-11）［2021-03-13］.http://sbj.cnipa.gov.cn/sbtj/202101/t20210111_325103.html.

当事人往往都是出于自身利益的需求，才会向商标局请求撤销某商标。考虑到我国商标注册的基数，显然大量“僵尸”商标侵占在商标注册簿中，长期未受到任何挑战。目前，依请求而被撤销的注册商标仅仅是冰山一角。再者，依请求而启动的商标“撤三”程序，“撤三”的申请人和商标的注册人可在案外达成和解（如商标注册人为“撤三”申请人的在后申请注册的商标出具同意书，用于交换“撤三”申请人撤回对其注册商标的“撤三”申请），从而有效地规避注册商标的使用义务。

本书认为依职权要求商标在注册维持阶段提交商标使用证据不失为一种好的思路。实际上，在其他国家和地区也有类似的做法。如前所述，我国台湾地区采取依职权或当事人依申请两种并行的商标不使用的撤销启动程序。此外，美国对注册商标维持阶段的使用要求更为严格。《美国联邦商标法》（兰哈姆法案）规定，对于联邦商标注册，在其注册后的 6 年内要提交商标使用宣誓书，否则该商标注册将被依职权撤销。此外，美国商标注册也需每十年续展，但商标注册者在提交续展申请时都需要提交注册商标在商业中使用或存在不使用正当理由的证明，否则美国商标主管机关可以拒绝商标注册的续展。

基于以上介绍和分析，本书建议我国在保留目前依请求启动的商标“撤三”程序之外，可以由商标局依职权要求商标注册人在合适的时间点提交商标使用证据以维持商标注册的制度安排。关于合适的时间点，建议可要求注册人在商标注册续展申请时提交商标使用证据。按照我国商标法的规定，注册商标的有效期为十年，商标注册人应每十年按照规定办理续展手续。若规定注册人随同续展手续同时提交商标使用证据，则不会给现有的商标管理体系造成额外的程序负担。此外，商标局每十年依职权要求商标注册人提交商标使用证据，也符合市场发展变化的实际需求。

考虑到此制度安排可能会导致商标局“撤三”审查部门（或续展审查部门）较大的审查压力，建议在依职权要求提交商标使用证据程序中还可适当降低商标使用证据的审查标准。只要商标使用证据符合形式要件，即可认为注册人完成相应举证。在不同的程序中采取不同的商标使用判定标准也是有例可循。在美国，商标放弃实践中适用的使用要求标准与注册阶段的使用要求标准存在差异。商标注册时的使用要求较为宽松，在商标注册之日起六年届满时或商标续展时，仅需要提交一份连续使用宣誓书，列明在注册中指定的该商标在商业中使用的或与之相关的商品或服务，并按照专利商标局局长的要求附上一定数量能表明该商标当前使用情况的图样或复制品。[1]而在商标放弃制度中裁判机构采取更为严格的使用要求审查标准，包括对使用意图（排除象征性使用）、实际使用行为的全面审查。

2. 商标临期使用的规制

我国商标不使用的撤销制度中的“不使用的期限”是从撤销申请日往前推算三年。只要商标权利人能够提交此三年期限内有效的商标使用证据，该商标注册就免于不使用的撤销。然而，在实践中，往往“撤三”申请是被控侵权方得知侵权控诉后提起的，而商标权利人在采取侵权诉讼之前可预知其商标有被提起不使用撤销的风险，而非常可能在撤销申请之前开始使用商标或将商标重新投入使用。显然，按照我国目前的法律规定和审查实践，此类的商标使用行为能够维持商标的注册。但此类商标使用不是通常意义的合理商标使用，而仅仅是避免商标注册被撤销而采取的临期使用，即商标所有人知道可能会被提出撤销申请或者反诉后才准备开始或恢复使用的

[1] 中国人民大学知识产权教学与研究中心，中国人民大学知识产权学院《十二国商标法》翻译组．十二国商标法［M］．北京：清华大学出版社，2013：487.

情形。若商标临期使用不能进行规制，将使得我国的商标不使用的撤销申请流于形式，“既违背商标保护的正当性，也不利于公平竞争秩序的建立，还可能架空不使用撤销制度”。[1]

对于商标临期使用的规制，欧盟、德国、英国、日本等国家已经有比较成熟的规定和做法。《欧盟商标条例》（2017/1001）[2]第五十八条规定，如果开始或恢复使用仅仅在商标所有人知道可能提出撤销申请或反诉，最早在连续五年不使用期满时开始提出撤销申请或反诉之前三个月内开始或恢复使用不应予以考虑。《德国商标法》第四十九条规定，在商标撤销申请中，如果商标所有人“准备使用或重新开始使用只发生在商标所有人知道可以提起注销请求之后，在连续 5 年不用的期限届满之后、注销请求提起之前的 3 个月内期间内的开始使用或者重新开始使用，应不予考虑”。《英国商标法》第四十六条规定“任何在 5 年期限届满之后但是在提出撤销申请之前 3 个月内开始的使用或恢复使用将不予考虑，除非在注册商标所有人意识到有可能提出该申请之前，已经开始使用或开始恢复使用的准备”。《日本商标法》第五十条第一款规定，“商标权人、专用使用权人或一般使用权人，连续三年以上均未在日本国内于各指定商品或指定服务使用注册商标时，任何人均可提出复审请求，撤销该指定商品或指定服务相关之商标注册”，该条第三款规定，“第一款规定之复审请求前三个月内至该复审请求登记日期间内，商标权人、专用使用权人或一般使用权人的任何一方，在日本国内与复审请求所涉的指定商品或指定服务上使用过注册商标时，若请求人能够证明该注册商标的使用是被申请人在知悉该复审请求后所为，则该注册商标的使用不属于第一款规定的注册商标的使用”。

---

[1] 王芳 .TRIPS 协定下注册商标的使用要求［M］. 北京：知识产权出版社，2016：193.

[2] 有关欧盟商标的欧洲理事会（EC）第 2007/1001 号条例，2017 年 6 月 14 日。

由此可见，欧盟、德国、英国和日本的商标法均是将不使用的法定期限（三年或五年）届满后、商标所有人知道撤销申请或意识到可能提出撤销申请之后、撤销申请之前3个月内开始的商标使用或恢复使用，视为临期商标使用。此类的商标使用行为不能在撤销程序中维持商标注册。欧盟、德国、英国、日本等国家通过对商标临期使用行为的规制，强化了商标的诚信使用，维护了公平正义的市场秩序。此外，我国所加入的《巴黎公约》、TRIPS协定、《马德里协定》和《马德里议定书》对此问题没有规定，故成员国对此享有立法的自由。本书建议我国参考欧盟、德国、英国、日本等国家的做法，在立法中加入对商标临期使用的规制，撤销申请之日前的3个月内开始的商标使用，且申请人能够证明该注册商标的使用是在使用人意识到撤销申请即将被提起的情况下进行，则该类的商标使用不能免除注册商标不使用而撤销。

3. 恶意因素在商标“撤三”制度中的考量

在商标“撤三”案件中，不乏具有主观恶意的当事人参与其中。以下分析两种参与主体的恶意情形。

第一，商标“撤三”申请人的恶意情形。此种情形指申请人恶意提起“撤三”申请，主要表现为三种情况。一是，申请人对同一注册商标反复多次提起“撤三”申请，不仅增加商标权人维持商标注册的成本，而且对司法、行政审查资源造成严重浪费。二是，在谈判中，申请人通过向对方名下商标多个商标提交“撤三”申请，增加谈判相对方的维权成本，企图在谈判中取得优势地位。三是，“撤三”申请人大量申请撤销商标权人的系列商标，并附有恶意抢注的行为。

商标“撤三”制度的设立目的应当是促进商标的使用，发挥商标的基本功能，而不应成为某类人牟利的工具。上述列举的申请人恶意提起行为在实践中时常发生，给商标权人造成很大困扰和负担，有些商标权人不得不依靠牺牲自身利益而换取商标权的维持。因此，在“撤三”案件中，对于“撤三”申请人的主观意图有必要作为“案外因素”予以考虑。若商标权人举证证明“撤三”申请人存在一定的主观恶意情形，审查机关可以适当从宽审查使用证据的标准。在第G669614号“GIULIA”商标撤销复审行政纠纷案件[1]中，北京市高级人民法院应当是考虑了撤销申请人的主观恶意情形，对商标使用证据的审查放宽了标准。该案中，撤销申请人对商标权人名下的14件商标同时提起撤销申请，而撤销申请人名下申请了多个与商标权人知名商标相同或类似的商标，并且在案件审理过程中，撤销申请人积极与商标权人进行沟通，希望通过金钱给付方式达成和解。以上行为明显表明“撤三”申请人具有不正当目的，北京市高级人民法院判决认为：虽无证据证明使用诉争商标的商品于指定期间在中国大陆地区进行销售，但检索报告可以证明在指定期间之后的较短时间内，使用诉争商标的汽车商品即在中国大陆地区进行了销售，亦可证明菲亚特克莱斯勒公司（商标权人）对诉争商标持续进行了宣传到销售的使用行为。故在案证据可以证明诉争商标于指定期间内在核定使用商品上进行了真实、合法、有效的使用。

第二，商标权人的恶意情形。商标权人的恶意往往表现为其具有大量囤积商标或抢注他人知名商标的情形。在“撤三”案件的审理过程中，司法机关将商标使用行为的判定标准归纳为“真实、合法、规范、有效、公开”的使用。其中，“真实”指商标权人必须具有真实的使用意图和使用行为，而不具有真实使用意图的表现一般为象征性使用。对于象征性使用的认定，除了审查注册商标使用的次数和程度外，还会将商标权人的恶意情形作为考察“商标权人是否具有真实使用意图”的因素和把握审查尺度的标准。最高人民

[1] 参见北京市高级人民法院〔2020〕京行终5330号行政判决书。

法院在审理的第1591629号“湾仔码头”商标撤销复审行政纠纷案件[1]中认为，二审法院将商标权人申请注册50余件与他人知名商标相同或近似商标的情况，作为其对该案复审商标是否具有真实使用意图的参考，并无不妥。另外，在最高人民法院审理的第800816号商标撤销复审行政纠纷案件[2]中，最高人民法院针对撤销复审商标是否符合商标法立法本意进行了探讨。涉案商标是第800816号商标，由韦廷建受让取得。虽然韦廷建提交了使用证据，但法院认为复审商标与天丝医药保健有限公司（以下简称“天丝公司”）的“红牛+REDBULL”及“红牛+REDBULL+斗牛图”两个商标极其近似且关联程度极高。而且，天丝公司的红牛品牌，经过多年的广泛宣传和使用，其红牛产品在同类商品中已经具有较高的知名度，在相关领域已经具有广泛的影响，其红牛商标已经通过各种途径为相关公众熟知，韦廷建使用复审商标生产红牛饮料，势必导致与天丝公司生产的相关产品相混淆。为维护公共利益和防止消费者混淆，也有必要适当从严把握韦廷建对于复审商标的使用事实。因此，虽然审查机关不会直接因为商标权人的主观恶意而在商标“撤三”程序中撤销注册商标，但会根据商标权人的恶意情形作为是否具有“真实使用意图”的参考，也会从防止相关公众混淆的角度从严审查商标使用的事实。

4. 设置“撤三保护期”制度

由于撤销申请启动随意和举证责任分配单一化，意味着“撤三”申请人轻易提起撤销程序后，便已经完成了程序中所要求的所有行为，而商标权人则需要大量搜集提交证据，证明其商标的实际使用情况。对于此种举证责任分配严重不均等的程序来讲，应当适当保

[1] 参见最高人民法院〔2015〕知行字第181号行政判决书。
[2] 参见最高人民法院〔2011〕知行字第28号行政判决书。

护承担较重举证责任一方的权利短期内免于再次被审查。

在“撤三”案件中，同一注册商标在短期内被多次提起“撤三”申请，不仅给商标权人增加了维权成本和负担，而且还是对商标审查和审理资源的浪费。为了防止上述情形的发生，可以设置“撤三保护期”制度，经过商标权人答辩之后，被认定继续有效的商标，应当为该商标设置在一定期限内免于“撤三”风险的制度。“撤三保护期”的设立可以遵循两种思路：一是从商标局认定继续有效之日起，重新计算满三年方可提出“撤三”申请；二是从末次有效证据形成时间起，重新计算满三年方可提出“撤三”申请。[1]

第二种思路更加符合“撤三”制度中对于使用证据的要求。在“撤三”案件中，商标审查机关审查自“撤三”程序提起之日起向前推算三年内的使用证据。确定末次有效证据的形成时间，能够较为准确地推定商标的临近使用状态，以此时间点推算三年保护期，更为客观。另外，该思路能够激励商标权人主动提交临近的使用证据，更好地证明商标的当前使用情况，有助于商标审查机关综合考虑商标权维持注册的保护价值。

如果设置“撤三保护期”制度，那么商标审查机关在做出维持商标注册决定的同时，还需要确定“末次有效证据的形成时间”，并予以公告。由此也会引发诸多问题：一是，如商标权人不服末次有效证据形成时间的认定，能否仅针对该时间节点的判断申请复审？二是，防止商标权人为获得保护期而刻意地提出“撤三”申请。此种情形下，往往不会涉及复审程序且质证环节也会流于形式。因此，各级审查机关均必须严格把握使用证据的审查标准并适当考虑“撤三”申请人的主观状态。三是，大大增加了审查员的审查压力。“撤

[1] 张蕾．商标“撤三”制度若干法律问题研究（下）［EB/OL］．知识产权那点事微信公众号．（2021-01-28）［2021-03-22］．https://mp.weixin.qq.com/s/4FNZV1JA9-UtgizUf_sCbQ.

三保护期”制度设立要求审查员在审查证据证明力的基础上，还要确定末次有效证据的形成时间，此举是否会导致审查员作主观判断时过于谨慎，以致排除所有证明力较弱的证据？

5. 不使用被撤销的注册商标失效日

中国《商标法》第五十五条第二款规定，“被撤销的注册商标，由商标局予以公告，该注册商标专用权自公告之日起终止”。由此可见，我国将不使用被撤销的注册商标失效日统一为商标局的撤销公告日。

上述规定在实践中引发了一些问题。该规定导致了部分不同审理机构的裁定或判决之间的互相矛盾。不使用撤销申请有不同的审理程序，可以是国家知识产权局商标审查部门或商标评审部门审理结案，也可以是一审、二审或再审法院审理结案。从撤销申请提出之日起到决定或判决最终生效之前短则两三年，长则七八年。这段时间内，商标注册人仍然可依据商标注册权对他人主张侵权责任。在引证商标最终撤销并刊登在撤销公告前，人民法院通常认为引证商标经国家核准注册，专用权应依法受法律保护，法律效力应受到尊重。[1]被控侵权人在侵权诉讼中以申请撤销注册商标为由、提出中止审理往往得不到支持。[2]这有可能导致侵权诉讼与撤销案件的判决互相矛盾，最终被撤销的注册商标可能在侵权案件中获得支持。比如，上海知识产权法院审理的〔2020〕沪73民终92号民事判决书[3]中，法院认为虽然引证商标因连续三年不用被撤销，但是注册商标专用权系自商标局的撤销决定做出之日起中止，撤销决定对于之前的注册行为不具有溯及力，蒙特梭利上海公司侵权公证时间为2017年8月，而该商标被撤销时间为2018年12月，在此之前蒙

---

1. 参见山东省高级人民法院〔2009〕鲁民三终字第34号民事判决书。
2. 参见最高人民法院〔2016〕最高法民再216号民事判决书。
3. 参见上海知识产权法院〔2020〕沪73民终92号民事判决书。

特梭利上海公司仍然享有该注册商标专用权，不影响其以此主张权利。江苏蒙特梭利公司的行为侵犯了蒙特梭利上海公司引证商标的专用权。

在“名爵”商标侵权案[1]中，二审法院则认为被撤销的商标专用权无须再给予追溯性的司法保护。原告徐斌于2007年10月28日受让第3607584号“名爵MINGJUE及图”商标，核定使用商品（第12类）电动自行车、小型机动车、摩托车等。被告南京名爵汽车有限公司（以下简称名爵公司）、跃进汽车集团公司（以下简称跃进公司）、南京汽车集团有限公司（以下简称南汽公司）和北京公交海依捷汽车服务有限公司（以下简称海依捷公司）在生产销售的普通乘用车（轿车）车身前端标示MG及图商标，车身尾部标示“南京名爵”字样。在被告汽车经销场所、网站及相关主体发布的广告中有使用“MG名爵汽车”文字及MG及图与名爵文字并列等使用形式。2008年1月11日原告认为被告侵犯了其商标专用权，向人民法院提起民事侵权诉讼。在该案诉讼过程中，南汽汽车以连续三年停止使用为由向商标局申请撤销徐斌的商标注册，后徐斌的商标被撤销。徐斌仍向被告主张商标撤销前的撤销侵权责任。一审法院认为原告注册商标核定使用的小型机动车与被告生产的汽车虽属相同或类似商品，商标亦均有“名爵”之文字，但由于该案原告商标未在小型机动车商品上使用，其商标也未实际发挥市场识别作用，消费者不会将被告汽车上“名爵”文字与原告未使用的“名爵MING JUE及图”商标相联系，市场中不可能造成相关公众的混淆或误认。故不构成对原告商标的侵权。针对上诉人徐斌主张其在受让涉案商标后至该商标被撤销前不到一年的期间内的商标专用权，二审法院认为，商标受保护的原因不在于标识形式本身，而在于它所代表的商

[1] 参见江苏省高级人民法院〔2012〕苏知民终字第0183号民事判决书。

品或服务及由商品或服务所体现的商誉。如果注册商标在有效期内并未在核定使用的商品上实际使用，且因连续三年未使用已经被撤销，该权利在有效期内未能体现出其商业价值，即没有可保护的实质性利益存在，对于此类已被撤销的商标专用权，无须再给予追溯性的司法保护。

综上所述，在实践中，最终被撤销的注册商标可能在侵权案件中获得支持，也有可能在侵权案件中不获得支持。而我国商标法将不使用撤销的注册商标失效日统一为商标局的撤销公告日是造成此类型的判决互相矛盾的主要原因之一。如前所述，从撤销申请提出之日起到决定或判决最终生效之前短则两三年，长则七八年。撤销申请该案的较长的审理周期导致注册商标的权利状态在较长的时期内未能确定。此外，商标不使用的撤销制度中的“不使用的期限”是从撤销申请日往前推算三年。换言之，撤销决定所确定是撤销申请日往前推算三年的注册商标不使用的状态。我国商标法将不使用撤销的注册商标专用权的终止日延至商标局的撤销公告日，是否不必要延长了因未使用而未产生商业价值的商标保护期呢？这种延长保护也导致了司法实践中因采取不同的商标专用权保护期而带来不同判决之间的矛盾。

英国、德国、日本等国家对不使用被撤销的注册商标失效日的不同的规定和做法，值得我国研究和借鉴。《英国商标法》第四十六条第六款规定：“注册商标撤销到何种程度，所有人权利从下列日期起视为已停止到该程序，（a）申请撤销的日期，或（b）如注册局长或法院认为撤销的理由在更早些的日期就存在，则应从那一日期起”。《德国商标法》第五十二条第一款规定“基于任何程序的撤销而撤销某一商标的注册，应当认为自提起注销之日起，在此程度上该注册的效力终止。应当事人一方的请求，可以将产生撤销原因的一个在先日期附在裁决中”。《日本商标法》第五十四条第二款规定

"依第五十条第一款复审裁决确定撤销商标注册时，不受前款规定的限制，视为商标权于该复审请求登记之日即已消灭"。可见，英国、德国和日本等国家原则上均将不使用被撤销的注册商标失效日追溯至撤销申请日，而英国和德国商标法规定特殊情况下还可追溯至比此更早的时间。

将注册商标失效日追溯到申请日，我国的商标法上也有类似的规定。比如我国《商标法实施条例》第七十三条规定"商标注册人申请注销其注册商标或者注销其商标在部分指定商品上的注册，经商标局核准注销的，该注册商标专用权或者该注册商标专用权在该部分指定商品上的效力自商标局收到其注销申请日起终止"。

本书建议参照英国、德国和日本等国家的做法，将我国不使用被撤销的注册商标失效日原则上追溯到撤销申请日。如果审理机关认为撤销理由存在更早的日期，那么应该以此日期为准，并予以载明。

三、注册商标使用不当

（一）通用名称

1. 商标显著性退化与商品通用名称关系

前文多次提到，显著性是商标能够获准注册的重要前提之一。商标如果丧失了显著性，则会沦为通用名称，无法实现其识别和区分商品或服务来源的基本功能。商标的显著性主要是保障商标识别功能的实现，商标识别性是指相关公众能够将标志理解为商标标识，而非理解为对商品的描述、外观的展现等非商标功能的其他标识。商标的识别性是基础，这是区分商标与非商标标志的标准。

商标的显著性并非一成不变。若商标权人使用不当，则可能会存在显著性退化的风险。商标显著性退化导致商标识别性弱化，相关公众看到商标难以辨别该标志是用来区分商品或服务来源的商标还是表示某种特定商品或服务类型的统称。商标显著性彻底退化以致显著性丧失，则商标不再具备识别功能，变为通用名称。虽然对通用名称的定义多种多样，但是对通用名称内涵的理解是基本相同的。通用名称的实质是该标志成为某类商品或服务的代名词，而不与特定的生产商或服务商产生联系。

通用名称的判断常在两种情形下发生：第一种情形是商标注册审查时，通用名称构成商标驳回注册的条件，第二种情形是商标被核准注册后，慢慢演化为通用名称，使得原有的显著性丧失，进而需撤销注册的情形。商标撤销制度中的通用名称问题，属于第二种情形。

通用名称被撤销商标注册，是商标识别功能的必然要求。商标的显著性退化，成为某类商品或服务的代名词，使得商标不再指向特定的商品生产者或服务者，其识别功能已经丧失。一旦商标不再指定特定的商品生产者或服务者，对商标的保护就失去了必要性。此外，通用名称被撤销注册，维护了公平正义的市场秩序。商标法作为规制市场行为的法律，保障了社会公平竞争的秩序。商标法有三重目标，即保护商标权人，保护消费者与保护竞争者。在不同的情形下，商标法有着不同的保护侧重。注册商标慢慢演化为通用名称使得原有的显著性丧失，在这种情况下消费者不能通过该标识与特定的商品生产者或服务者建立联系的唯一性，该商标不能发挥识别商品来源的作用。若商标权人仍将将该标识独占在手中，同行的竞争者不得不寻找另一个替代某类商品或服务的代名词，从而向社会公众表达其产品信息。而该另一个替代的某类商品和服务的代名词的寻找过程，需要承担较高的成本。而商标权人因独占该标识获得不合理的溢价。这无益于公平正义的市场秩序。

通用名称被撤销注册，是商标识别功能的必然要求，保障了社

会公平竞争的秩序，防止了社会公众资源的私有化，降低了商品流通过程中混淆的可能性，最终保护了消费者。❶

2. 商标显著性退化为通用名称的原因

（1）内部原因

①商标固有显著性较弱。

商标固有显著性较弱是商标通用名称化的重要原因。商标申请人在设计商标时，往往出于方便宣传和推广的目的，选择与指定使用商品的通用名称相近的商标，此种类型的商标通常固有显著性较弱。如果商标与商品的通用名称过于接近，即便被核准注册，但随之的商标使用问题对商标权人则会提出更高的要求。商标权人一旦使用不当，固有显著性较弱的商标往往会退化为通用名称。

商标固有显著性较弱而通过不当使用显著性退化为通用名称的典型案件当数深圳市朗科科技股份有限公司（原深圳市朗科电脑技术有限公司）与北京华旗资讯数码科技有限公司之间的关于第1509704号“优盘”商标争议案件。深圳市朗科科技股份有限公司于1999年8月23日在第9类“计算机存储器；数据处理设备”等商品上申请了第1509704号“优盘”商标，于2001年1月21日获准注册。在“优盘”获准注册时，计算机领域并未存在这一概念，而“硬盘”已成为当时计算机领域存储设备的通用名称。单从“优盘”字面意思来分析，相关公众很容易理解为“优质的硬盘”，“优”代表商品的品质，“盘”代表已经成为通用名称的“硬盘”。因此，“优盘”商标本身固有显著性较弱，极易使相关公众误认为是商品的通用名称。在该案件中，商标评审委员会认为从“优盘”汉字本身的含义来看，其对于指定使用的第9类计算机存储器等商品的质量、功能、

❶ 威廉·M.兰德斯，理查德·A.波斯纳.知识产权法的经济结构［M］.金海军，译.北京：北京大学出版社，2005：248-250.

用途等特点具有直接的叙述性，即指质量优良的计算机存储盘，而商标通用名称的作用就在于对商品质量、功能、用途特定的简明扼要的概括，发生争议的“优盘”商标并不具有商标应当具有的显著性，进而予以撤销。可见，商标固有显著性较弱而沦为商品通用名称的可能性会更大。

②商标权人不当使用行为导致商标显著性退化。

有些商标具有较强的固有显著性，但经过商标权人的不当行为，商标显著性逐步退化为通用名称。商标权人的不当行为包括“广告宣传语选择不当”“注册商标未标注注册标记®”“商标显著性退化未及时采取积极有效的维权措施”等。

上述“优盘”的案件除了固有显著性较弱外，还存在“广告宣传语选择不当”的问题。其商标权利人使用“优盘，新一代存储盘”“启动型优盘，第三届中国高新技术交易会明星产品，全球第一款可彻底取代软盘软驱的USB移动存储盘”等广告语进行宣传，甚至在营业执照中使用“快闪电子盘优盘的技术开发及购销”。该种行为更加弱化了商标与商品通用名称之间的区别，使得相关消费者认为“优盘”是一种新型存储硬盘的通用名称。相反，“JEEP”商标一度被淡化为越野车的通用名称，但是权利人克莱斯勒公司却通过“不是所有的吉普都是JEEP”这样广告语来明确商标的指示功能，强化“JEEP”商标的显著性。最终“JEEP”商标仍然保持指示商品来源的功能，而没有被通用名称化。

一种情形是权利人在实际使用过程中未将注册商标标注®。《商标法实施条例》第六十三条规定，使用注册商标，可以在商品、商品包装、说明书或者其他附着物上标明“注册商标”或者注册标记。这是一种向相关公众传达商标使用的信号。尤其是在商标具有较高知名度的情况下，若权利人使用不当，很容易退化为商品的通用名称。特莱仕（上海）千思板制造有限公司（以下简称“特莱仕公司”）的“千思板”商标正是因为权利人不当使用注册标记®导致“千思板”退化为某种建筑用板材的通用名称。黑龙江省高级人民法院在〔2011〕黑知终字第10号民事判决书中认为：从特莱仕公司对其产品的宣传手段看，在特莱仕公司曾经发布的有关宣传图册中，排布于醒目位置的“TRESPA”注册商标后加注了®标志，而对“千思板”则未加任何表明其为注册商标或其他可以有别于商品通用名称的标识，宣传手册的具体内容亦着重强调千思板是一种……板材，该板材具有……的性能。此宣传手段虽不违反法律法规强制性规定，但在客观上亦容易造成相关公众作出其宣传的商品系一种注册商标为“TRESPA”、商品通用名称为“千思板”的建筑装饰材料的理解。

还有一种情形是“商标显著性退化未及时采取积极有效的维权措施”。此种情形商标显著性退化为通用名称的案例中较为常见。商标权利人发现同行业竞争者使用其商标时未及时采取维权措施，导致市场上大量出现该商标指代某一商品的现象。如“雪花”商标案件，内蒙古杭锦后旗金穗食品工业有限责任公司通过受让取得第236846号“雪花”商标使用在“面粉”商品的所有权。在该公司与北京本乡玉粮油有限公司侵害商标权纠纷一审民事纠纷中，被告针对原告上述商标提出通用名称抗辩，被告提交的证据载明“因此种面粉比国家标准规定的最高等级特制一等粉还要白，像雪花一样……所以这些企业也约定俗成地称之为雪花粉”。北京市第一中级人民法院在〔2003〕一中民初字第1004号民事判决书中认为，雪花粉系面粉生产企业根据市场需求开发出的面粉，在经过十余年发展的情况下，众多企业均在生产、销售雪花粉并已得到广大消费者的认可。因此，可以确认雪花粉已经成为与特定品质相联系的面粉的通用名称。对于这种现象，“雪花”商标权利人在发现其他同行业竞争者大量使用“雪花”商标后，未及时采取积极有效的维权措施，使得“雪花粉”在市场中大量指代某种品级的面粉，导致该商标的显著性逐步退化成为通用名称。

（2）外部原因

①同业竞争者和媒体的行为导致商标显著性退化。

商标显著性退化为通用名称是需要经历一个漫长的过程，但当同业竞争者和媒体长期、广泛的使用行为可能会使得商标指代某种特定产品或服务时，则加速了商标显著性的退化。在“双十一”商标案件中，国家知识产权局则以“双十一”商标“已经演变为商业活动中有关网络集中促销活动约定俗成的通用名称”为由，对阿里巴巴集团控股有限公司名下的第35类第10136470号“双十一”商标在“广告；为零售目的在通讯媒体上展示商品；替他人推销”服务上予以撤销。国家知识产权局在商评字〔2020〕第0000316641号撤销复审决定书中认为，“双十一”申请注册后，全国范围内各大商家、媒体均对带有“双十一”的标识进行了长期使用或宣传，在此过程中，“双十一”的主要含义已经指向网络集中促销活动本身，商业主体在该网络集中促销活动中的行为业已指向“广告；为零售目的在通讯媒体上展示商品；替他人推销”服务的指向性极大减弱，已不能起到标识服务来源的作用，认定“双十一”商标已经变为商业活动中有关网络集中促销活动的约定俗成的通用名称。

②行政机关的不当行为。

行政机关行使公权力的行为具有较高的公信力，直接会影响社会公众的相关认知和行为。因此，行政机关行使公权力时，应当慎之又慎。行政机关的不当行为加速商标显著性退化的典型案件为“21金维他”案件[1]，1987年，该商标被商标局核准注册。1988年，“21金维他”被收入《中国药品标准品种汇编》和《江西省药品标准汇编》，成为特定药品的通用名称。商标权利人采取积极补救措施，

[1] 参见安徽省高级人民法院〔2001〕皖民三初字第3号民事判决书。

与有关药品行政管理部门协调。2000 年 5 月 22 日，国家药品监督管理局以〔2000〕国药标字 XG005 号国家药品标准（药典、国家标准）颁布件规定，杭州民生药业公司生产的通用名“多维元素片（21）”，使用商品名为“21 金维他”。正因为该颁布件，加之商标权人经过多年生产活动，该商标已成为社会公众所熟悉的知名商品。法院认定“21 金维他”注册商标的显著性，并不因被收录《中国药品标准品种汇编》和《江西省药品标准汇编》而丧失。虽然该案判决并没有认定“21 金维他”商标为通用名称，但行政机关的错误收录行为客观上加速了“21 金维他”商标的显著性退化。

3. 防止变为通用名称的措施

（1）选择固有显著性强的商标

固有显著性意味着某标志与所欲使用其上的商品或服务天然地不存在描述、说明、商品类别等关系。[1] 选择固有显著性强的商标则会天然地与商品通用名称相区分，本身便具备较强的识别作用。如“EXXON（埃克森）”商标，经由当时的美孚石油公司邀请各方面专家调查了 55 个国家和地区的商标法及当地风俗，最后从设计的 1 万多件商标中筛选而出。其本身即为臆造词汇，在任何语言环境下没有任何特定含义。此时，“EXXON”商标使用在石油化工商品上，相关公众很容易就能区分商标和商品通用名称。

商标固有显著性越强，则意味着商标与通用名称相隔越远，其退化成通用名称的难度就越大。因此，固有显著性强的商标是从源头上避免商标显著性退化成通用名称的绝佳选择。

（2）将商标与通用名称一并使用

虽然通用名称具有通用性，但判断通用名称的标准是相关公众的认知。所以，有些通用名称并非所有公众都知晓。比如阿司匹林

[1] 王太平．商标法——原理与案件［M］．北京：北京大学出版社，2016：66.

药物，不具备专业医学知识的消费者是不了解其产品名称为“乙酰水杨酸”，而误将产品商标“阿司匹林”作为商品的通用名称使用。因此，将商标与通用名称一并使用则会强化商标的指示作用，如“阿司匹林牌乙酰水杨酸”或“阿司匹林消炎药”等表述。采用此种方法比较成功的案例为“胜佳”和“固特异（Goodyear）”商标，由于商标权利人的不当使用，相关消费者将上述两商标分别指代缝纫机和橡胶产品，面临商标退化为通用名称的风险。商标权人及时采取措施，将商标与两类通用名称同时使用，并突出使用其商标，引导消费者正确认识商标和通用名称，才使这两个商标最终重新获得显著性。[1]

（3）规范商标的使用

在商业宣传中，突出使用商标会在很大程度上避免商标显著性的退化。因此，商标权人在实际使用中，应当标注“注册商标”或注册商标标记®和未注册标记“TM”。此举既突出使用了商标，避免了商标显著性退化，同时也会引导消费者识别和记忆商标，充分发挥商标的识别作用，促进商标知名度的建立和提升。

（4）积极采用措施阻止商标显著性退化

商标权利人应当及时运用行政或司法手段阻止商标显著性退化。大量近似商标的注册和使用会使商标显著性逐步退化，商标权利人应当及时运用行政程序，阻止相近似的商标注册和使用。在市场中出现他人将商标当作通用名称使用，应当立即采取法律行动予以制止，消除商标退化的隐患。

另外，合理运用国家或者行业标准的建议权和词典等行业工具书的修订权。在上文提交的“21金维他”案件中，权利人积极向有关药品行政管理部门申诉请求协调。最终，国家药品监督管理局做

[1] 黄晖．商标显著性对商标注册和保护的影响［J］．中华商标，1998（06）：42.

出具有行政规章性质的颁布件，就解决“21 金维他”商标淡化问题做出具体规定，明确了商品通用名称与商标的区别。

关于词典等行业工具书的修订权，在《欧盟商标条例》(2017/1001)[1]第十二条予以明确规定，如果欧共体商标被编入词典、百科全书或类似的参考书，使消费者错误地认为该商标成为其注册的商品或服务的通用名称，根据欧共体商标所有人的要求和提供的证据，出版社应保证至少在最近再次出版时，明确地注明该词为注册商标。在“Google”商标无效案[2]中，原告 Elliott 主张，“Google”已被收录在词典中，其此条含义为“搜索(Search)”，在生活中，当进行互联网搜索时，人们往往采用“Google”作为“搜索(Search)”的替代。因此，该通用含义表示动作本身，已经证明“Google”通用名称化。虽然第九巡回法院以“Google”商标仅作为“搜索(Search)”的动作而并没有指向具体的商品或服务，进而没有认定为通用名称，但该案足以引起谷歌公司的高度重视。为防止“Google”商标退化为通用名称，谷歌公司积极行使词典修订权，谷歌公司在得知保罗·麦克费德里斯(Paul McFedries)运营的词典编纂网站“单词密探”将“网上搜索”(Google)收录其中之后，立即要求其将它修改为“谷歌公司的商标”。虽然我国《商标法》并没有规定商标权人拥有词典等行业工具书的修订权，但实践中该权利为避免商标沦为通用名称具有显著的效果。并且在《最高人民法院关于审理商标授权确权行政案件若干问题的规定》第十条第一款规定……被专业工具书、辞典等列为商品名称的，可以作为认定约定俗成的通用名称的参考。因此，本书认为我国《商标法》可以考虑参考《欧盟商标条例》，赋予商标权人的词典等工具书的修订权利，更好地维护商

[1] 有关欧盟商标的欧洲理事会(EC)第 2007/1001 号条例，2017 年 6 月 14 日。

[2] DAVID ELLIOTT CHRIS GILLESPIE v. GOOGLE INC，United States Court of Appeals，Ninth Circuit，No. 15-15809.

标的显著性，维护商标权人的合法权利。

因此，当权利人发现商标显著性有退化的迹象时，应当规范商标的使用形式并且采取积极措施阻止商标显著性退化，充分发挥商标的识别功能。否则，商标权利人很有可能面临商标知名度越来越大，但其商标权利越来越受限制，直至丧失的情况。

（二）自行改变

根据我国《商标法》第四十九条第一款的规定，“商标注册人在使用注册商标的过程中，自行改变注册商标、注册人名义、地址或者其他注册事项的，由地方工商行政管理部门责令限期改正；期满不改正的，由商标局撤销其注册商标”。可见，在实际使用中，商标权人自行改变注册商标具体信息的情形，可能导致商标局依职权撤销注册商标的后果。此规定意在表明商标行政管理机关在商标使用环节的管理标准，引导商标权人规范使用注册商标。

1. 自行改变注册商标的具体情形

关于自行改变注册商标具体信息的情形，实践中多发生于商标注册人对注册商标标志的改变，大致可以分为如下两类。

第一，实际使用形式与核准注册商标的标志仅存在细微差别，并未改变显著特征。此种情形在本书第二章关于“商标使用客体”的探讨中已经详细论述，且《最高人民法院关于审理商标授权确权行政案件若干问题》第二十六条中已经明确该种情形应当视为注册商标的使用。因此，此种情形一般也不应当被撤销。

第二，实际使用形式与核准注册商标的标志存在实质性差别。该种情形可以分为如下两种情况讨论：①实际使用形式发生实质性改变，但未与他人商标产生混淆可能性。此种情形若加以“注册商标”标注则属于冒充注册商标的情况，会严重影响商标管理秩序，在限期不改正的情况下应当撤销。②实际使用形式发生实质性改变，且与他人商标产生混淆可能性。此种情形可能是商标权人主动追求通过不规范的商标使用使其商标与他人商标相混淆，并谋取不正当的利益。[1]此行为构成侵犯他人商标权利的行为，商标行政管理机关当然可以在该商标权人限期不改正的情况下撤销该商标，也可以依他人申请适用《商标法》其他条款加以规制。

除了自行改变商标标志以外，法条还规定了自行改变注册人名义、地址或者其他注册事项。该种情形主要表现为注册商标上述事项发生变化时，商标权人没有及时去办理相关变更程序。此情况主要影响的是商标权人自身难以行使相关权利，可能导致包括商标权人诉讼资格的丧失、“撤三”案件使用证据的失效等在内的很多后果。

2. 自行改变注册商标而予以撤销的现实问题

根据我国《商标法》第四十九条第一款的字面含义来理解，注册商标在使用中仅仅需要达到形式上的改变即具有可归责性，对程度方面则不予考虑。此规定难免有些苛责，且与《巴黎公约》相关规定和司法实践不相符。《巴黎公约》第五条 C（2）规定，“商标所有人使用的商标，在形式上与其在本联盟国家之一所注册的商标形式只有一些要素不同，而并未改变其显著性的，不应导致注册无效，也不应减少对商标所给予的保护”。《最高人民法院关于审理商标授权确权行政案件若干问题》第二十六条也对细微改变注册商标的情形予以宽容。并且，在实践中大量存在注册商标实际使用与核准标识不一致的情况，绝对禁止商标通过微调来适应市场的要求显然是不现实的。[2]此种细微改变注册商标的情形不会影响商标显著特征，

---

[1] 例如，《最高人民法院关于审理注册商标、企业名称与在先权利冲突的民事纠纷案件若干问题的规定》第 1 款第 2 条规定：“原告以他人超出核定商品的范围或者以改变显著特征、拆分、组合等方式使用的注册商标，与其注册商标相同或者近似为由提起诉讼的，人民法院应当受理”。毕竟，以改变显著特征、拆分、组合等方式使用注册商标，侵犯他人注册商标等权利的，本质上属于违反诚实信用原则的情形。

[2] 黄晖．商标法［M］.2 版．北京：法律出版社，2016：100.

且商标权人与商标标识之间的唯一性没有改变，因此没有必要对该情形以严格执行撤销程序。如果按照现有规定来执行，只会导致行政资源的大量浪费或导致该规定束之高阁，均无法达到设立此条款的目的。

3. 自行改变注册商标撤销制度的思考

我国有关因使用中自行改变注册商标相关信息而导致撤销的规定，虽便于商标行政主管机关的管理工作，但与商标撤销制度的目的不符，对商标注册人的要求过于严苛。首先，从商标的显著性角度来看，只要商标权利人对注册商标的使用并未改变显著特征，该商标的使用仍然能在市场环境中发挥识别商品来源的作用，具有商标的显著性。其次，若商标中注册人在实际商业中改变注册商标的显著特征，目前的“撤三”制度中对此等改变显著特征的商标的使用证据不足以维持商标注册的审查和审理实践，已经完全能够解决此类问题，无须商标行政主管机关依据使用不当而主动撤销商标。最后，对于因自行改变注册商标而予以撤销的情形不应仅仅停留在“形式要件”上，还需要引入“程度要件”，即自行改变需要达到一定程度，造成一定后果，才可以触发此条款。

综上所述，我国商标法因自行改变而导致商标撤销，并未要求自行改变所需达到的后果，与商标撤销制度的目的不符。建议在立法上增加商标自行改变造成后果的要件，只有商标因自行改变使得相关公众将其与其他注册商标相混淆的后果，才可以撤销注册。

第三章 商标侵权抗辩中的商标使用

在商标注册取得制度下，商标一旦获准注册，则意味注册商标所有人就享有了商标法所赋予的商标权。《商标法》第七章及《商标法实施条例》第八章均就“注册商标专用权的保护”进行了明确的规范。其中，不仅涉及了商标侵权行为种类，侵权行为的司法、行政救济，证据保全等内容，更在多处体现了使用要求对于注册商标所有人所享有的实体性权利的冲击。其中包括法定不侵权的使用，即在先使用和正当使用、未实际使用注册商标的请求权限制和商标权滥用及规制问题。那么，本部分主要讨论商标侵权中的商标使用问题。

从注册商标专用权人的角度来看，权利人当然有权利在商业活动中使用自己的注册商标，但商标权不同于其他知识产权的特点之一在于其禁止权的效力范围大于自用权的效力范围。侵害商标权及对商标权的保护虽是从保护权利人的禁用权着手，但最终也可实现权利人自用权不致减损的效果。对于侵害商标权中的商标使用问题，从权利人角度阐释固然可行，但不易确定注册商标专用权的范围。任何权利的行使皆有其边界，注册商标专用权人的禁用权范围虽大于自用权，但并非漫无边界，该权利边界的划定实际上是借由被控侵权人的抗辩来实现的。因此，本章选择以权利抗辩作为主线，贯穿在先使用、正当使用、未实际使用注册商标的请求权限制及商标权滥用共四项制度。

《商标法》第五十七条规定，侵犯注册商标专用权的行为包括：①未经商标注册人的许可，在同一种商品上使用与其注册商标相同的商标的；②未经商标注册人的许可，在同一种商品上使用与其注册商标近似的商标，或者在类似商品上使用与其注册商标相同或者近似的商标，容易导致混淆的；③销售侵犯注册商标专用权的商品的；④伪造、擅自制造他人注册商标标识或者销售伪造、擅自制造的注册商标标识的；⑤未经商标注册人同意，更换其注册商标并将该更换商标的商品又投入市场的；⑥故意为侵犯他人商标专用权行为提供便利条件，帮助他人实施侵犯商标专用权行为的；⑦给他人的注册商标专用权造成其他损害的。

《商标法》第四十八条规定，商标的使用，是指将商标用于商品、商品包装或者容器以及商品交易文书上，或者将商标用于广告宣传、展览以及其他商业活动中，用于识别商品来源的行为。

为深入贯彻落实党中央、国务院关于强化知识产权保护的决策部署，加强商标执法指导工作，统一执法标准，提升执法水平，强化商标专用权保护，国家知识产权局根据《商标法》《商标法实施条例》的有关规定，制定《商标侵权判断标准》，于2020年6月17日颁布施行。依据该标准第三条的规定，“判断是否构成商标侵权，一般需要判断涉嫌侵权行为是否构成商标法意义上的商标的使用”。

司法实践中，法院在判定是否侵权时，一般首先对被控侵权商标的商标性使用进行判断，本章所涉及的大部分行政和司法案例的裁判思路均体现了此种基本逻辑。同时本书作者在研究过程中也注意到，近年来在学术领域有部分学者提出了新的观点，认为：①是否属于商标使用应该放在是否足以导致混淆的判断中一并进行，考察被诉标志使用行为之整体，而不应该再分两步走；②被诉侵权行为的客观效果不是使相关公众识别出商品来源于被诉侵权人，而是错误地识别为来源于商标注册人，这本质上就是混淆的判断，不是识别或者商标使用客观效果的判断；③被诉行为是否作为识别商品来源的商标使用，需要由被诉侵权人提出抗辩主张并举证证明，不应当由法院主动审查被诉行为是否是具有客观效果的商标使用行为。[1] 本章所讨论的正当使用行为是排除在商标性使用之外的使用行为，作为侵权抗辩事由之一，与在先使用抗辩、商标权滥用等事由，一旦证明成立，则侵权不成立。这些抗辩事由理应由被告一方承担举证，由居中的裁判者提出难免有越俎代庖之嫌。

一、在先使用抗辩

（一）商标先用行为的基本问题

1. 商标先用行为保护的理论基础

（1）商标的本质功能——区分商品来源

《商标法》第八条规定："任何能够将自然人、法人或者其他注册的商标与他人的商品区别开的标志，包括文字、图形、字母、数字、三维标志、颜色组合和声音等，以及上述要素的组合，均可以作为商标申请注册。"

上述规定所列举的能够成为商标的不同类型的标志，都具备一个共同点，即能够将自然人、法人或者其他注册的商标与他人的商

[1] 钟鸣．商标侵权抗辩中的商标使用［EB/OL］．（2018-11-26）［2021-03-01］．http://www.zhichanli.com/app/events/details/id/319.html.

品区别开。作为商标使用的标识需有区别性，这亦是商标最为本质的功能特征。

大多数教科书认为，商标是商品的生产者或经营者用来表示其产品来源，从而区别于他人同类商品的标志。从一般意义上揭示了商标的最本质特征。[1]商标是商品或者服务的标志，需要以商品或服务为依托，只有附着于商品上用来表明商品来源并区别其他同类商品的标志才是商标。[2]

因此，商标最本质的功能就是区分商品或者服务的来源，即区别功能或者识别功能。而商标的区别功能只有在附着于商品并进入流通领域，为消费者所知悉并将其与特定商品的提供商联系起来后，其区分功能才能真正发挥作用。因此，使用是商标实现其本质功能的唯一途径。

（2）公平与秩序——商标先用行为保护的价值追求

对商标先用行为的保护体现了法律对公平和秩序的价值追求。商标的价值在于其所承载的商誉，是商标使用人通过长期使用、投资、广告、劳动等建立起来的。一如论者所言，“商标权产生于市场主体对标记的商业使用，它受法律保护的真正原因是基于标记所凝聚的商誉”。[3]对于商标权人来讲，这种通过自己的劳动付出建立起来的商誉使其在市场竞争中获得的竞争优势，法律对这种劳动付出所获得的竞争优势给予保护的有效方式，就是赋予其商标权。对于商标权人来说，如果这种通过劳动付出建立起来的商誉得不到保护，显然难谓公平。

商标是商品经济的产物。随着商品生产的发达，商品交换的发

---

[1] 刘春田．知识产权法［M］.4 版．北京：中国人民大学出版社，2009：249.

[2] 同[1].

[3] 余俊．商标法律进化论［M］．武汉：华中科技大学出版社，2011：352.

展，商标应运而生。[1]商标是商品提供者和消费者之间的媒介，通过在市场上的持续不断的使用，商标在商品提供者和消费者之间建立了联系。消费者通过商标认牌购物。商标通过不断使用发挥着其“表彰商品来源”的功能。通过在市场上不断流通，商标与特定商品之间建立了对应，而消费者通过不断的认牌购物，对商标所标识的商品本身的质量、功能也逐渐产生了一定的信赖，并通过认知商标来购买其期待获得商品。这种信赖关系，显然是需要通过商标不间断地持续使用，进入流通领域，不断在消费者中强化与特定商品之间的对应关系而得以巩固。在先使用商标通过持续的使用，在相关公众中所形成的市场影响，就是这种信赖关系的体现。对通过使用已经建立起来的某一商标与其特定商品之间的对应性给予确认和维系，就是对消费者信赖利益的保护，也是对业已形成的市场关系的维护。维护公平竞争，鼓励和保护商标的合法正当使用是商标法的核心。维护公平竞争，就需要对付出投资和劳动的诚信经营者在市场中所获得利益和格局予以维护。否则即是对社会资源的浪费，与公平正义的价值取向相悖。

（3）商标法的立法宗旨——鼓励使用、基于使用

商标注册的目的是使用。中国商标法并未要求商标专用权的取得需要基于在先使用。但是，《商标法》第四条明确规定，商标权的取得是为了在生产经营活动中合法使用商标，用于区分市场上不同的商品和服务的提供者。该条规定：“自然人、法人或者其他组织在生产经营活动中，对其商品或者服务需要取得商标专用权的，应当向商标局申请商标注册。本法有关商品商标的规定，适用于服务商标。”

商标注册的目的是使用，也是为了保证使用获得法律的保护。理解这点并不难，还是要回到商标最本质的法律属性，即表彰商品

[1] 刘春田．知识产权法［M］.4版．北京：中国人民大学出版社，2009：255.

来源的区别性或称识别性。但如果注册了商标，而不将其投入市场使用，发挥识别商品来源的功能作用，则商标价值无法得以实现，也是对商标资源的浪费。

注册商标权人有使用的义务。《商标法》第四十九条第二款规定："注册商标成为其核定使用的商品的通用名称或者没有正当理由连续三年不使用的，任何单位或者个人可以向商标局申请撤销该注册商标。"因此，虽然使用不是取得注册商标权的必要条件，但是商标权利人在获得商标权后要维持其有效性，有将注册商标投入市场使用的义务。[1]虽然因连续三年停止使用而提起的撤销申请程序中，商标注册人是被动答辩，即仅在他人提出撤销申请启动程序后，按要求提供证据证明在过去三年内对其注册商标进行了公开、真实、合法的使用，以维持商标注册有效。但是该撤销程序的设置仍可以说明，法律在赋予商标注册人以商标权的同时，也规定了其使用注册商标的义务。

商标权的保护范围和强度有赖于使用。商标权的内容包括专用权和禁止权。专用权是指注册商标的权利人在注册商标核定的商品上有使用注册商标的专有权利。禁止权则是指商标注册人有禁止他人使用其注册商标的权利。通常认为，禁止权的效力范围要大于专用权范围。禁止权的效力范围的大小，决定了注册商标权受保护范围的大小。[2]专有使用权的效力范围取决于商标注册的范围，即商标授权确权机关授予商标注册的核定范围，因此是固定和客观的。而禁止权的效力范围则是相对和有弹性的。商标保护范围大小取决于禁止权的效力范围的大小。同时，商标权的保护范围大小及强度与商标的显著性和知名度密切相关，显著性越强及市场知名度越高

---

[1] 详见本书第二章"商标使用与商标权的维持"中的商标使用义务的提出。

[2] 刘春田．知识产权法［M］．第四版．北京：中国人民大学出版社，2009：277-278.

的商标，其保护范围就越宽，保护强度相应就越大。[1]商标的显著性分为固有显著性和通过使用获得的显著性。商标通过投入市场使用，为相关公众所知晓，其知名度越高，相关公众对其与特定商品之间的对应性的认知能力就越强，商标的显著性也越高。因此，使用是提高商标的显著性和市场知名度的唯一途径，也是扩大和增强商标权保护范围和强度的不二法门。

（4）遏制商标抢注行为，弥补商标注册取得制度的缺陷。

根据目前的商标注册申请程序，只要求申请人提交填写规范的申请书、缴纳申请费，经过审查程序若无他人在先相同或者近似商标，且符合商标法关于显著性的规定等要求，便可在9个月内获得商标注册。[2]对申请注册的商标并无证明已在指定商品或服务上已投入使用或意向使用的要求。[3]

商标注册取得制度便于权利确定，有利于权利稳定，也降低了商标权取得成本，却因商标抢注等问题而对善意的在先商标使用人不甚公平。商标注册取得制下，在先使用人虽可以通过异议、撤销程序制止恶意抢注商标的行为，维护自己的合法利益。但是，往往付出较高的费用和时间耗费，且一旦异议、撤销申请未获成功，他人恶意抢注的商标获得注册，真正的权利人还会面临被控商标侵权的风险。因此，对商标先用行为提供保护，允许其作为侵权抗辩事

[1] 孔祥俊. 商标法适用的基本问题［M］. 修订版. 北京：中国法制出版社，2014：52.

[2] 2021年1月11日国家知识产权局商标局召开的商标审查工作总结部署视频会议中公布的信息显示，2020年，商标局与各地方商标审查协作中心全年完成国内商标注册审查878.4万件，商标注册平均审查周期缩短至4个月，我国商标注册周期已缩短至7～8个月，圆满完成了《商标注册便利化改革三年攻坚计划》《“十三五”国家知识产权保护和运用规划》既定目标。参见：国家知识产权局商标局. 开启新征程 奋发新作为——商标局召开会议总结部署商标审查工作［EB/OL］.（2021-01-11）［2021-03-15］.http://sbj.cnipa.gov.cn/gzdt/202101/t20210111_325108.html.

[3] 2013年《商标法》第二十八条规定：对申请注册的商标，商标局自收到商标注册申请之日起九个月内审查完毕，符合本法有关规定的，予以初步审定公告。

由是保护商标先用人利益的重要平衡杠杆。这不仅是为了实现公平正义的价值追求，也是为了弥补商标权通过注册取得的制度性缺陷。[1]

依据《商标法》第三十二条规定，申请商标注册不得以不正当手段抢先注册他人已经使用并有一定影响的商标。可见，禁止抢注他人在先使用商标，需以在先已经使用并产生一定影响为条件。所谓有一定影响，是指该在先使用商标应具有一定的相关市场知名度。而市场知名度，则需要通过商品销售或者宣传推广，将商标投入市场流通领域来建立和巩固。对于仅仅是以涉外定牌加工（OEM）的形式在中国进行来料加工的外国品牌来说，仅有生产加工的证据不足以证明其市场知名度。因此在撤销恶意抢注的商标的异议、无效宣告程序中，往往因为无法提供充分的在先使用证据，不能证明已经获得一定影响，而未能成功。使得商标真正的权利人丧失在中国获得注册保护的权利，进而丧失了进入中国市场的商业机会。

即便实际在中国进行商业使用并获得了市场知名度的未注册商标，为了对抗他人的恶意抢注申请，所耗费的时间和程序成本也是相当高昂的。例如，在关于第3130886号“Santoprene”商标异议复审行政诉讼再审案[2]中，在先注册并使用于“热塑性弹性体”商品上的第255437号“SANTOPRENE”商标注册人埃克森美孚公司发现国内一家同业竞争企业在国际第1类“未加工塑料”商品上申请注册了构成字母及其排列顺序完全相同的被异议商标，对比商品根据尼斯国际商品分类虽属于不同类别，但是在化工产品领域具有一定可相互替代性的关联商品，埃克森美孚公司自2003年7月1日对该恶意商标申请提起异议，历经异议复审、商标行政诉讼一审、二审及再审程序，最高人民法院于2014年12月31日做出终审判

---

[1] 张峣．商标先用权保护探讨［J］．知识产权，2014（02）：63.

[2] 参见最高人民法院〔2014〕行提字第29号行政判决书。

决，撤销之前的裁定及判决，认定该商标的注册违反 2001 年《商标法》第二十八条的规定，系对其在先注册和使用的行业知名商标"SANTOPRENE"在关联商品上的故意抄袭抢注。应予以驳回不予核准注册。斗转星移，沧海桑田，该异议案件经历了全部审查及司法程序，历时竟长达近十二年之久。可以想见，并不是所有的权利人为了维护自身权利会抗争到底，毕竟审理结果难料，而且漫长的审理时间对于任何一个品牌市场开拓而言不啻为一场灾难。

2. 商标先用行为的保护现状

（1）商标法对在先使用未注册商标的保护

中国商标法保护注册商标，以注册制为基础，以申请在先为原则，使用并非获得商标注册的必要条件。但对未注册商标的保护则以在先使用并能够产生一定影响为要件。在商标授权确权程序中，对在先使用的未注册商标的保护主要体现在对未注册驰名商标以及在先使用并有一定影响的商标，均以在先使用和知名度为要件。驰名商标的知名度要求高于一定影响的商标，在保护的力度上也更强，并且驰名商标权人的撤销权不受时间限制。

①有一定影响的未注册商标。

对商标先用行为的民事保护体现在《商标法》第五十九条，即在先使用并具有一定影响的未注册商标可以在原有范围内继续使用。同时对先用并具一定影响商标的继续使用进行了限制，即仅在原有范围内使用，且注册商标权人可以要求其附加区别标识。

②未注册驰名商标。

我国于 1983 年 3 月 1 日起施行的《中华人民共和国商标法》中并未提及驰名商标的保护问题。在我国于 1985 年正式加入《巴黎公约》以后，对驰名商标给予保护即成为必须履行的公约义务。事实上，早在加入《巴黎公约》之前，我国商标局在答复专利局关于迪斯尼公司卡通形象的保护时就已经认定米老鼠为驰名商标。[1]在此之后，国家工商行政管理局商标局在商标异议案件、商标纠纷案件中先后认定“PIZZA HUT 及屋顶图形”“LUX 及力士”“Marlboro 及万宝路”“熊猫 PANDA”“双星 DOUBLESTAR”等商标为驰名商标。

1996 年，国家工商行政管理总局制订了《驰名商标认定和管理暂行规定》，其中对驰名商标的定义为“在市场上享有较高声誉并为相关公众所熟知的注册商标”，但其中并未包含未注册驰名商标。2001 年，第二次修改商标法明确规定了驰名商标的两种保护形式，并规定了驰名商标的保护对象包括在我国注册的驰名商标和未在我国注册的驰名商标。自此，驰名商标的保护方式确定为行政方式和司法方式并存的双轨制。2003 年，商标局修改了 1996 年的《驰名商标认定和管理暂行规定》，并颁布《驰名商标认定和保护规定》，重新定义驰名商标为“在中国为相关公众广为知晓并享有较高声誉的商标”，即将驰名商标的保护范围扩大到未注册商标。2009 年 4 月，最高人民法院颁布了《关于审理涉及驰名商标保护的民事纠纷案件应用法律若干问题的解释》，对驰名商标的司法保护和认定做出了更进一步的明确规定。

中国《商标法》第十三条规定，就相同或者类似商品申请注册的商标是复制、摹仿或者翻译他人未在中国注册的驰名商标，容易导致混淆的，不予注册并禁止使用。由此可见，未注册驰名商标基于商标法只能在相同类似商标或服务上获得保护，其不能像已注册驰名商标那样得到跨类保护。[2]同时，根据《关于审理涉及驰名商标保护的民事

---

[1] 黄晖 . 商标法［M］.2 版 . 北京：法律出版社，2016：241.

[2] 需要指出，国际间对未注册驰名商标的保护范围有扩大之趋势，值得进一步关注和研究。例如，我国已申请加入《全面与进步跨太平洋伙伴关系协定》（Comprehensive and Progressive Agreement for Trans-Pacific Partnership，CPTPP）。相较于 TRIPS 协定，CPTPP 规定并进一步扩大了驰名商标的保护范围。在该协定第 18 章第 22 条第 2 款中弱化了驰名商标的认定要件，对未注册驰名商标的保护明确可延伸至不相类似商品或项目，从而实现跨类保护，使未注册驰名商标获得与已注册驰名商标相同的保护地位。

纠纷案件应用法律若干问题的解释》第九条的规定，“足以使相关公众对使用驰名商标和被诉商标的商品来源产生误认，或者足以使相关公众认为使用驰名商标和被诉商标的经营者之间具有许可使用、关联企业关系等特定联系的，属于《商标法》第十三条第一款规定的‘容易导致混淆’”，这意味着未注册驰名商标的保护需要基于“混淆”。

现行法律法规中，对侵犯未注册商标的行为，仅规定了停止侵害的民事责任，而没有规定赔偿责任。因此，在“酸酸乳”“小肥羊”等商标侵权案件中，相关商标被认定为未注册驰名商标后，侵权人承担的仅为停止侵权的民事责任，并未承担赔偿责任。随着司法实践的发展变化，这一情况也有所改变。2017 年，上海知识产权法院在拉菲罗斯柴尔德酒庄与上海保醇实业发展有限公司侵害商标权纠纷[1]中认定“拉菲”构成未注册驰名商标，并判令被告共同赔偿原告包括合理费用在内的经济损失人民币 200 万元。同年，在商务印书馆有限公司与华语教学出版社有限责任公司侵害商标权及不正当竞争纠纷案[2]中，北京知识产权法院认定“新华字典”构成未注册驰名商标后，判决被告立即停止侵权行为、消除影响并赔偿商务印书馆经济损失 300 万元及合理支出 27 万余元。在南社布兰兹有限公司与被告淮安市华夏庄园酿酒有限公司等侵害商标权纠纷案[3]中，南京市中级人民法院认定“奔富”为未注册驰名商标，并判定被告赔偿原告经济损失 100 万元（含合理费用）。这表明在司法程序中，依据未注册驰名商标可以获得经济损害赔偿已有成熟的判例实践。

未注册驰名商标获得保护，其基础恰恰在于使用。《最高人民法院知识产权案件年度报告（2009）》指出，对于未注册的商标标识，对该标识主张权利的人必须有实际使用该标识的行为并具有将该标

[1] 参见上海知识产权法院〔2015〕沪知民初字第 518 号民事判决书。

[2] 参见北京知识产权法院第〔2016〕京 73 民初 277 号民事判决书。

[3] 参见江苏省南京市中级人民法院第〔2018〕苏 01 民初 3450 号民事判决书。

识作为其商标的意图。最高人民法院在辉瑞公司、辉瑞制药有限公司与上海东方制药有限公司破产清算组侵害商标权纠纷、不正当竞争纠纷再审民事裁定书[1]中认为，在申请再审人明确认可其从未在中国境内使用某一标识的情况下，他人对该标识所做的相关宣传等行为，由于未反映其将该标识作为商标的真实意思，不能认定该标识构成未注册商标，更不能认定其构成未注册驰名商标。

（二）《中华人民共和国反不正当竞争法》对在先使用未注册商标的保护

《商标法》第十三条对于驰名的未注册商标的保护、第三十二条对于在先使用并具有一定影响的未注册商标的保护，主要是从禁止商标抢注的角度。2013 年《商标法》生效之前，民事程序中对未注册商标的保护，主要表现为依据《中华人民共和国反不正当竞争法》（以下简称《反不正当竞争法》）。对知名商品特有名称、包装、装潢的保护，前提是在先使用的标识达到知名商品的特有名称、包装、装潢的程度，才足以对抗他人的注册商标权。未注册驰名商标的扩大保护则通过《反不正当竞争法》完成。[2]2013 年《商标法》第五十八条规定，将他人注册商标、未注册的驰名商标作为企业名称中的字号使用，误导公众，构成不正当竞争行为的，依照《反不正当竞争法》处理。

1993 年《反不正当竞争法》第五条第二款规定，“擅自使用知名商品（包括服务）特有的名称、包装、装潢，或者使用与知名商品近似的名称、包装、装潢，造成和他人的知名商品相混淆，使购买者误认为是该知名商品的，是不正当竞争行为。”根据国家工商行政管理总局的规定，知名商品是指在市场上具有一定知名度，为相

---

[1] 参见最高人民法院第〔2009〕民申字第 313 号民事裁定书。

[2] 李扬．商标法基本原理［M］．北京：法律出版社，2018：289.

关公众所知悉的商品。[1]2017年修订的《反不正当竞争法》第六条规定，经营者不得实施下列混淆行为，引人误认为是他人商品或者与他人存在特定联系（一）擅自使用与他人有一定影响的商品名称、包装、装潢等相同或者近似的标识。修订前后的《反不正当竞争法》中针对未注册的商标标识进行一定程度保护的思路是一致的。未注册的商标标识如果被作为知名或有一定影响的商品或服务的名称、包装、装潢使用，则可以依据《反不正当竞争法》的有关规定寻求保护。关于知名商品特有名称与商标权对抗的案件，在司法实践中并不少见。在不构成知名商标特有名称的情况下，通过使用产生的民事权益也可受到法律保护。例如，在“可立停”商标争议案[2]中，最高人民法院经审理认为，根据有关行政规章和行政规范性文件规定，国家对药品商品名称的使用进行行政管理，经药品行政管理部门批准使用并通过使用在市场上获得一定影响的药品名称，可作为民事权益受法律保护。

（三）商标先用行为获得保护的司法实践

司法实践中，很长的一段时间内，当在先使用的未注册商标与他人注册商标权发生利益冲突时，主流观点是不保护商标先用行为，大多数案例中仍会判定构成侵权。通常的观点认为，在他人已经在相同或者类似商品上注册了相同或者近似的商标之后，在先使用人有合理避让的义务，以避免侵犯到他人的注册商标权。少数认定不构成侵权的案例中，有依据《反不正当竞争法》中有关知名商品的特有名称、企业字号的规定对未注册商标标识予以保护，保护的理由和适用的条件多有不一致之处。但在个案中对先用未注册商标的

[1] 参见国家工商行政管理总局《关于禁止仿冒知名商品特有的名称、包装、装潢的不正当竞争行为的若干规定》第3条第1款，1995年7月6日颁布。

[2] 参见最高人民法院〔2010〕知行字第52号行政判决书。

保护，主要是出于维护已经形成的市场秩序的考虑。

例如，在湖北稻花香酒业有限公司诉被告商标评审委员会、第三人浙江稻花香食品有限公司商标争议行政纠纷案中，北京市第一中级人民法院一审及北京市高级人民法院再审均认为，“浙江稻花香食品有限公司的‘稻花香’商标经过长期使用，且已属于拥有良好信誉的商标，在相关公众中已经产生一定影响，并已形成了较为稳定的消费群体，故不宜将其予以撤销”。[1]

在拉科斯特股份有限公司诉新加坡鳄鱼国际机构私人有限公司、上海东方鳄鱼服饰有限公司北京分公司侵犯商标权纠纷一案[2]中，最高人民法院认为，从诉争标识和主张保护的商标在中国市场的使用及其实际共存的情况看，两者已拥有各自的消费群体，在市场上已形成客观的划分，已成为可区别的标识。

总之，2013年《商标法》之前，虽然在侵犯商标权案件中也有支持在先使用抗辩的，但主流观点仍以认定构成侵犯商标权为主，未明确善意的商标先用行为得以对抗注册商标权。

在安徽迎驾酒业股份有限公司与安徽双轮酒业有限责任公司侵害商标权纠纷案[3]中，迎驾公司以在先使用未注册商标为抗辩理由，但未得到法院支持。一审法院指出：根据《商标法》第十八条的规定，我国商标使用遵循的是“注册在先原则”，迎驾公司坚持“使用在先原则”的主张，没有法律依据，不予支持。最高人民法院二审判决予以维持。

最高人民法院在杭州山松工程机械销售有限公司（以下简称杭州山松公司）与山东源根石油化工有限公司（以下简称源根公司）、

---

[1] 参见北京市第一中级人民法院〔2009〕一中行初字第503号行政判决书；北京市高级人民法院〔2010〕高行再终第1号行政判决书。

[2] 参见最高人民法院〔2009〕民三终字第3号民事判决书。

[3] 参见最高人民法院〔2001〕民三终字第9号民事判决书。

济宁市瑞阳化工有限公司（以下简称瑞阳公司）侵犯商标专用权及商业诋毁申请再审案[1]中，也没有对先用行为抗辩的主张予以支持。最高人民法院认为，没有足够的证据证明在涉案商标申请注册之前，杭州山松公司的“小松”商标在中国润滑油领域已具有一定的知名度。源根公司自2008年以来，在对外宣传中称呼使用了涉案商标的商品为小松纯正油，以小松作为其显著识别部分，用于识别商品来源。涉案商标经过源根公司多年的使用和宣传在市场上具有相当知名度，已被商标局个案认定为驰名商标。在此情形下，杭州山松公司在网站、宣传手册和商标交易文书中，在同类产品上使用近似标识，指向该产品的来源，具有了识别商品来源的意义，属于商标使用，其行为构成了侵犯商标权。

在营口凯伦实业有限公司与铜陵市凯伦西餐厅侵害商标权申请再审案[2]中，最高人民法院判决认定不构成侵权，保护了在先商标使用人的利益。其理由是铜陵市凯伦西餐厅将“凯伦”作为企业字号登记使用，且作为商标使用于经营活动的时间均早于营口凯伦实业有限公司涉案商标的申请日。无证据证明铜陵市凯伦西餐厅具有复制和抄袭营口凯伦实业有限公司的涉案商标或者进行不正当竞争的主观恶意，铜陵市凯伦西餐厅在同类服务使用与涉案商标近似商标标识的行为并不构成侵权行为。因此，铜陵市凯伦西餐厅对商标“凯伦”的在先使用行为应给予保护。

通常而言，在我国商标权注册取得制度下，商标要获得保护，就应当及时尽早向商标行政授权确权机构申请注册，以获得法律的保护。虽然对未注册商标的使用未予以禁止，但未注册商标使用人应当知晓其使用是要承担风险。一旦相同或者近似商标被他人在相

---

[1] 参见最高人民法院在〔2012〕民申字第1504号民事判决书。

[2] 参见最高人民法院〔2013〕民申字第1202号民事裁定书。

同或者类似商品予以注册，其继续使用该商标则意味着要面临现实的商标侵权指控。商标注册固然需要支持和鼓励，但同时对于善意在先使用产生的合法权益也理应给予一定的保护。毕竟法律不应是僵化和死板的，而是一把有弹性的度量尺。公平和正义是度量尺上的刻度，是永恒的指引，是法律人持之以恒追求的价值目标。2011年12月16日出台的司法政策《关于充分发挥知识产权审判职能作用推动社会主义文化大发展大繁荣和促进经济自主协调发展若干问题的意见》中规定，妥善认定侵犯商标权抗辩，维护正当经营者的合法权益。侵犯商标权行为应以在商业标识意义上使用相同或者近似商标为条件。被诉侵权人为描述或者说明其产品或者服务的特点而善意合理地使用相同或者近似标识的，可以依法认定为正当使用。注册商标权人的注册商标属于复制、摹仿或者翻译他人未在中国注册的驰名商标、抢注被代理人或者被代表人的商标或者以不正当手段抢注他人已经使用并有一定影响的商标，被诉侵权的在先商标使用人以此为由提出抗辩的，应当予以支持。该司法政策明确提出正当使用抗辩和在先使用抗辩。但对在先使用抗辩仍特别限定于2001年商标法第十三条第一款[1]、第十五条[2]和第三十一条[3]恶意抢注他人商标的情形。对善意在先使用商标，可否以在先使用作为侵权之诉抗辩理由，仍未有明确的法律指引。如果仅因巧合，在先使用商标与他人在后申请注册商标构成使用在相同或者类似商品上的相同或者近似商标时，是否应对在先使用行为予以保护？如果保护，则注

---

[1] 2001年《商标法》第十三条第一款规定："就相同或者类似商品申请注册的商标是复制、摹仿或者翻译他人已经在中国注册的驰名商标，误导公众，致使该驰名商标注册人的利益可能受到损害的，不予注册并禁止使用"。

[2] 2001年《商标法》第十五条规定："未经授权，代理人或者代表人以自己的名义将被代理人或者被代表人的商标进行注册，被代理人或者被代表人提出异议的，不予注册并禁止使用"。

[3] 2001年《商标法》第三十一条规定："申请商标注册不得损害他人现有的在先权利，也不得以不正当手段抢先注册他人已经使用并有一定影响的商标"。

册商标权的地位如何？这不仅涉及商标在先使用人和在先注册人之间私权利的冲突，也是坚持商标注册制度与保护在先使用所产生民事权益之间的平衡，是维持业已形成的市场秩序及保护消费者信赖利益与防止给相关公众造成产品来源的混淆误认之间的权衡。虽然在一些司法判决中认定在先使用抗辩成立不构成侵权，但判决理由则莫衷一是，令人不免总有名不正而言不顺之感。2013年《商标法》第五十九条第三款的出台，明确规定了民事侵权程序中对商标先用行为给予保护的特定条件。需要明确的是，第五十九条第3款规定对商标先用行为的保护，是为了平衡商标在先使用人和注册商标专用权人之间的利益，保护那些已经在市场具有一定影响但未注册的商标注册人的权益。毕竟，其享有的仅是在原使用范围内继续使用的权利，并且还需应对方要求附加适当区别标识。因此，在先使用人并不享有真正意义的商标权。对应《商标法》第三十二条规定来衡量，可以看出该规定更多地体现了立法体系平衡。中国商标法仍坚持了商标权通过注册取得以及申请在先的基本原则。法律虽然给予在先使用的未注册商标一定的保护，但保护水准或者说保护的强度不宜过高，以免冲击到商标法的基本制度。[1]

（四）在先使用抗辩的构成要件

1. 商标相同或近似且使用的商品相同或类似

注册商标具有排斥相同类似商品上近似商标的法律权能，但是商标使用人善意的在先使用行为所产生的民事权益也应当受到法律保护。即使是将相同或近似商标使用在相同或者类似商品上，在符合法定条件时也不应当认定为侵权行为。

[1] 王超英，张辉．中华人民共和国商标法释义［M］．北京：中国工商出版社，2013：126.

（1）商标相同或者近似的判定

商标相同，是指被控侵权商标与原告的注册商标相比较，二者在形、音、义方面基本无差别。商标近似，是指被控侵权商标与原告的注册商标相比较，其各个构成元素及其整体在形、音、义等方面近似，易使相关公众对商品的来源产生误认或者认为其与原告注册商标之间有特定的联系。[1]“认定商标相同或者近似，按照以下原则进行：（一）以相关公众的一般注意力为标准；（二）既要进行对商标的整体比对，又要进行对商标主要部分的比对，比对应当在对对象隔离的状态下分别进行；（三）判断商标是否近似，应当考虑请求保护注册商标的显著性和知名度。”[2]

依据上述商标近似的判定标准，请求保护的在先商标的显著性和知名度是重要的考虑依据。

例如，在“长城”葡萄酒商标民事侵权案[3]中，法院认定涉案的“嘉裕长城及图”与“长城牌”商标的构成元素和整体外观具有一定的区别。但是在先注册商标“长城牌”通过长时间使用，已经获得良好的市场声誉，在葡萄酒产品领域具有较高的市场知名度，且曾经被认定为驰名商标。尽管“长城”在现代汉语中是一个现有词汇，有特定的含义，意指我国古代的军事工程万里长城。但在先注册商标“长城牌”因使用而获得了较强的显著性，其中“长城”文字通过使用获得了不同于其原意的第二含义，即作为其所标识产品的商标的特定含义，与其所标识的产品之间形成了对应，并为相关公众所熟知。从而也在同类产品市场中形成了对其他含有相同字样的商标较强的排斥

[1]《最高人民法院关于审理商标民事纠纷案件适用法律若干问题的解释》（法释〔2002〕32号），第九条。

[2]《最高人民法院关于审理商标民事纠纷案件适用法律若干问题的解释》（法释〔2002〕32号），第十条。

[3] 参见最高人民法院〔2005〕民三终字第5号民事判决书。

力，应当给予其较强的法律保护。据此，法院认定被控侵权商标“嘉裕长城及图”商标与在先注册商标“长城牌”构成近似。在先商标“长城牌”通过长期使用和宣传，在葡萄酒产品领域内获得较高的市场声誉，“长城”虽然是有特定含义的词汇，但是通过使用其显著性得以加强。侵权商标的构成文字完整地包含了在先的知名商标，使用在同类产品上极易使相关公众将其与在先商标“长城牌”联系起来，误以为系列商标，从而对产品的来源产生混淆误认。

上述案例说明，商标的近似性判定不是对商标标识近似的简单比较，而是一个既需要结合标识近似判定，又需要考虑个案法律事实，进行综合认定从而确定商标保护强度的法律问题。此外，除了考虑请求保护的在先商标自身的显著性及其实际使用的情况、市场知名度，还要考虑被控侵权商标的使用情况，以是否会给相关公众造成混淆误认作为最终判断标准。

“鳄鱼图形”商标民事侵权纠纷案[1]中，最高人民法院认为：该案中，（新加坡）鳄鱼国际机构私人有限公司（以下简称“鳄鱼国际公司”）使用的被诉标识鳄鱼图形与（法国）拉科斯特股份有限公司（以下简称“拉科斯特公司”）的系列注册商标相比，显示均为鳄鱼图形，具有一定的近似性，但细节的设计又有所不同。具体体现为新加坡鳄鱼系列商标中鳄鱼图形设计为头在左而尾在右；而在法国鳄鱼系列商标中鳄鱼图形设计为头在右而尾在左。

该案中，被控侵权人鳄鱼国际公司进入中国市场后，沿用其原使用商标，且在实际使用中也有意与诉争标识进行区分。双方商标在亚洲部分国家和地区通过长期持续的使用业已形成了共存的市场格局。在中国市场分别拥有各自稳定的消费渠道和固定的相关消费对象，形成客观稳定的市场格局划分。综合考虑上述事实因素，最

[1] 参见最高人民法院〔2009〕民三终字第3号民事判决书。

高人民法院认定被控侵权商标与请求保护的注册商标不构成侵权意义上的混淆性近似，被控侵权商标的使用不足以对拉科斯特公司请求保护的注册商标造成损害。

在上述案例中，最高人民法院指出，认定是否构成侵权意义上的近似商标，应当以是否造成市场混淆为标准。而往往个案中商标使用、市场混淆等重要事实涉及情况复杂，认定商标近似除通常要考虑其标识本身的近似程度外，还需要考虑个案具体情况，全面被诉侵权人的主观意图、涉案商标的使用历史和共存现状等相关因素，在此基础上认定是否构成侵权意义上的近似商标。

在“红河”商标民事侵权纠纷案[1]中，最高人民法院经审理后认定不构成侵犯商标权。理由是，主张保护的注册商标“红河”是县级以上行政区划名称和知名度较高的河流名称，作为商标使用，其固有显著性不强。且没有证据证明该商标经过使用获得了市场商誉或者取得了较强的显著性。而被控侵权的“红河红”商标，经过使用已经具有一定的市场知名度，形成了足以识别商品产品的显著特征，与注册商标“红河”可以相区别。并且，由于请求保护的“红河”商标尚未投入使用，并没有实际发挥标识产源的识别作用，相关消费者不会将被控侵权商标“红河红”与其相联系。此外，考虑到被控侵权人来自云南省红河州，因此其在商标中使用“红河”文字具有一定的合理性。从该商标的实际使用方式判断，被控侵权人主观上也不具有故意混淆的不正当意图。

对于商标侵权判定，涉案商标近似性的判断直接决定了对商标权保护范围。商标近似判定涉及多种复杂因素，并非单纯地对商标标识本身近似性的判断。换言之，商标近似是商标法意义上的近似，是法律概念，而非单纯的事实认定，是为了确定对商标权予以保护

[1] 参见最高人民法院〔2008〕民提字第52号民事判决书。

与否。为制止侵犯商标权，禁止市场混淆，只有构成混淆性近似，才能构成侵犯商标权判定中的近似，而不仅仅是商标各要素在事实上的近似。[1]

上述三个案例中关于商标相同或者近似的判断，都特别考虑了请求保护的在先商标的自身显著性、通过使用获得的市场知名度、被控侵权商标使用人是否有造成混淆的不正当意图、被控侵权商标是否已投入市场并形成了一定的市场秩序，以及为相关公众所区分等因素，而非简单地进行商标标识近似的判断。“长城”葡萄酒商标民事侵权案中，涉案商标的标识本身有一定的差异，但是在先商标的知名度高，曾被认定驰名商标予以保护，使其在葡萄酒相关市场中对于其他含有“长城”字样的商标具有较强的排斥力，应当给予强度较大的法律保护。因此，认定被控侵权商标“嘉裕长城及图”的使用极易给相关公众造成混淆误认。“鳄鱼图形”商标民事侵权纠纷案中，商标标识本身都是鳄鱼图形，但是双方诉争标识在亚洲部分国家和地区已经长期使用形成共存和使用的国际市场格局。两者在中国市场内已拥有各自的相关消费群体，在市场上均已形成客观的划分，已成为可区别的标识。消费者已经对新加坡鳄鱼和法国鳄鱼的区别形成了稳定认知。法院考虑到被控侵权人并无故意制造混淆的主观意图以及双方已经在相关市场上共存等因素，结合市场实际，进行了公平合理的判断。而“红河”商标民事侵权纠纷案中，请求保护的在先商标并未投入市场使用，而且商标本身的显著性较弱。此外，被控侵权商标则通过使用已经在相关公众获得一定的认知度，与在先商标足以相互区分，不致导致消费者的混淆误认。因此，对在先注册商标的保护强度也就相对较弱，并未认定被控侵权商标与其构成混淆性近似。

[1] 孔祥俊．商标法适用的基本问题［M］．增订版．北京：中国法制出版社，2014：90.

值得关注的还有中文商标与外文商标的近似判断问题。例如，在第4497942号“永恒印记”商标权争议再审行政诉讼案[1]中，最高人民法院认为：确定争议的中文商标“永恒印记”与引证的英文商标“FOREVERMARK”的近似性，需要考虑如下因素：相关公众对英文商标的认知水平和能力、中文商标与英文商标含义上的关联性或者对应性、引证商标自身的知名度和显著性、争议商标实际使用情况等。[2]最高人民法院更进一步指出，相关公众对英文商标的认知水平和能力涉及两个因素，一是我国相关公众对英文文字的认知水平，二是引证的英文商标词汇自身的常用性程度。而对于中文商标与英文商标含义上的关联性或者对应性程度。这种对应性和关联性可以从英译中和中译英两个角度进行考量。

近年来，随着从源头打击商标恶意抢注的措施和力度不断加强，商标抄袭式抢注得到了很好抑制。但另一方面商标抄袭行为也变得更为隐蔽，更为灵活，从完整抄袭到部分抄袭，获得注册后再结合使用，如图 3-1 所示的两组商标。

第 21120511 号　第 21120557 号　第 21120753 号　第 21119340 号

图 3-1　商标例图

[1] 参见最高人民法院〔2014〕知行字第 49 号再审行政裁定书。该案入选《最高人民法院知识产权案件年度报告（2014 年）》。

[2] 该裁判规则被北京市高级人民法院知识产权庭于 2019 年 4 月 24 日发布并执行的《北京市高级人民法院商标授权确权行政案件审理指南》所采纳。该《审理指南》第 15.8 条规定：“中文商标与外文商标的近似性判断，可以综合考虑以下因素：（1）相关公众对外文含义的认知程度；（2）中文商标与外文商标在含义、呼叫等方面的关联性或者对应性；（3）引证商标的显著性、知名度和使用方式；（4）诉争商标实际使用的情况。”

图 3-1 中的四枚商标均为同一家公司申请注册，其目的就是为了模仿（丹麦）诺和诺德公司注册并使用在医药制剂上的驰名商标“诺和诺德”与“NOVO NORDISK”商标，将中文商标和英文商标均进行了拆分申请，通过审查获得注册后再在市场中予以组合使用达到混淆市场消费者之目的。最后，经过无效宣告请求程序，权利人最终还是将上述恶意注册商标全部予以无效。[1]这也再次说明，商标近似判断不应是标志近似的客观认定，更是结合请求保护的商标的显著性和知名度，被诉方的使用和主观意图等因素的综合法律判断。

（2）商品相同或者类似的判定

商品类似的认定也具有较大的弹性，可以体现保护强弱的精神。[2]通常的原则是：以相关公众一般的认识为标准，结合商品的功能、用途、生产部门、销售渠道、消费对象等因素，或者服务的目的、内容、方式、对象等方面判定是否构成商标法意义上的商品或者服务类似。认定商品或者服务是否类似，应当以相关公众对商品或者服务的一般认识综合判断。[3]

相关公众认为商品或者服务在实际使用中具有较强关联性的，即使不属于《商标注册用商品和服务国际区分表》《类似商品和服务区分表》（下称区分表）中划分为同一类似群组的商品或者服务也有可能被认定为类似。例如，塑料原料和塑料制成品等上下游商品；纱线和纺织机械等产品及其加工设备；咖啡和咖啡店等产品和提供产品的相关服务；汽车润滑油和汽车上光蜡等可能在同一流通渠道

❶ 参见商评字〔2020〕第 212122 号关于第 21120511 号“诺和及图”商标无效宣告请求裁定书；商评字〔2020〕第 212119 号关于第 2119340 号“nordisk 及图”商标无效宣告请求裁定书。

❷ 孔祥俊 . 商标法适用的基本问题［M］. 增订版 . 北京：中国法制出版社，2014：94.

❸ 参见《最高人民法院关于审理商标民事纠纷案件适用法律若干问题的解释》（法释〔2002〕32 号）第十一条、第十二条规定。

购买到的功能用途接近的商品；电冰箱和洗衣机等销售渠道、消费对象、生产部门可能相同的商品等。商品或者服务类似的判定也是关系到商标保护的效力范围的法律问题。实践中，判定涉案商标所使用的商品或者服务是否具有关联性，也需要充分考虑主张保护的商标是否已经使用并具有一定市场知名度以及被控侵权人主观上是否具有不正当竞争的故意等因素，而非仅仅是对商品本身物理属性的判断。[1]

《商标注册用商品和服务国际区分表》《类似商品和服务区分表》系我国商标授权确权行政机关在履行商标注册申请、商标异议、无效宣告申请等商标授权确权案件的审理、审查行政职能时所使用的用来判定商品或者服务是否属于相同或者类似的审查指南。法院在商标行政和民事诉讼审判中，需要在个案中体现公平和正义的价值追求，更注重市场实际，侧重于从商品或者服务自身的物理属性及社会属性，即功能、用途、生产部门、销售渠道、消费对象等方面进行分析比较来确定是否构成类似。

例如，在刘元福诉北京市麻辣诱惑酒楼有限公司、国家工商行政管理总局商标评审委员会异议复审案[2]中，最高人民法院认定，被异议商标“麻辣诱惑 malayouhuo”，所指定使用的“咖啡、茶、糖果、谷类制品、面粉制品、调味品等”第 30 类商品，与引证商标“麻辣诱惑”指定使用的“快餐馆、饭馆、自助餐馆、餐馆等”第 43 类的服务构成类似。虽然引证商标核定使用的餐馆等服务与被异议商标指定使用的调味品商品属于不同类别，按照《类似商品和服务区分表》的划分不属于类似，但餐馆服务与调味品之间存在特定联系，餐馆经营活动中需要大量使用调味品，因此易使相关公众误认

[1] 参见《最高人民法院关于充分发挥知识产权审判职能作用推动社会主义文化大发展大繁荣和促进经济自主协调发展若干问题的意见》（法发〔2011〕18 号）第 20 条。

[2] 参见最高人民法院〔2014〕知行字第 17 号行政判决书。

为该调味品来源于该餐馆或者生产调味品的企业与该餐馆有一定关联关系，故判定构成类似。

再如上文提到的最高人民法院在关于第3130886号“SANTOPRENE”商标争议行政诉讼再审案[1]中认为，商品是否类似并非纯粹事实认定，更非科学上的物质分类，而是法律判断问题。商品类似的判断以商品的物理化学属性为基础，主要关注商品的社会属性方面的关联性，即商品之间在功能、用途、生产部门、销售渠道、消费群体等方面是否相同或者存在关联性。

可见，司法实践中对类似商品的判断是综合考虑商品自身的物理属性，并最终立足于对商标保护范围确定的法律问题。对商标近似性和商品类似性的判定纳入知名度、主观恶意等因素进行综合考量，充分体现了商标权利范围的延展性，即商标权的弹力性。

2. 在先使用

以使用来对抗注册商标权，必须是在先使用。注册商标权作为法定权利，要与之对抗，需要以通过使用所产生的在先民事权益为基础。在他人已经获得商标注册之后，仍无视其存在，在相同或者类似商品上使用与注册商标相同或近似商标的，不能主张法律保护。即使因使用和宣传而扩大了相关商标的知名度，也不能产生知名商品特有名称等权利，否则会冲击商标注册的基本制度。因此，在先使用是未注册商标获得保护的必备要件之一。

根据商标法相关规定，商标的注册申请程序至少要经过两次公告。第一次为商标申请通过审查程序后的初步审定公告，公告期为三个月，在公告期内他人可依法对初审公告的商标申请提出异议。第二次为商标的注册公告，即在初审公告期满没有被他人提出异议的，商标申请最终获得注册，商标局对其进行注册公告。公告有公

[1] 参见最高人民法院〔2014〕行提字第29号行政判决书。

示的效果，是对社会公众公开的信息。因此，在商标经历了申请注册程序后，可以推定其注册的事实已经为公众所知晓。

在商标注册之后才开始在相同或者类似商品上使用与他人在先注册商标相同或者近似商标的行为，可推定为在明知他人注册商标情况下的商标使用，是非善意的。因此，该种在后的商标使用行为无法产生受法律保护的民事权益。

至于在先使用的时间点，《商标法》第五十九条第三款表述为，“商标注册人申请商标注册前，他人已经在同一种商品或者类似商品上先于商标注册人使用……”。该条款事实上涉及两个时间点：其一为注册商标的申请日前，其二为先于商标注册人使用。这是否意味着对在先使用的确定需要满足两个在先的时间点呢？

2001 年《商标法》第三十一条及 2013 年修正的《商标法》第三十二条关于禁止抢先注册他人在先使用商标的规定，均指的是在商标的申请日之前的在先使用，而并未同时要求在商标申请人使用该商标的时间之前的在先使用。如果从法条之间的内在逻辑性和一致性分析，第五十九条第三款所规定的在先使用也应当仅要求是在注册商标的申请注册日之前的使用。但是，如果注册商标已经投入使用，且开始使用的时间早于主张先用保护的未注册商标，则应认为先用行为不能成立。

值得一提的是，商标注册申请日和商标的授权注册日是不同的。通常商标注册日晚于商标申请日一年多，即商标局审查时间再加上初审公告三个月。在商标申请提交时，商标局不会向社会进行公告，只有在通过了审查程序，才会被认为符合商标法关于注册之各项规定而准予初审公告。经过公告的商标，在公告期内未被他人提出异议的，最终得以授权注册。根据目前法律规定商标注册申请的法定审查期限为九个月[1]，加上初审公告后的三个月公告期，商标注册人提交申请之后，从其申请日开始计算，一般需要九至十二个月的时间。商标使用人在这一时期的使用，依据第五十九条第3款的规定是不能获得先用行为保护的。

此外，如果商标权人在同一类别不同商品上有多个不同时期注册商标、商标群，如何确定时间点。例如，在卢宜坚等与安徽采蝶轩蛋糕集团有限公司商标权侵权纠纷一案[2]中，原告方享有在分别在第30、42、43类商品和服务上注册的8枚“采蝶轩”注册商标，其中两枚注册在2000年前，6枚注册在2000年后。前两枚商标核定使用的商品为第30类的“咖啡；茶；各种调味酱等”商品；以及第43类的“餐馆；快餐馆；咖啡馆等”服务。后六枚商标核定使用的商品及服务包括第30类的“糖果；糕点等”；第30类的“咖啡；茶饮料；调味酱等”；第30类的“咖啡；茶饮料；调味酱等”；第43类的“面包店；餐馆；酒吧等”；第30类的“咖啡；糖果；调味酱等”。被诉侵权方成立于2000年5月，成立后即使用“采蝶轩”字号，持续进行面包、蛋糕等食品的生产、销售，并在店招以及产品包装上有“采蝶轩”（主要识别部分）字样。原告基于其8件注册商标起诉至法院，请求认定侵犯商标权及不正当竞争。

一审法院和二审法院均排除了原告2000年前注册的两件商标，认为与被告使用的商标不构成近似，或者核定商品与被告使用商品不属于相同或者类似的注册商标，因此仅认定2000年以后取得的6件商标核定的商品和服务与本案有关。基于此，原审法院认定原告商标最早注册于2000年11月，晚于被告安徽采蝶轩集团公司的前身合肥采蝶轩公司成立的2000年6月8日，并认定相对于该案原告

[1] 《商标法》第二十八条规定：“对申请注册的商标，商标局应当自收到商标注册申请文件之日起九个月内审查完毕，符合本法有关规定的，予以初步审定公告。”

[2] 参见最高人民法院〔2015〕民提字第38号再审民事判决书。

取得涉案商品商标权而言，被告将“采蝶轩”标识作为非注册商标使用在先。在再审程序中，最高人民法院认为原审法院认定面包与咖啡不属于类似商品，面包店与咖啡店不属于类似服务并排除原告的两件商标是适用法律错误并予以纠正。最高人民法院指出，被原审法院排除的第1344787号和第1328994号注册商标的申请日分别是1998年7月3日和1998年7月6日，这两个注册商标的申请日均早于被告的前身成立的日期，因此被告对于被控侵权标识的使用至少晚于原告两个注册商标的申请日。在同时考虑到被告的使用情况在其他6件商标申请日前“难言具有一定影响”，最高人民法院最终否定了被告具有在先使用的权利。

由上述案例可见，在存在多个注册商标的情况下，应当以使用在相同或者类似商品/服务上的商标或者近似商标的申请注册时间为判定在先使用的时间节点。如果存在多个相关商标注册时，应当以最为近似的使用在相同或者类似商品上的商标的注册申请日为先用权的时间节点为宜。

此外，另有典型案例认为，被诉侵权商标使用人虽晚于商标注册人使用但使用系善意的亦可成立在先使用抗辩。在北京中创东方教育科技有限公司与北京市启航世纪科技发展有限公司、北京市海淀区启航考试培训学校侵害商标权纠纷二审民事判决[1]中，法院认为：在《商标法》第五十九条第三款的适用中，虽然从字面含义上，在先使用行为应早于商标注册人对商标的使用行为，但是因该要求的实质是要通过这个要件排除在先使用人具有恶意的情形，故在把握该要件时应把在先使用是否出于善意作为重要的考量因素，而不应拘泥于条款本身关于时间点先后的字面用语。“在先善意地在同一种或类似商品或服务上使用与他人注册商标相同或相近似并有一定

[1] 参见北京知识产权法院〔2015〕京知民终字第588号民事判决书。

影响的商标，在先使用人有权在原有范围内继续使用该商标，而不应被认定为侵犯他人注册商标专用权。”[1]具体而言，并非只要商标注册人早于在先使用人对商标进行了使用便当然认定先用权抗辩不成立。如商标注册人虽存在在先使用行为，但在先使用人对此并不知晓，且亦无其他证据证明在先使用人存在明知或应知商标注册人对注册商标的“申请意图”却仍在同一种或类似商品或服务上使用相同或相近似的商标等其他恶意情形的，则不能仅因商标注册人具有在先使用行为而否认先用抗辩的成立。

3. 商标法意义上的使用

关于何谓商标的使用，2001 年的商标法中没有定义，但在实施条例中以列举的方式规定：“商标的使用包括将商标用于商品、商品包装或者容器以及商品交易文书上，或者将商标用于广告宣传、展览以及其他商业活动中。”[2]

2013 年商标法对商标使用进行了明文规定，即“商标使用包括将商标用于商品、商品包装或者容器以及商品交易文书上，或者将商标用于广告宣传、展览以及其他商业活动中，用于识别商品来源的行为。”[3]在此特别加上“用于识别商品来源的行为”的表述，突出了商标识别性的本质属性。只有发挥了识别商品来源的使用才构成商标法意义上的商标使用。先用抗辩中的在先使用，当然也应该是构成商标法意义上可识别商品来源的使用。国家知识产权局于 2020

[1] 郎胜 . 中华人民共和国商标法释义［M］. 北京：法律出版社，2013：113.

[2] 2001 年《商标法实施条例》第 3 条规定：“商标法和本条例所称商标的使用，包括将商标用于商品、商品包装或者容易以及商品交易文书上，或者将商标用于广告宣传、展览以及其他商业活动中。”

[3] 2013 年《商标法》第 48 条规定：“本法所称商标的使用，是指将商标用于商品、商品包装或者容器以及商品交易文书上，或者将商标用于广告宣传、展览以及其他商业活动中，用于识别商品来源的行为。”

年6月17日颁布实施的《商标侵权判断标准》[1]对商品商标和服务商标的具体使用形式，以及商标用于广告宣传、展览以及其他商业活动中的具体表现形式做了明确的规定和说明，在实践中是很好的操作指引。

总体而言，确定是否构成商标法意义上的使用，需要考虑以下几个方面。

（1）使用地域

由于商标权保护的地域性和独立性原则，商标使用行为是指在中国大陆的使用行为，通常不包括香港、澳门和台湾地区。

在株式会社良品计画异议复审再审案[2]中，最高人民法院认为："异议人株式会社良品计画提交的证据只能证明'无印良品'商标在日本、中国香港地区等地宣传使用的情况及委托中国大陆境内厂家生产加工商品供出口的事实。由于良品计画所有的使用和宣传行为均发生在中国大陆境外，因此不能认为属于《商标法》第三十一条规定的'已经使用并有一定影响的商标'。"

（2）识别商品来源的使用

商标是一种识别性标识，因此商标权本质是一种标识性权利，即一种用来识别商品或服务来源的权利。未注册商标受法律保护的前提必须是已实际具有识别作用。因此，只有发挥了识别商品来源作用的商标使用才能构成商标法意义上的使用。

在西南药业股份有限公司诉拜耳消费者护理有限公司等商标行政纠纷再审案[3]中，最高人民法院认为：罗氏公司在与西南药业公司合作期间，在合作生产的"散利痛片"上对"散利痛"的使用，是

---

[1] 参见《商标侵权判断标准》（国知发保字〔2020〕23号）第四条、第五条、第六条规定。

[2] 参见最高人民法院〔2012〕行提字第2号行政判决书。

[3] 参见最高人民法院〔2009〕行提字第1号行政判决书。

对药品通用名称的标注，即表示的是药品的种类，而并非表示不同药品的提供商，即用于区分商品来源的商标标识的使用，因此其对“散利痛”字样的使用不属于商标法意义上的商标使用。

在路易威登马利蒂公司诉上海鑫贵房地产开发有限公司等商标侵权和不正当竞争纠纷案[1]中，虽然被告所使用的楼盘宣传户外广告中有模特手提标有“LV”图案的手提包画面，但是消费者并不会因此对该广告所宣传楼盘的来源产生误认。法院认为，广告中的“LV”图案的使用并非商标标识性的使用，因其并未起到了对被告的楼盘的来源起到标识作用。广告中之所以出现“LV”图案，只是广告中模特手持道具的一部分，既未单独出现，也未与经营者的名称、广告语等标识商品来源的文字连用。因此，该“LV”图案对广告商品没有商标性标识作用。消费者不会因为广告画面中模特手持“LV”图案的手提包而认为该楼盘的开发商是原告或者与之存在利益关系，即不会因为该广告而对该楼盘的来源产生混淆。因此，原告指控被告构成侵犯商标权没有依据。

另外一件关于是否构成商标法意义上的商标使用的典型案例是辉瑞制药有限公司（以下简称辉瑞制药公司）、辉瑞产品有限公司（以下简称辉瑞公司）与江苏联环药业股份有限公司（以下简称联环公司）侵害商标权纠纷再审民事案件（VIAGRA 商标案）。[2]辉瑞公司 2003 年注册指定颜色的菱形立体商标（见下图 3-2 左），商品为第 5 类医药制剂。因为该药品的特殊物性，需要被密封在不透明的包装盒内，原告注册商标“VIAGRA”同时被使用在药品的外包装盒。被告生产的药片也是蓝色的菱形状，其包装方式与原告的药品相同，也是密封在不透明的包装盒内，在包装盒上使用的商标为其

[1] 参见上海市第二中级人民法院〔2004〕沪二中民五知初字第 242 号民事判决书。

[2] 参见最高人民法院〔2009〕民申字第 268 号民事裁定书。

自行注册的“伟哥”商标。

图 3-2　VIAGRA 商标图

一审判决认为，主张保护的立体商标与被控侵权产品的构成要素都是菱形和蓝色。相关公众以一般注意力不易区分，构成近似标识。尽管包装于不透明的包装盒中，但商标的功能和价值不仅体现在销售环节中区分不同的生产者，还体现于生产者的信誉和商标商誉，相关公众看到了构成要素基本相同的被控侵权商品会认为其与原告的商品存在联系进而误认。二审判决则认为，销售时消费者一般只能看到包装盒上使用的商标文字，即“VIAGRA”和“伟哥”，以及不同的生产厂家，这些足以起到区分作用。密封包装上的菱形突出和土黄色的菱形衬底并不是消费者据此识别的主要元素，因此认定不会混淆和误认，未构成侵权。最高人民法院再审认为，被告生产的被控侵权产品包装上的菱形突起以及包装盒上“伟哥”两字的土黄色的菱形图案衬底，都不足以起到区别商品来源的作用，消费者在购买药品时也不能据此识别药片的外部形态。因此，不能认定为商标意义上的使用，进而也未构成使用相同或者近似商标的行为。

由上述案例可知，是否构成商标法意义上的商标使用行为，对于界定商标权范围和认定侵犯商标权行为具有重要意义。[1] 商标在先使用的事实认定，最主要是要看所举证的证据是否能够证明在先

[1] 孔祥俊．商标法适用的基本问题［M］．增订版．北京：中国法制出版社，2014：79.

使用行为确实在实际市场环境下起到了区分商品来源的作用，从而在消费者和在先使用商标之间建立了联系，形成了有效的实际识别作用。

（3）主动使用

如前所述，未注册商标若想获得法律保护，其前提是必须已具有识别作用，而不仅仅是具有识别商品或者服务来源的显著性或可能性。也就是说，未注册商标必须经过使用，并且应是权利人的主动使用，确实发挥识别商品或者服务来源的作用，才可能获得法律的保护。他人对商品的指称行为并不当然使该被指称者享有商标权利。只有在本人具有享有权利的意图和使用行为时，才会创设权利。[1]

例如，在辉瑞有限公司（以下简称辉瑞公司）、辉瑞制药有限公司（以下简称辉瑞制药公司）与江苏联环药业股份有限公司（简称联环公司）等不正当竞争、侵犯未注册驰名商标权纠纷一案[2]中，辉瑞公司等主张被控侵权商标“伟哥”是其“Viagra”（万艾可）产品的未注册驰名商标，依据的是多份媒体报道将辉瑞公司生产药品的英文品牌“Viagra”音译称为“伟哥”。但辉瑞公司曾声明“万艾可”为“Viagra”的正式对应中文商标，并承认在中国内地未使用过“伟哥”商标。最终，最高人民法院未支持辉瑞公司的主张。最高人民法院认为，虽然媒体在宣传中将“Viagra”称为“伟哥”，但是这并不是辉瑞公司自己对“伟哥”作为商标标识的使用，不能反映辉瑞公司当时有将“伟哥”作为商标使用的真实意思，故不能主张基于使用对“伟哥”所享有的权利。

无独有偶，在索尼爱立信移动通信产品（中国）有限公司（以下简称索尼爱立信公司）与被申请人国家工商行政管理总局商标评

[1] 孔祥俊．商标法适用的基本问题［M］．增订版．北京：中国法制出版社，2014：137.

[2] 参见最高人民法院〔2009〕民申字第 312 号民事裁定书。

审委员会、第三人刘建佳的商标争议行政纠纷案[1]中，索尼爱立信公司依据《商标法》第三十一条的规定，主张“索爱”为其在先使用具有一定影响的未注册商标并请求保护。其主张保护的理由是：在争议商标申请注册之前，多家网站上有关于“索爱手机”以及其他“索爱”电子产品的报道和评论，且在这些报道和评论中，产品生产商指向“索尼爱立信通讯公司”或者“索尼爱立信公司”。但在争议商标申请日前，其并未在中国大陆生产和销售手机，也并不认同媒体报道中将其简称为“索爱”或者将其生产的手机称为“索爱手机”。

该案的判决结果一波三折。一审法院认为，媒体关于“索爱”的报道证明，该文字已经具有区分不同商品来源的作用，所产生的使用效果和影响及于索尼爱立信公司，可视为后者的使用。二审法院则认为，被抢注的商标是指他人已经使用并有一定影响的商标。由于索尼爱立信公司并未实施商标使用行为，即“将商标用于商品、商品包装或者容器以及商品交易文书上，或者将商标用于广告宣传、展览以及其他商业活动中”。最高人民法院再审认为，依据2001年《商标法》第三十一条主张保护的未注册商标，主张权利的人必须有实际使用的主观意图，并在被争议商标申请注册之日前实施了实际使用的行为。并且，通过对该未注册商标的使用在相关公众中产生一定影响，具有一定市场知名度，实际发挥了区分商品来源的作用。媒体报道中对该文字的使用，并非权利主张人所实施的主动使用行为，因此不能视为商标使用。

商标使用人通过投入大量金钱、宣传和使用等成本，将未注册商标用于商品或者服务，并投入流通领域，使得该未注册商标在市场中实际发挥了商标区分商品或者服务来源的识别性功能，成为社

[1] 参见最高人民法院〔2010〕知行字第48号驳回再审申请通知书。

会公众所知晓指向特定商品或者服务的区别性标识。对使用人所付出的主动劳动所产生的经济和社会效应，法律给予保护体现了公平和正义的价值追求。社会上被动的媒体报道并未体现这种主动劳动的投入，所产生的社会影响和效果自然不能理所当然地归属于权利主张人。

（4）合法使用

商标使用是将商标用于商品或者服务的生产、销售、经销等商业活动，或者用于宣传、广告，用于识别商品来源的行为。商标法中有多个条款涉及商标使用的规定，包括第十三条规定的商标达到驰名程度的使用，第三十二条规定的具有一定影响的商标使用，第十五条第二款规定的通过合同和业务往来知悉的在先使用，第四十九条第二款规定的维持商标注册有效的使用，以及第五十九条第三款的先用抗辩，其中内涵并不完全相同。例如，上述案例中涉及的第三十二条在先使用制度是给予已使用并有一定影响的未注册商标以制止他人抢注的保护，是在注册制度之外提供特别的保护，是对权利确认的一种方式，因此对使用的要求相对较高。不仅要求权利主体有将标识作为商标使用并将自己视为权利主体的主观意愿，而且必须产生了商标权益，即在相关公众中建立起联系，否则原则上不予保护。但是，《商标法》第四十九条第二款规定的连续三年停止使用撤销制度中的商标使用并非产生权利的使用，而是在权利既存的基础上，通过激活商标的使用来维持商标的注册权利。基于该立法目的下的商标使用要求显然不同于产生权利的使用要求，并不要求在相关公众建立起联系，是最低限度的使用要求。[1]

[1] 周云川. 商标授权确权诉讼：规则与判例［M］. 北京：法律出版社，2014：429.

在维持商标秩序稳定的立法精神指引下[1]，撤销三年停止使用商标案中，维持商标权利的使用要求是最低限度的使用，只要是商标注册人在中国大陆进行的公开的、真实的、合法的商业使用，即可维持商标注册有效。而所谓的合法使用，是指商标使用行为本身不违反国家商标法律强制性、禁止性规定就可认定商标使用行为合法。关于商标的合法使用问题，一直颇有争议。最高人民法院在“卡斯特”商标撤销复审再审案[2]中对该问题予以澄清。

争议商标为指定使用在第33类“果酒（含酒精）”等商品上的“卡斯特”商标。商标权人主张商标被许可人从国外进口葡萄酒后在国内销售，已经实际使用了注册商标，撤销申请人认为，被许可人没有进口、销售葡萄酒的许可证，属于违法使用。对此北京市第一中级人民法院认为，在《商标法》第六章商标使用管理中关于“三年不使用”问题的第四十四条第（四）项所要解决的根本问题是商标是否在使用，而不是如何使用。商评委在审查“卡斯特”商标是否“三年不使用”的过程中，适用其他行政管理领域的规范性文件对被许可人销售“卡斯特”葡萄酒的行为是否违法违规直接予以认定并加以制裁，超出了其行政职能的范畴。[3]

北京市高级人民法院维持了一审判决。撤销申请人不服向最高人民法院申请再审。最高人民法院再审认为，商标法对商标使用的要求是在商业活动中公开、真实的使用行为，审查的是注册商标的使用行为本身是否违反商标法律规定。而对于商标使用是否违反其他法律的规定，不属于审理注册商标是否违反《商标法》第四十四

---

❶ 《最高人民法院关于审理商标授权确权行政案件若干问题的意见》（法发〔2010〕12号）第20条规定：“人民法院审理涉及撤销连续三年停止使用的注册商标的行政案件时，应当根据商标法有关规定的立法精神，正确判断所涉行为是否构成实际使用。”

❷ 参见最高人民法院〔2010〕知行字第55号行政判决书。

❸ 参见北京市第一中级人民法院〔2008〕一中知行初字第40号行政判决书。

条所要考虑的问题。用于对抗注册商标权的在先使用，需要达到一定的市场知名度。

4. 有一定影响

商标的市场影响，即知名度，是指该商标为相关公众知晓的程度。通常理解，按照商标的知名度高低和市场影响的大小可以划分为：不为相关公众所知悉的普通商标、为相关公众所知悉的具有一定影响的商标以及为相关公众熟知的驰名商标。❶

目前实践中，如何认定某商标是否具有一定影响或者为公众所知悉，通常参考以下因素：使用该商标的商品在同类产品市场中所占的市场份额、销售区域大小、利税多少等经济指标；该商标持续使用的时间的长短；该商标产品进行广告宣传的广度和深度及其费用支出；该商标曾被作为驰名商标受保护的记录，包括认定为驰名商标予以保护的异议裁定、争议裁定、行政处罚决定书、侵犯商标权判决等。其中，商标使用的时间长短、行业排名、广告宣传以及是否曾被认定为著名商标等证据是认定驰名商标的重要事实基础。

《商标法》第五十九条第三款所规定的“一定影响”明显应当低于对于驰名商标市场声誉的要求。通常来说，只需部分地区相关公众知晓即可，并不要求在全国范围内相关公众知悉。但是，商标先用权保护所要求的“一定影响”，其对在先使用深度和广度的要求，与第三十二条规定的不得以不正当手段抢先注册他人已经使用并有一定影响商标的“一定影响”是否一致呢？本书认为，《商标法》第三十二条的在先使用并有一定影响是在商标授权确权程序中主张在先使用商标权，第五十九条第三款是在侵犯商标权诉讼中以商标先用行为对抗注册商标权，二者适用的程序不同，但是都是经由在先

❶ 2013 年《商标法》第十三条第一款规定：“为相关公众所熟知的商标，持有人认为其权利受到侵害时，可以依照本法规定请求驰名商标保护。”

使用而获得一定影响，在文字表述上完全一致，实践上应可以相互借鉴。

从概念上看，第三十二条的“有一定影响”在范围上强调“一定”，并未要求“广泛”；在属性上要求的是“影响”，而非“声誉”等。因此总体上，只需部分相关公众知晓即可，并不要求全国地域内的相关公众知悉，或者要求具有较高知名度或美誉度。从实践上来看，对于“有一定影响”的认定标准总体上把握恰当，在先商标权人举出证据证明在先商标有一定的持续使用时间、区域、销售量或者广告宣传等，法院通常就认定其具有一定影响。尤其是近年来，政策导向上强调遏制恶意非法抢注，用足用好法律规定，尤其是严格控制《商标法》第四十一条“不正当手段”条款的适用后，实践中针对特定的情形，更是降低了“有一定影响”的把握标准。❶

在太洋电机产业株式会社与中华人民共和国国家工商行政管理总局商标评审委员会商标异议复审行政纠纷上诉案❷中，北京高院认为：太洋株式会社提供的在案证据能够证明其在被异议商标申请注册日前向中国大陆进口了一定数量的使用“goot”商标的钳子、镊子、螺丝刀等商品，可以认定太洋株式会社在中国国内在与手锯（手工具）、扳手（手工具）、螺丝扳手（手工具）等类似的商品上在先使用了“goot”等商标。“goot”为臆造词，被异议商标所使用的“goot”文字及其外观与太洋株式会社在先使用的“goot”“goot 及图”的文字、外观极为近似，被异议商标申请注册人再丰公司与太洋株式会社的进口商同为广东省从事五金工具行业的企业，再丰公司也没有提供其使用过被异议商标的证据，故再丰公司应当知道太洋株式会社在先于类似商品上使用“goot”商标的事实，在此情况下应从

❶ 周云川．商标授权确权诉讼：规则与判例［M］．北京：法律出版社，2014：402.

❷ 参见北京市高级人民法院〔2011〕高行终字第135号行政判决书。

严掌握商标授权确权标准，认定被异议商标的注册违反了《商标法》第三十一条的相关规定，不应被核准注册。

该案中，法院考虑到引证商标自身显著性较强，而被异议商标与之高度近似，且为同业人士等原因，弹性适用了在先使用并获得“一定影响”的判定标准，即从严掌握商标授权确权标准。确实，商标申请人的恶意与在先使用商标的市场知名度往往联动性较强，相辅相成并可相互印证。在商标审查及司法实践中，对《商标法》第三十二条规定的“一定影响”把握上总体弹性较强，可以在综合考虑商标的独创性、近似度和被异议人的主观恶意等各方面因素的基础上，适当降低对通过使用获得一定影响的要求。

那么，商标先用行为保护所要求的在先商标的“一定影响”是否可以采用同一标准呢？首先，从先用权保护的立法宗旨看，是为了保护在先使用人的合法权益，是对在先使用权和注册商标权利人的一个利益平衡，也是对市场现有秩序及现有社会关系的维系。因此，为了在个案中实现公平正义的价值观，对“一定影响”的标准显然也不宜做一刀切的要求，也应当是有弹性的。

特别是，如果有证据证明注册商标是对他人商标的恶意抢注的，对在先使用人的关于使用获得一定影响的举证要求则不宜过高。此时，利益的天平应当向诚信的商标先用行为人予以倾斜。但是，如何处理因偶然因素而使用了相同或者近似商标，在各自的市场诚信经营形成一定规模，且获得一定市场声誉的情形？本书认为，以在先使用的未注册商标对抗他人合法注册并持续使用的注册商标，应要求其具有一定影响或者较高的知名度才有给予保护的必要。在上文中提到的“采蝶轩”案，最高人民法院在再审判决中也持相同观点，指出“即使如原审法院所认定的前述两个注册商标与被控侵权标识不构成类似商品和服务，也即不考虑前述两个注册商标对在先使用判断的影响，在第3422492号“”注册商标的申请日，即2002年12月31日前，采蝶轩集团公司当时只有5家门店，且2003年的销售额只有7.58万元，也难言具有一定影响。”

（五）在先使用抗辩的限制

1. 仅在原使用范围内继续使用

对商标先用行为的保护是基于利益平衡的原则，对在先使用人因在先使用所产生的商品声誉和市场影响予以保护，并作为侵权抗辩，是对在先使用人与注册商标权利人的利益平衡。可想而知，对商标在先使用所产生的民事权益仅限于在先使用所涉及的商品和服务范围。如果保护的范围超越原有使用范围，则会损害商标注册人利益，不符合利益平衡原则。[1]基于这种理论，我国《商标法》第五十九条第三款明确将商标的先用行为仅限于原有范围内。这包括两层含义：商标先用行为人可以在其原有范围内继续使用其商标，商标注册人无权禁止；如果先用权人的使用超出了原有范围，则有需承担侵权责任的可能。

何谓“原有范围”？是指所使用的商品或者服务的范围，还是指原使用的地域范围，抑或其他概念下的范围？目前，《商标法》和《商标法实施条例》中对商标先用权的原有范围尚未有明确的定义和解释。比较我国《专利法》第六十九条[2]先用权人在“原有范围”内实施先用权的规定。《专利权纠纷案件司法解释》第十五条第三款规定：“专利法第六十九条第（二）项规定的原有范围，包括专利申请

[1] 曹新明．商标先用权研究——兼论我国《商标法》第三修正案［J］．法治研究，2014（09）：16.

[2] 《专利法》第六十九条第一款第二项规定：“在专利申请日前已经制造相同产品、使用相同方法或者已经作好制造、使用的必要准备，并且仅在原有范围内继续制造、使用的不视为侵犯权利权。”

日前已有的生产规模以及利用已有的生产设备或者根据已有的生产准备可以达到的生产规模。”这种以原有生产规模和生产设备为原有范围的规定看似限制了企业的发展[1]，但先用权仅是对善意在先使用行为的有限保护，不是与专利权相平行的一项独立的权利。是对目前已经形成市场秩序的保护，为了体现公平和秩序的价值取向。如果不限其发展，则会导致改变现有的市场格局和社会关系的结果，即与先用权保护的初衷不符。

同样的，设立商标先用行为保护的目的是平衡商标在先使用人和注册商标专用权人之间的利益，保护那些已经在市场上具有一定影响但未注册的商标所有人的权益。是对诚实信用和公平原则的尊重和具体体现。毋庸置疑，我国仍然以商标注册制度为主，虽然法律上有必要给予在先使用的未注册商标一定的保护，但保护水准不宜过高，以免冲击到注册制这一商标管理中的基本制度。[2]

因此，对商标先用行为的保护限制在原有范围之内，不仅是商品或者服务的使用范围保持不变，也不应当允许其扩大使用的地域范围。否则，不仅会损害到注册商标权利人的合法权益，也会对相关公众造成可能的混淆误认。

借鉴国家工商行政管理总局商标局 1994 年发布的《关于服务商标继续使用问题的通知》[3]，本书认为，使用范围的限制可以从以下几方面考虑：一是只应在原有的商品或服务上使用，不得扩大使用的商品种类和范围，不得扩大到在类似的商品或服务上使用；二是不得改变原来使用商标的图形、文字、色彩、结构、书写方式的内

[1] 张黎明．专利法上先用权的比较研究［D］．上海：华东政法大学，2012.

[2] 王超英，张辉．中华人民共和国商标法释义［M］．北京：中国工商出版社，2013：126.

[3] 《关于服务商标继续使用问题的通知》国家工商行政管理总局商标局 1994 年 8 月 12 日发布，已废止。

容，但以同他人注册商标相区别为目的而进行的改变除外；[1]三是借鉴专利法中先用权限制的规定，商标先用人只能在原有生产规模和销售区域内使用，不可进一步拓展市场规模和使用地域，以免挤压并侵占商标权人的市场利益。实践中，如何去把握此点还需要进一步研究。

2. 附加适当的区别标识

允许商标先用人在相同或者类似商品上继续使用与注册商标相同或者近似的标识，是为了防止在相关公众产生商品来源的混淆，也是为了保护注册商标权人利益，商标权人可要求先用权人附加适当区别的标识，以区别来源于不同的生产厂家。何为适当的区别标识，按通常理解，可以是不同的包装、企业的字号或者名称、产地等足以增强区别性的标识。例如，上述《通知》规定，针对服务商标的继续使用人，如果与注册人的使用发生实际混淆，造成消费者误认的，要求先用人应“增加地理名称标志”，以便于与注册人使用的服务商标相区别。

3. 商标先用人的善意使用

虽然《商标法》第五十九条第三款并没有关于使用正当性的规定，即要求在先使用人的使用应为善意，而非出于不正当竞争目的。但诚实信用原则作为商标注册及使用的基本原则贯穿于商标法始终，对先用行为的规制也概莫能免。这里的善意应当包含两层意思，一是在先使用人开始使用其商标时并不知晓也不可能知晓他人之后会在相同或者类似商品上申请注册与其使用的商标相同或者近似的标识；二是在他人获得相同或者近似标识的注册后，在先使用人善意

[1] 《关于服务商标继续使用问题的通知》：三、服务商标继续使用时，使用人须遵守下列规定：1. 不得扩大该服务商标的使用地域；2. 不得增加该服务商标使用的服务项目；3. 不得改变该服务商标的图形、文字、色彩、结构、书写方式等内容，但以同他人注册的服务商标相区别为目的而进行的改变除外。

地持续使用其在先商标，并无不正当竞争的目的，也不得故意在使用中制造混淆。或者是，为了争夺市场突出使用相同或者近似的标识，从而造成了和注册商标的商品来源产生混淆。否则，即可认为在先使用人的使用由主观善意变为恶意，此时即无保护先用行为的必要，反可认定构成侵犯商标权。

4. 先用商标转让及许可的限制

商标在先使用权制度是对在先使用商标和注册商标既存状态的确认。如果允许在先使用人授权或者单独转让其使用权则有可能会破坏此种既存状态，也会改变先使用权人和商标注册人之间稳定的竞争关系，进而影响到注册专用权的行使。

在以注册制为根基的商标保护制度下，商标在先使用权只是商标侵权之诉的抗辩事由，是对在先使用权人利益的平衡。法律虽然给予在先使用权一定的保护，但是不等同于注册商标权，也不具有完整的商标权权能。商标先用行为人并不享有单独转让、许可他人使用商标的权利，但在继承关系或者企业发生分立或合并时，出于维系现存社会关系的目的，本书认为应当允许在先使用权的一并移转。但是如果允许在先使用商标独立转让和许可他人使用，则会改变其与他人注册商标权已经形成的市场格局，破坏了已经形成既存状态，这与创设先用权立法保护的初衷是相悖的。

专利法领域内，对专利先用权的移转也有类似规定。参照《最高人民法院关于审理侵犯专利权纠纷案件应用法律若干问题的解释》[1]的规定，先用行为抗辩具有可转移性，但应受到一定限制，其只能同产品、使用相同方法的企业，或企业中制造产品、使用相同方法的一部分，或者随同原先准备制造、使用的企业，或者企业的

[1] 《最高人民法院关于审理侵犯专利权纠纷案件应用法律若干问题的解释》（法释〔2009〕21号），第十五条。

一部分一起移转。

日本和韩国的商标法中也有相应的规定，虽然先用权不能作为一项独立的民事权利转让他人或者许可他人，在发生继承关系时，继承人可以继续在原有范围内使用该商标。[1]

（六）完善在先使用抗辩的建议

1. 国外相关制度参考

比较其他国家对商标先用行为保护的规定，可将其分为以日本和韩国为代表，同样采取商标权注册取得的国家；以英国和德国为代表的兼采注册取得和使用取得的国家；以及以美国为代表采用通过使用取得商标权的国家。

依据日本商标法的规定，在他人商标申请注册之前，只要非出于不正当竞争的目的，在日本国内，在与该商标注册申请的指定商品或服务相同或者类似的商品或类似服务上使用相同或者近似的商标，至该商标申请注册之日前已被消费者所广泛认知，即该商标通过使用已经与商标使用人所经营的商品或服务建立起对应关系并持续使用的，则其可享有在该商品或服务上继续使用该商标的权利。该商标使用人的继承人，亦享有继续使用该商标的权利。而注册商标权人为防止依前款规定享有商标使用权者经营的商品或服务与自己的商品或服务发生混淆的，可请求其附加适当标识。[2]

韩国商标法也有类似的规定，在同一种或类似商品上使用与他

---

[1] 《日本商标法》第三十二条：使用该经营的继承人，亦同。第 381 页《韩国商标法》第五十七条之三规定：包括继承其地位的人，以下称为“在先使用人”。参见：中国人民大学知识产权教学与研究中心，中国人民大学知识产权学院《十二国商标法》翻译组．十二国商标法［M］．北京：清华大学出版社，2013：251.

[2] 《日本商标法》第三十二条。参见：中国人民大学知识产权教学与研究中心，中国人民大学知识产权学院《十二国商标法》翻译组．十二国商标法［M］．北京：清华大学出版社，2013：251.

人已注册商标相同或近似的商标，如果满足下列条件（包括继承人，以下称为“在先使用人”），可在所使用的商品上继续使用该商标：①在他人申请注册之前，非因不正当竞争的目的，已经在国内开始并持续使用该商标；②在他人申请商标注册之前，在先使用人的商标通过使用已经在国内消费者中产生一定影响，相关公众对在先使用人的商标为其所标示的具体商品的商标的事实已经知晓。商标权人或专用权人可以要求在先使用人在其商品上作适当的标记，以防止自己商品与在先使用人的商品之间产生来源混淆。[1]

可见，日本和韩国对在先使用商标，也是予以消极的保护，即并非拥有与注册商标相并列的商标专用权，而是允许在原有范围内继续使用的权利。

《英国商标法》规定，在注册商标权人使用或者注册之日之前，在相同或者类似商品上在先并持续使用相同或者近似商标的行为不构成侵权。具体规定为：下列行为不构成对注册商标专用权的侵犯：某一在先权利人在商业活动中在某一特定地点的使用行为不构成商标侵权，此处的“在先权利”指某人将一个未注册的商标持续使用在相同或者类似商品或服务上，而这种使用先于：①由注册商标所有人在相同或者类似商品或服务上对相同或者近似商标的使用，或②注册商标所有人在相同或者类似商品或服务上对相同或者近似商标的注册。[2]

《德国商标法》则直接规定使用可以产生商标专用权，即商标权产生于：①在专利局设立的注册簿上作为商标注册；②通过商业

---

[1] 《韩国商标法》第五十七条之三。参见：中国人民大学知识产权教学与研究中心，中国人民大学知识产权学院《十二国商标法》翻译组．十二国商标法［M］．北京：清华大学出版社，2013：381.

[2] 《英国商标法》第十一条。参见：中国人民大学知识产权教学与研究中心，中国人民大学知识产权学院《十二国商标法》翻译组．十二国商标法［M］．北京：清华大学出版社，2013：419.

使用，一个标志在相关商业领域内获得了作为商标的第二含义；③《保护工业产权巴黎公约》第六条之二规定的驰名商标。[1]

《美国联邦商标法》(兰哈姆法案）第一千零五十二条规定，申请在专利商标局进行注册的商标，如果与他人在美国在先使用且尚未放弃的商标或者商号相近似的，且该商标的使用，易与申请人的商标产生混淆误认或者具有误导性的，不可注册。但如果两者在使用方式、使用地域、使用商品上的连续使用不会造成混淆、误认或者误导的，则两件商标可以并存注册，或者应允许商标先用人继续使用该商标。[2]

由此可见，在不同的商标权取得模式下，对商标先用行为的保护范围和强度是不同的。以注册取得制为主导的国家，对注册商标权的保护为强保护，而对在先使用的未注册商标的保护则为弱保护。对注册商标的强保护体现在以下几个方面：商标注册不以使用为前提和基础，商标一旦获得注册，其商标专有使用权的范围就是恒定的，不受权利转让或者受让的限缩；注册商标的权利范围及于全国，而不是某一特定的区域；即使注册商标尚未投入使用，在后使用人也不能因为在先商标注册人的不使用而得以共存，甚至排斥在先注册商标。相比之下，未注册商标则需要满足在先使用，并通过使用获得一定影响的先决条件，才能获得法律的保护，对抗在后注册的商标权。需要强调的是，如果是在后注册商标人的使用在先的，即不存在以先用行为抗辩的可能。此外，商标先用行为的保护还受到原有使用范围和附加区别标识的限制。[3]

---

[1] 《德国商标法》第四条规定。参见：中国人民大学知识产权教学与研究中心，中国人民大学知识产权学院《十二国商标法》翻译组．十二国商标法［M］．北京：清华大学出版社，2013：80.

[2] 中国人民大学知识产权教学与研究中心，中国人民大学知识产权学院《十二国商标法》翻译组．十二国商标法［M］．北京：清华大学出版社，2013：483.

[3] 孔祥俊．商标法适用的基本问题［M］．增订版．北京：中国法制出版社，2014：49.

2. 思考与建议

第一，关于原有范围的思考。

先用商标在仅在原有范围内使用的限制，与注册商标权在全国范围内有效的效力范围进行比对，可知立法者对注册商标权和商标先用行为的保护还是坚持了强弱保护之分。但是否也意味着允许分别属于不同主体的两件相同或者近似商标得以在同一个法域内的不同地域共存？这不禁让人想起与美国商标早期共存制度相关的帝罗斯－莱格特纳斯规则（Tea Rose－Rectanus Doctrine）。❶但帝罗斯－莱格特纳斯规则是关于在后使用商标与他人在先使用商标共存的规则，包括两个重要的法律要件：在后申请人在距离在先使用人的遥远地区先使用相同的标志；在后使用人主观上是善意。❷基于公平和秩序的价值追求，对于在先使用人，因商标先用行为人通过在先使用而在先获得了市场影响，所产生的民事权益理应受到保护，并足以排斥在后使用人，哪怕是商标注册权人进入该区域的市场。《商标法》并未提及关于商标注册人是否应当被禁止进入该区域。但是，鉴于注册商标权的效力是及于全国范围的，可知法律并不禁止在后的商标注册人在商标先用人已经使用的区域内使用其注册商标。

我国商标法虽然承认了善意的商标先用行为可以作为侵权抗辩，但仍坚持了给予注册商标权强保护的原则，对先用商标的使用范围进行限制。商标先用人虽然得以在原有区域内继续使用其商标，但同时也被剥夺了进一步拓展其业务范围的发展前景。此外，还需要考虑在互联网环境下，双方通过网络的电子商务行为很可能延及不

❶ 参见美国最高法院20世纪初的两件案例：Hanover Star Milling Co. v. Metcalf, 240 U.S. 403（1916）（the "Tea Rose" case）和United Drug Co. v. Theodore Rectanus Co., 248 U.S. 90（1918）.

❷ 李雨峰，倪朱亮．寻求公平与秩序：商标法上的共存制度研究［J］．知识产权，2012（06）：3.

在本区域的消费者，这也给原有范围中所谓的地域限制带来新的难题。因此，有必要对先用商标的地域限制，在电商销售的情境下如何实现和操作的问题进行更深层次的研究和探讨。

第二，关于一定影响的思考。

在先使用的未注册商标需要通过使用获得一定影响才能获得保护，这是商标先用行为获得保护的必要条件。所谓一定影响，应该比较明确是未达到驰名商标程度所要求的市场声誉。当然，也不需要在全国范围内具有影响，仅需具有一定地域范围内的影响和知名度。这里涉及三个问题。

首先，根据商标的地域性原则，通过使用获得一定影响应该是指通过在我国境内市场范围的使用产生的影响，对于相关商标所可能具有的国外知名度应当弱化考虑。在之前的司法实践中，在其他国家的注册和使用情况，在商标授权确权案件中通常是不予考虑的。但是，随着全球化的发展，国际市场的联系越来越紧密。借助于各种通信手段，以及国际文化经济的紧密交流和合作，国外的知名品牌的影响也完全可以延及我国境内的消费群体。因此，在实践中越来越多的司法裁判中认定，在特定案件中，在判定先用商标的知名度和影响力方面，该商标在国外市场的使用和知名情况也应当予以适当考虑。本书对这个观点和趋势予以认同。为了在个案中为了实现公平和正义的价值，适当考虑先用商标在国外的使用和知名的情况确有其必要。

其次，亦有观点认为在能够证明商标注册人恶意抢注的前提下对在先未注册商标使用影响的举证应当从宽予以把握。[1]本书对该观点也表示认同。商标法规定商标的申请注册不能违反诚实信用原则，并在司法实践中坚持公平正义原则。在能够证明商标注册为恶意抢

---

[1] 赵刚．法官详解首起商标先用权抗辩成功案件［EB/OL］．知产力微信公众号．(2014-12-11)［2021-03-01］．http://zhichanli.com/article/99.html.

注的情况下，对在先使用知名度和影响力的举证要求应当适当降低，以达到打击恶意抢注行为，保护在先权利人合法权益的目的。

再次，在先使用未注册商标产生一定影响的时间节点也需要关注。根据《商标法》第五十九条第三款条文的原意，证明在先使用并有一定影响的证据均应发生在注册商标申请日之前。以此证明在注册商标申请日之前，未注册商标经过使用并已经产生了一定影响。这与《商标法》第三十二条制止抢注他人商标的在先使用并产生一定影响的时间节点是一致的。但是同样的，在注册商标可判定为恶意抢注的情况下，为实现立法之目的，建议可以考虑对在先使用商标，适当降低其在注册商标申请日前的证据影响力的举证标准，并且对于在注册商标申请日之后的影响力证据也可予以适当采信。

第三，关于善意使用的思考。

商标法对在先使用人的主观状态并没有明确规定。即使用是否应当是善意的，是否是在不知晓也无从知晓他人在相同或者类似商品上申请注册相同或者近似商标的情况下开始和持续使用。但是，在《商标法》第七条规定商标申请注册应当遵循诚实信用原则的前提下，整个商标法所倡导的是在遵守诚信原则的基础上，营造公平竞争和守信经营的市场环境。在先使用人的使用应当是基于诚实信用原则的使用，而不能是出于不正当竞争的目的，故意造成市场的混淆的恶意使用。因此，本书认为结合商标法的立法本意也应知晓善意使用是本法第五十九条第三款的应有之义。

二、正当使用抗辩

（一）正当使用的含义及立法

商标的正当使用（Fair Use）是指在一定条件下，使用他人的注册商标，不视为侵犯商标权的一种行为[1]。商标正当使用也被称为“商标的正当合理使用”[2]或“合理使用”[3]。可见，商标正当使用不仅是对商标权排斥禁止范围的限制，同时也是正确划定商标权的权利边界和维护正当的社会公众利益的一种重要制度安排。

最高人民法院在《关于充分发挥知识产权审判职能作用推动社会主义文化大发展大繁荣和促进经济自主协调发展若干问题的意见》中指出：商标侵权行为应以在商业标识意义上使用相同或者近似商标为条件，被诉侵权人为描述或者说明其产品或者服务的特点而善意合理地使用相同或者近似标识的，可以依法认定为正当使用。

关于商标正当使用的规范首见于我国2002年《商标法实施条例》第四十九条：“注册商标中含有的本商品的通用名称、图形、型号，或者直接表示商品质量、主要原料、功能、用途、重量、数量及其他特点，或者含有地名，注册商标专用权人无权禁止他人正当使用。”2013年《商标法》吸收该规则作为第五十九条第一款，体现了注册商标专用权所受的限制。

一般认为，商标正当使用可以分为描述性使用和指示性使用。也有观点认为，商标正当使用指的是商标法律法规中有明确规定的描述性使用，虽然司法实践中出现了大量指示性使用的案例，但是并无关于指示性使用的明确规范[4]，所以应当将指示性使用单独列出。本文将描述性使用和指示性使用同列入正当使用的范畴中，并进行分别讨论。

---

[1] 王莲峰．商标法学［M］.3版．北京：北京大学出版社，2019：179.

[2] 董炳和，谭筱清，徐俊．商标法体系化判解研究［M］．武汉：武汉大学出版社，2008：191.

[3] 杜颖．商标法［M］.3版．北京：北京大学出版社，2016：118.

[4] 钟鸣．商标法上指示性使用的实践和问题（一）［EB/OL］．（2019-03-12）［2021-04-13］．https：//mp.weixin.qq.com/s?src=11&timestamp=1618304042&ver=3005&signature=JpxHnKs7CJ*NrCT1qcIfnobxJ9639AD7p*k5C8hP4wOpWHKZjB*FZodWK*kLPqs1bmXsVMbj7LbL5gBh5LtM7TwIX0w3brcqtyJmy4UwHTRTiOZNuI0aWMVvSbOMU0qE&new=1.

（二）正当使用的构成要件及行为表现

北京市高级人民法院于2004年和2006年发布的《关于审理商标民事纠纷案件若干问题的解答》（以下简称《解答》）均对正当使用（合理使用）的构成要件及行为表现进行了规定，对比如表3-1所示。

表3-1　2004年和2006年正当使用的规定对比

对比项目	2004年京高法发〔2004〕48号（失效）	2006年京高法发〔2006〕68号（现行有效）
构成要件	商标合理使用应当具备以下构成要件： ①使用出于善意； ②不是作为商标使用； ③使用只是为了说明或者描述自己的商品或者服务； ④使用不会造成相关公众的混淆、误认	构成正当使用商标标识的行为应当具备以下要件： ①使用出于善意； ②不是作为自己商品的商标使用； ③使用只是为了说明或者描述自己的商品
行为表现	①使用注册商标中所含有的本商品的通用名称、图形、型号的； ②使用注册商标中直接表示商品或者服务的性质、用途、质量、主要原料、种类及其他特征的标志的； ③规范使用自己的企业名称及其字号的； ④使用自己所在地的地名的； ⑤其他可以认定为商标合理使用的行为	①使用注册商标中含有的本商品的通用名称、图形、型号的； ②使用注册商标中直接表示商品的性质、用途、质量、主要原料、种类及其他特征的标志的； ③在销售商品时，为说明来源、指示用途等在必要范围内使用他人注册商标标识的； ④规范使用与他人注册商标相同或者近似的自己的企业名称及其字号的； ⑤使用与他人注册商标相同或者近似的自己所在地的地名的； ⑥其他属于正当使用商标标识的行为

与2004年《解答》相比，2006年《解答》中不再将“不会造成相关公众的混淆、误认”作为正当使用的构成要件。同时2006年

《解答》在正当使用行为表现部分增加了“在销售商品时，为说明来源、指示用途等在必要范围内使用他人注册商标标识的”规定。

虽然北京市高级人民法院发布的前述《解答》并非在全国范围内使用的规范，但是也具有很强的指导意义。根据前述《解答》的规定以及相关学界的观点，本书尝试总结商标正当使用的构成要件如下。

1. 主观善意

早在1999年，国家工商行政管理局发布的《关于商标行政执法中若干问题的意见》中对商标正当使用已经有所涉及，指出虽然使用了与注册商标相同或者近似的文字、图形的行为，但是不属于商标侵权行为包括：①善意地使用自己的名称或者地址；②善意说明商品或者服务的特征或者属性，尤其是说明商品或者服务的质量、用途、地理来源、种类、价值及提供日期。以上两款规定中，均以“善意”为必要条件。北京高院在2004年和2006年发布的《解答》中，也均以“使用出于善意”作为商标正当使用的构成要件。

使用者主观上的善意可以表现为突出使用自己的注册商标，使用自己的名称和地址等进行有效区别的行为，从而表现出主观上不具有搭便车或侵权的动机。在中科联社（北京）网络技术研究院（以下简称中科联社研究院）与北京家乐福商业有限公司望京店等侵害商标权纠纷上诉案[1]中，中科联社研究院基于其在第3类商品上注册的第8327863号“无懈可击wuxiekeji”汉字及拼音组合商标，主张联合利华（中国）有限公司（以下简称联合利华公司）生产的“清扬牌洗发露”的包装盒上使用“水润头皮无懈可击”“全天净爽无懈可击”“无屑可击冠军表现”以及“无懈可击CLEAR清扬亚洲巅峰音乐节”等字样构成商标侵权。朝阳区人民法院在一审中驳回

[1] 参见北京市第三中级人民法院〔2014〕三中民终字第06503号民事判决书。

了中科联社研究院的诉讼请求，认为联合利华公司对“无懈可击”及“无屑可击”的使用属于描述性使用。判决指出，联合利华公司在使用“无懈可击”及“无屑可击”的同时突出使用了其自身的商标标识，其在主观上并无将“无懈可击”及“无屑可击”作为商标标识使用的意图。

在卓易通（北京）网络技术有限公司（以下简称卓易通公司）与游艺春秋网络科技（北京）有限公司（以下简称游艺春秋公司）侵害商标权纠纷[1]案件中，卓易通公司基于其在第9类和第41类注册的第8908450号和第8908561号“丝路传说”（丝路传说）商标的专用权主张游艺春秋公司在其运营的网络游戏官网、微信公众号、官方微博等途径使用“丝路传说”“新丝路传说”“新·丝路”的行为构成商标侵权。法院在认定被告的使用是否构成正当使用时，也同样考虑到被告的主观善意。法院认为被告运营的涉案游戏是由韩国某公司开发的英文名称为SilkroadOnline的游戏，该游戏其他版本的中文名称“丝路传说”经该韩国公司许可，且原告认可“丝路传说”是“SilkRoadOnline”的中文译名。被告运营的涉案游戏与案外人世模公司运营的《丝路传说》游戏同属“SilkRoadOnline”中文版。在此情况下，被告在网页和涉案游戏中标注“新丝路传说”等，是对其代理运营的网络游戏中文译名的正确表述，是对涉案游戏与原“SilkRoadOnline”中文版游戏承接关系的客观描述，且被告尽力进行了区分。因此被告并不具有混淆商品或服务提供者使消费者产生误认或攀附他人商标商誉的主观过错，其行为构成正当使用。

2. 客观上的正当使用

客观上的正当使用表现为未将相关标识作为注册商标使用，而是与其他词汇相结合使用等表现形式，且使用亦未导致消费者

[1] 参见北京市高级人民法院〔2020〕京73民终735号民事判决书。

的混淆。在上述的中科联社（北京）网络技术研究院与北京家乐福商业有限公司望京店等侵害商标权纠纷上诉案件的判决中，法院指出：联合利华公司使用的“水润头皮无懈可击”“全天净爽无懈可击”“无屑可击冠军表现”“无懈可击 CLEAR 清扬亚洲巅峰音乐节”等并未将“无懈可击”及“无屑可击”作为商标标识使用，而是作为产品广告语使用，用来突出其生产的去屑洗发产品的去屑效果及产品品质，“无懈可击”被用来描绘其产品的完美品质，“无屑可击”虽与“无懈可击”仅有一字之差，但更鲜明地突出其产品的良好去屑效果。而且，联合利华公司在使用上述词汇时，多数是与其他词汇相结合使用，只是向相关公众传递产品的功能、品质等方面的信息，并不会使上述词汇起到标识商品来源的作用。

在物美科技集团有限公司（以下简称“物美公司”）与瑞昌市会友超市（以下简称“会友超市”）侵害商标权纠纷案[1]中，物美公司主张会友超市使用在门店上方的“会友物美超市”字样标识侵害了其在第 35 类的“物美”等注册商标专用权。法院认为，会友超市的行为不会使相关公众产生混淆或误认，原因在于会友超市使用的“物美”二字与物美公司主张的注册商标字体不同、与商标整体存在较明显的区别。同时，被告经营的地域与物美公司不存在重合。会友超市是位于江西省九江市的个体工商户，服务的消费群体主要限于其经营场所附近的消费者。物美公司在江西无实体店，也未提交证据证明其涉案注册商标在江西省域或九江市域进行过使用和宣传。所以对会友超市服务区域的普通消费者而言，认为会友超市与物美公司存在关联、造成误认的可能性较小，难以认定会友超市意欲借助物美公司涉案商标来造成相关公众的混淆误认。

[1] 参见江西省高级人民法院〔2020〕赣民终 717 号民事判决书。

（三）正当使用的内涵

1. 描述性使用

根据《商标法》第五十九条第一款的规定，描述性使用指对本商品的通用名称、图形、型号，或者直接表示商品的质量、主要原料、功能、用途、重量、数量及其他特点，或者含有的地名的使用。

（1）作为通用名称的使用

基于通用名称进行正当使用抗辩，首先需要解决的问题是判断某个名称是否构成商品的通用名称。商品的通用名称可以分为法定的通用名称和约定俗成的通用名称。于2017年3月1日实施的《最高人民法院关于审理商标授权确权行政案件若干问题的规定》第十条第一、二、四款规定："诉争商标属于法定的商品名称或者约定俗成的商品名称的，人民法院应当认定其属于《商标法》第十一条第一款第一项所指的通用名称。依据法律规定或者国家标准、行业标准属于商品通用名称的，应当认定为通用名称。相关公众普遍认为某一名称能够指代一类商品的，应当认定为约定俗成的通用名称。被专业工具书、辞典等列为商品名称的，可以作为认定约定俗成的通用名称的参考。约定俗成的通用名称一般以全国范围内相关公众的通常认识为判断标准。对于由于历史传统、风土人情、地理环境等原因形成的相关市场固定的商品，在该相关市场内通用的称谓，法院可以认定为通用名称。法院审查判断诉争商标是否属于通用名称，一般以商标申请日时的事实状态为准。核准注册时事实状态发生变化的，以核准注册时的事实状态判断其是否属于通用名称。"在福州米厂与福建新华都综合百货有限公司福州金山大景城分店等侵害商标权纠纷再审民事商标侵权纠纷案[1]中，最高人民法

[1] 参见最高人民法院〔2016〕最高法民再374号民事判决书。

院详细阐释了法定的通用名称和约定俗成的通用名称的判断标准。

该案中，福州米厂为第1298859号“稻花香DAOHUAXIANG”注册商标（即涉案商标）专用权人，涉案商标于1998年3月提出申请，于1999年7月28日获准注册，核定使用商品为第30类大米。福州米厂于2014年针对五常市金福泰农业股份有限公司（以下简称五常公司）生产、销售的“乔家大院稻花香米”包装袋正面中间使用大字体标注“稻花香（字体中空，底色黑色）DAOHUAXIANG”提起侵害商标权诉讼。一审法院认为，“稻花香”不构成通用名称，五常公司未经许可，在产品包装袋上使用与涉案商标非常近似的标志，容易误导消费者，侵害了涉案商标权。二审法院认为，“稻花香”属于法定的通用名称和约定俗成的通用名称。五常公司在其生产、销售的大米产品包装上使用“稻花香”文字及拼音以表明大米品种来源的行为，主观上出于善意，客观上也未造成混淆误认，属于正当使用。最高人民法院提审后，判决撤销二审判决，维持一审判决。在判决书中，最高人民法院分别就“稻花香”是否构成法定的通用名称和约定俗成的通用名称进行了说明。法院认为，法定的通用名称指法律规定为通用名称的，或者国家标准、行业标准中将其作为商品通用名称使用的。五常公司并无证据证明“稻花香”依据法律规定或者国家标准、行业标准应认定为法定的通用名称。二审判决以品种审定办法为依据认定“稻花香”为法定的通用名称，但是品种审定办法规定的通用名称与商标法意义上的通用名称含义并不完全相同，且品种审定办法规定审定公告的通用名称在实际的使用过程中不得擅自更改，因此二审适用法律错误。

法院进一步指出，相关公众普遍认为某一名称能够指代一类商品的，应当认定该名称为约定俗成的通用名称。被专业工具书、辞典列为通用名称的，可以作为认定约定俗成的通用名称的参考。约定俗成的通用名称一般以全国范围内相关公众的通常认识为判断标准。在某些商品所对应的相关市场相对固定的情况下，可以不以全国范围相关公众的认知为标准判断与此类商品有关的称谓是否已经通用化，但是当事人应首先举证证明此类商品属于相关市场较为固定的商品。“稻花香”案中，被诉侵权产品销售范围并不局限于五常地区，而是销往全国各地。二审判决认为“稻花香”属于五常地域范围内约定俗成的通用名称确有错误。同时，五常公司提交的证据不足以证明“稻花香”以全国范围内相关公众的认知标准构成约定俗成的通用名称。由“稻花香”案例可见，最高人民法院在商标确权授权案件中和商标侵权案件中对法定通用名称和约定俗成的通用名称的定义是一致的。

在指导案例 46 号山东鲁锦实业有限公司（以下简称鲁锦公司）诉鄄城县鲁锦工艺品有限责任公司等侵害商标权及不正当竞争纠纷案[1]中体现了具有地域性特点的商品通用名称的判断标准。法院生效裁判认为：在 1999 年鲁锦公司将“鲁锦”注册为商标之前，“鲁锦”已是山东民间手工棉纺织品的通用名称，为国家主流媒体、各类专业报纸以及山东省新闻媒体所公认。山东省、济宁、菏泽、嘉祥、鄄城的省市县三级史志资料均将“鲁锦”记载为传统鲁西南民间织锦的“新名”，有关工艺美术和艺术的工具书中也确认“鲁锦”就是产自山东的一种民间纯棉手工纺织品。“鲁锦”代表的纯棉手工纺织生产工艺并非由某一自然人或企业法人发明而成，而是由山东地区特别是鲁西南地区人民群众长期劳动实践而形成。“鲁锦”代表的纯棉手工纺织品的生产原料亦非某一自然人或企业法人特定种植，而是山东不特定地区广泛种植的棉花。法院认为，对于具有地域性特点的商品通用名称，判断其广

[1] 参见山东省高级人民法院〔2009〕鲁民三终字第 34 号民事判决书。

泛性应不应以全国为标准，而应当以特定产区及相关公众为标准从以下方面综合分析：①该名称在某一地区或领域约定俗成，长期普遍使用并为相关公众认可；②该名称所指代的商品生产工艺经某一地区或领域群众长期共同劳动实践而形成；③该名称所指代的商品生产原料在某一地区或领域普遍生产。

在明确了通用名称的判定问题之后，通用名称使用是否构成描述性使用，仍需满足该通用名称仅被使用在通用名称所指代商品这一要件。

在大宇资讯股份有限公司（以下简称大宇公司）诉上海盛大网络发展有限公司（以下简称盛大公司）侵犯注册商标专用权纠纷案[1]中，法院认为大宇公司在第41类服务上申请注册“大富翁”商标之前，“大富翁”作为一种在计算机上“按骰子点数走棋的模拟现实经商之道的游戏”已经广为人知，对于相关公众而言“大富翁”与这种商业冒险类游戏已建立起紧密的对应关系，“大富翁”已成为这种商业冒险类游戏约定俗成的名称。因此，“大富翁”文字虽然被大宇公司注册为“提供在线游戏”服务的商标，但是其仍然具有指代前述商业冒险类游戏的含义，大宇公司并不能禁止他人对这种含义的正当使用。本案中，盛大公司并未将被控侵权标识使用于其网站的所有在线游戏服务上，而仅在与“掷骰子前进，目的是通过买地盖房等商业活动在经济上击败对手并成为大富翁”这一款在线游戏服务中使用了被控侵权标识。游戏玩家只有进入盛大公司的网站才能进行该款游戏的对战。在网站“游戏介绍”中清楚地写明“《盛大富翁》是由盛大网络自主研发的一款休闲网络游戏”，加之“盛大”字号具有相当的知名度，相关公众一般不会将盛大公司的“大富翁”游戏误认为是大宇公

[1] 参见上海市第一中级人民法院〔2007〕沪一中民五（知）终字第23号判决书。

司的“大富翁”游戏，也不会将两者的服务来源相混淆。由此可见，盛大公司的被控侵权行为属于叙述服务所对应游戏品种的正当使用，作为服务商标“大富翁”的商标专用权人大宇公司无权加以禁止。

在陕西盛唐在线网络信息有限公司与深圳市腾讯计算机系统有限公司（以下简称腾讯公司）等侵害商标权纠纷[1]案中，西安市中级人民法院也做出了类似的考量。三代游戏是来自陕西民间流行的一款扑克牌游戏。三代游戏作为特定扑克牌游戏名称存在并被社会广泛知晓，其与斗地主、挖坑均属于牌类游戏的通用名称，已为相关公众普遍知悉和接受。腾讯公司使用“三代”是作为QQ游戏大厅下的一款休闲游戏名称，且是与其他扑克牌游戏并列作为游戏种类的名称进行使用。即腾讯公司仅仅是将其作为一般的游戏名称进行使用，而并非作为商标使用。该种使用行为属于善意、正常使用。对于在一定地域内的相关公众中约定俗称的扑克游戏名称，如果当事人不是将其作为区分商品或者服务来源的商标使用，只是将其用作反映该类游戏内容、特点等的游戏名称，可以认定为正当使用。

（2）作为商品原料和成分的正当使用

在漳州片仔癀药业股份有限公司与漳州市宏宁家化有限公司（以下简称宏宁公司）侵害商标权纠纷案[2]中，最高人民法院指出，片仔癀是一种药品的名称，如果被控产品中含有片仔癀成分，生产者出于说明或客观描述商品特点的目的，以善意方式在必要的范围内予以标注，不会导致相关公众将其视为商标而导致来源混淆的，可以认定为正当使用。判断是否属于善意，是否必要，可以参考商业惯例等因素。被告宏宁公司在其生产、销售商品的包装装潢显著

[1] 参见陕西省西安市中级人民法院〔2013〕西民四初字第247号民事判决书。

[2] 参见最高人民法院〔2009〕民申字第1310号民事裁定书。

位置突出标明“片仔癀”“PIENTZEHUANG”字样，该标识明显大于宏宁公司自己的商标及其他标注，并且所采用的字体与片仔癀公司的注册商标基本一致。该种使用方式已经超出说明或客观描述商品而正当使用的界限，其主观上难谓善意，在涉案商标已经具有很高知名度的情况下，客观上可能造成相关公众产生商品来源的混淆，因此宏宁公司关于其使用是正当使用的主张不能成立。

（3）说明商品特点的正当使用

在必要范围内，合理描述自己经营商品特点的范围，而非作为商标使用的文字构成正当使用。在光明乳业股份有限公司（以下简称光明公司）与美食达人股份有限公司（以下简称美食达人公司）、上海易买得超市有限公司侵害商标权纠纷一案中[1]，被告光明公司在其使用的巴氏杀菌技术生产工艺过程中包括了“15 秒钟使用 85℃的温度杀菌”。基于此，法院认为光明公司在被控侵权商品外包装上使用 85℃具有一定的事实基础。虽然被控侵权外包装上的 85℃的字号大于相同位置的文字，但该 85℃并非孤立的，而是分别配以“85℃巴氏杀菌乳新鲜说”等文字。此种使用方式表明，光明公司使用 85℃所表达的就是温度，且仅是在表达温度意义上的使用。法院认为，光明公司在被控侵权商品上使用 85℃，仅是为了向相关公众说明其采用的巴氏杀菌技术的工艺特征，仍属于合理描述自己经营商品特点的范围，并非对美食达人公司注册商标的使用，而是对温度表达方式的正当使用。

（4）地名商标的正当使用

最高人民法院在《关于对南京金兰湾房地产开发公司与南京利源物业发展有限公司侵犯商标专用权纠纷一案请示的答复》中指出，以地名作为文字商标进行注册的，商标专用权人有权禁止他人

[1] 参见上海知识产权法院〔2018〕沪 73 民终 289 号民事判决书。

将与该地名相同的文字作为商标或者商品名称等商业标识在相同或者类似商品上使用来表示商品的来源；但无权禁止他人在相同或者类似商品上正当使用该地名来表示商品与产地、地理位置等之间的联系（地理标志作为商标注册的另论）。最高人民法院指出，判断地名商标是否构成正当使用应当注意以下问题：①使用人使用地名的目的和方式。使用地名的方式往往表现出使用目的。使用人使用地名的方式是公众惯常理解的表示商品产地、地理位置等方式的，应当认为属于正当使用地名。②商标和地名的知名度。所使用的文字，如果其作为商标知名度高，则一般情况下，相关公众混淆、误认的可能性较大；如果其作为地名知名度高，则相关公众对其出处的混淆、误认的可能性会较小。③相关商品或服务的分类情况。商品或服务的分类情况，往往决定了是否需要指示其地理位置。房地产销售中指示房地产的地理位置，一般应当认为是基于说明该商品的自然属性的需要。④相关公众在选择此类商品或服务时的注意程度。根据相关公众选择此类商品或服务时的一般注意程度，审查确认是否会因这种使用而对该商品或服务的来源混淆、误认。⑤地名使用的具体环境、情形。在房地产广告上为突出地理位置的优越而突出使用地名与在一般商品上、一般商品的广告上为突出商品的产地而突出使用地名往往给予公众的注意程度不同，产生的效果也有所差别。

2004 年 9 月，江苏省高级人民法院经过再审认定，金兰湾房地产公司虽然在楼盘冠名和广告宣传中使用了与“百家湖”注册商标相同的文字，但并不侵犯利源物业公司的商标专用权。原因在于，南京金兰湾房地产开发公司开发的房地产就位于百家湖地区，并且楼盘距百家湖湖面很近，完全有权如实注明商品房的地理位置。“百家湖”作为地名的知名度明显高于其作为商标的知名度。南京金兰湾房地产开发公司在销售楼盘中指示地理位置，符合房地产经营的惯例。由于相关公众在选择房地产时有很高的注意程度，购买房地产的消费者一般较其他购买行为更为谨慎，南京金兰湾房地产开发公司这样使用“百家湖”也不会使相关公众对该房地产的来源产生混淆或误认。金兰湾房地产开发公司在广告宣传中使用地名的方式是普通公众惯常理解的表示楼盘出处和地理位置的方式，主要是为突出地名或湖名，以此强调它的楼盘与湖的关系，而并非暗示该楼盘与注册商标的关系。

在广州星河湾实业发展有限公司（以下简称星河湾公司）、广州宏富房地产有限公司（以下简称宏富公司）等与自贡市星河房地产开发有限公司侵害商标权纠纷[1]案件中，二审法院做出不侵权判决的一个主要理由是，根据国务院《地名管理条例》的规定，自贡星河公司使用的“星河湾”名称早在2006年4月10日就已经荣县河西新区管理委员会批准为标准地名，故在住宅小区门口使用的“星河湾”标示明显是属于地名意义上的使用性质，此种使用不构成商标侵权。而最高人民法院再审此案时，则考虑了原告“星河湾”商标的使用情况和知名度，指出从2001年起，宏富公司等单位就开始在《南方日报》《羊城晚报》等相关媒体上对星河湾楼盘进行宣传，“星河湾”命名的楼盘先后获得了相关荣誉，具有较高的知名度。因此，“星河湾”文字系该注册商标中最具有显著性和知名度的部分。被告将其开发的楼盘命名为“星河湾”，由于该名称事实上起到了识别该楼盘的作用，其实质也属于一种商业标识，且该名称与星河湾公司、宏富公司上述两个注册商标中的显著部分“星河湾”完全相同，呼叫方式一致，会使相关公众误认该楼盘与星河湾公司、宏富公司开发的“星河湾”系列楼盘有一定的联系，容易误导公众，进而构成商标侵权。最高人民法院对商标和地名的知名度的衡量标准，

[1] 参见最高人民法院〔2013〕民提字第2号民事判决书。

与“金兰湾”案件中的所体现的判断标准保持一致。

2. 指示性使用

指示性使用又被称为“说明性正当使用”，是指使用者为了说明有关商品或服务的真实信息，使用他人商标的行为。[1]目前，指示性使用在我国商标法律法规中尚无具体的规定，理论和实践中存在各种不同观点。在早期的司法实践中，并未明确区分指示性使用和描述性使用，也存在将指示性使用归入描述性使用的情况。[2]

我国关于指示性的使用商标与侵害商标权的界限规制，最早出现于国家工商行政管理局在1995年7月27日发布的《关于禁止汽车零部件销售商店、汽车维修站点擅自使用他人注册商标的通知》。该通知中指出，汽车零部件销售商店和汽车维修站点，为了说明本店经营汽车零部件品种及提供服务的范围，应直接使用叙述性的文字，如“本店销售 ××× 汽车零部件”“本店维修 ××× 汽车”等字样，其字体应一致，不得突出其中的文字商标部分，也不得使用他人的图形商标或者单独使用他人的文字商标。此外，国家工商行政管理局于1996年6月10日发布的《关于禁止擅自将他人注册商标用作专卖店（专修店）企业名称及营业招牌的通知》中将规制的主体扩大到商品销售网点和提供某种服务的站点。通知指出，相关主体在需说明经营商品及提供服务的业务范围时，可使用“本店修理 ×× 产品”“本店销售 ×× 西服”等叙述性文字，且其字体应一致，不得突出其中商标部分。

从前述规定中可以看出，行政管理机关认为汽车零部件销售商

[1] 王莲峰．商标法学［M］.3版．北京：北京大学出版社，2019：188.

[2] 钟鸣．商标法上指示性使用的实践和问题（二）［EB/OL］. 永新知识产权微信公众号．（2019-03-13）［2021-04-13］. https：//mp.weixin.qq.com/s?__biz=MzIzMTc1NzkxNQ==&mid=2247484564&idx=1&sn=2caa3501010d35e9ae2a83e2667eba5c&chksm=e89e05a0dfe98cb684827fa69eb542f36ef4373ccc3a61990c73b6a1c9409ccbd6121bcbe846&scene=21#wechat_redirect.

店、汽车维修站点以及相关商品销售网点和服务提供站点，出于说明商品来源或者服务范围的目的，可以使用他人的注册商标，前提是不得进行突出使用，或者误导消费者认为该店铺的经营者与商标注册人存在某种联系。

在司法层面，如前所述，北京市高级人民法院在2006年发布的《关于审理商标民事纠纷案件若干问题的解答》中认为“销售商品时，为说明来源、指示用途等在必要范围内使用他人注册商标标识的”属于正当使用商标标识的行为。在贵阳南明老干妈风味食品有限责任公司与贵州永红食品有限公司等侵害商标权纠纷一审民事判决书[1]中，北京知识产权法院指出：指示性使用是指为指明产品、服务的种类而使用他人的商标。如果是为了描述、指明商品的基本信息，应当允许他人在不引起消费者混淆、误认或联想的情况下，正常、合理地使用权利人的商标。北京知识产权法院认为，认定被诉侵权人的使用行为是否构成指示性使用需要衡量其使用他人商标的必要性。判断“必要性”需要满足两个条件：其一，若不使用商标标识便难以描述商品或服务的性质或范围；其二，不得大量使用商标权人的商标标识。

在奇瑞汽车股份有限公司、安徽奇瑞汽车销售有限公司侵害商标权纠纷二审民事判决书[2]中，广东省高级人民法院认为：指示性正当使用是指为了客观说明某商品、服务与注册商标的商品、服务之间的某种联系而不可避免地正当使用注册商标。在指示性正当使用中，虽然被诉侵权人对他人注册商标的使用也是采用其指示商品、服务来源的含义，但这种使用的正当性在于，其使用商标指示的正是商标权人，且只是出于说明自己的商品、服务与商标权人的

[1] 参见北京知识产权法院〔2015〕京知民初字第1944号行政判决书。
[2] 参见广东省高级人民法院〔2017〕粤民终2347号民事判决书。

商品、服务之间在功能或用途等方面的某种联系的客观需要而必须使用，而不是让相关公众将二者的商品、服务产生混淆或者误认为二者在来源上存在许可使用、关联企业关系等特定关系。因此，在指示性正当使用中，对相关标识的使用应当出于善意，不能超出合理的限度。

总结前述两个案例，我们大体可以看出，构成指示性使用需满足以下三个条件：①不会导致相关公众对商品和服务产品混淆或误认；②具备使用的必要性；③在合理限度内。根据指示性使用的司法实践情况，有学者整理了大量案例对指示性使用的类型进行归纳，总结了指示性使用出现在配件或兼容服务、修理服务、正品转售、重新包装等几种形式的案件中的情况。[1]同时，也有学者基于现有司法案例深入探讨了权利用尽同指示性使用的关系。[2]本书将主要探讨以下同指示性使用相关的内容。

（1）配件或兼容服务

在涉及配件或兼容服务的案件中，未突出使用他人注册商标可能构成指示性使用，不构成商标侵权。指示性使用不规范则可能导致构成侵权。

在丰田自动车株式会社诉浙江吉利汽车有限公司（以下简称吉利公司）等侵犯商标权及不正当竞争纠纷案[3]中，被告的前身之一制造的美日汽车的使用说明书前言中表明：“分别配装我公司生产的 MQ479Q 型和丰田汽车公司生产的 8A–FE 四缸电控汽油喷射发

❶ 张敏．基于 100 个案例对商标指示性合理使用的实证分析［EB/OL］．知产集思录微信公众号．（2017–11–29）［2021–03–11］.https：//mp.weixin.qq.com/s/tc6ycqhdvjVtTawTGXVvyg.

❷ 钟鸣．商标法上指示性使用的实践和问题（三）［EB/OL］．永新知识产权微信公众号．（2019–03–15）［2021–03–11］.https：//mp.weixin.qq.com/s/jWd9IQonZlw3dYriwh4YfQ.

❸ 参见北京市第二中级人民法院〔2003〕二中民初字第 6286 号民事判决书。

动机。”在该车型的宣传画册中表明该车的发动机为“TOYOTA”8A（8A-FE），宣传广告中含有“丰田动力动心价格”“搭载日本TOYOTA8A-FE四缸电喷发动机”字样。法院审理后认为，被告吉利公司在对涉案美日汽车进行宣传时使用“丰田”及“TOYOTA”文字，是对涉案美日汽车发动机所具有的性能、来源进行说明，是向消费者介绍汽车产品配置的主要部件的技术、制造等来源情况，以便于消费者对汽车产品的基本情况有所了解，这种对汽车产品配置进行介绍或说明的方式是符合商业惯例的。吉利公司的行为不属我国法律规定的侵犯注册商标专用权的行为。

在沃尔沃商标控股有限公司（以下简称沃尔沃公司）诉浙江省瑞安市长生滤清器有限公司侵害商标权一案[1]中，上海浦东新区人民法院针对商标指示性合理使用的判断进行了释明。在该案中，瑞典的沃尔沃公司于1997年在我国注册了“VOLVO”文字商标，2003年4月14日“VOLVO”注册商标被核准转让给原告沃尔沃商标控股有限公司。2005年4月16日，被告向海关申报出口滤清器50箱，滤清器上以醒目的、大号的英文标有“FOR VOLVO”字样，在数行不同语言的产品名称之下，有一个小字体的单词“Replace”。在滤清器上使用的激光标志标有“OK”字样和国外客户的公司简称英文字母，但该激光标志只能在一定的角度和光线下依稀辨认。在上海海关根据原告申请将上述50箱涉嫌侵犯原告的“VOLVO”注册商标专用权滤清器予以扣留之后，原告提起民事诉讼。上海市浦东新区人民法院认为：被告的行为不属于对注册商标的合理使用。被告未经原告许可，在其生产的滤清器上以较大的字体突出使用了“FOR VOLVO”文字，且其使用的“FOR VOLVO”文字含义不清，又未在滤清器上表征产品制造商的名称等能够识别商品来源的文字，客观

[1] 参见上海市浦东新区人民法院〔2005〕浦民三（知）初字第40号判决书。

上易使消费者联想到该商品的来源与“VOLVO”商标注册人存在某种联系，因此被告的行为不属于对注册商标的合理使用，已构成对原告注册商标专用权的侵犯。

（2）重新包装

经销商对正品重新包装之后出售，是否构成商标侵权，目前在司法实践中出现了截然不用的判决。有法院认为，仅为指示所销售商品的信息善意合理地使用商标权人的商标，未造成相关公众的混淆，不会造成商标合法权益损害的，所以不构成商标侵权。同时有法院认为，分装行为会降低相关公众对涉案商标所指向的商品信誉，从而损害涉案商标的信誉承载功能，构成商标侵权。

在老凤祥股份有限公司与苏果超市有限公司及该超市分店的一系列侵害商标权案件[1]中，原告老凤祥股份有限公司（以下简称老凤祥公司）以前曾生产过四支装形式的产品，后改为十支装。在老凤祥公司取消四支装后，为便于销售，案外人文兴公司仍按原来的四支装包装形式将老凤祥公司的产品进行分装后供应被告。老凤祥公司认可被告销售的铅笔本身系正品，也就是说被告销售的被诉侵权商品是由供应商文兴公司对老凤祥公司的正品进行分包装后提供的。一审法院从涉案商标的使用方式、是否会使相关公众对商品来源产生混淆误认以及是否造成原告涉案商标合法权益损害方面进行了分析，指出：①分包装使用涉案注册商标的形式不存在对涉案商标的贬损；分包装并未对显示商品来源的生产者信息进行更改；分包装并未影响商品的质量或消费安全。该种商标的使用，其直接指向的是商标注册人的商品，属于指明商标权人的商标指示性使用。②分包装保留了商品生产者的相关信息，能够充分说明商品的来源。作为独立消费单位的铅笔本身也标明

[1] 参见江苏省南京市中级人民法院〔2014〕宁知民终字第20号民事判决书。

了生产者名称。故该种商标指示性使用，并未使得涉案商标与老凤祥公司商品的对应性受到影响，没有损害商标的识别功能。③商标权人将合法附有商标的商品首次投放市场后，商品物权即已转移，其意图通过该商品及所附商标获取经济利益的目的便已实现，不应再以对商品上的商标享有专用权为由阻碍商品的进一步流通，否则可能构成对商标权的滥用。庭审中，老凤祥公司亦未提供任何证据证明其合法权益受到了损害，故被诉侵权行为并未侵害老凤祥公司涉案注册商标的合法权益。二审法院支持了一审法院的判决，但是并未进一步探讨指示性使用问题，主要确认了被控侵权铅笔本身为正品，且包装上使用了与涉案注册商标相同的标识，并明确标注了该商品的生产厂家，已足以说明商品的来源，被控侵权商品不足以导致消费者对商品的来源产生混淆和误认。同时认为分装行为由案外人实施，被告方并没有实施分包装行为，也不具备与案外人共同实施分包装行为的主观故意，因此被告的行为不构成商标侵权。

在不二家（杭州）食品有限公司与钱海良、浙江淘宝网络有限公司侵害商标权纠纷案[1]中，被告钱海良购得标有“不二家”商标的三类规格的包装盒后，将不二家正品散装糖果进行组装，分别组装成三类规格盒装糖果。糖果盒上都印刷了与商标持有人不二家（杭州）食品有限公司以下简称不二家公司注册的同类糖果相类似的“不二家”商标标识，包装上的地址、说明书、含量标志等同不二家公司同类产品也相似。不二家公司经鉴定，指出被告钱海良使用的三类规格糖果盒并非株式会社不二家及其许可人的产品，但是内装的糖果皆为正品“不二家”糖果。法院认为，虽然钱海良分装、销售的三种规格的涉案产品中的糖果本身系来源于不二家公司，且其

[1] 参见杭州市余杭区人民法院〔2015〕杭余知初字第416号民事判决书。

使用的三种规格的外包装上也附着了与涉案商标相同或相近似的标识，从相关公众的角度来看，并未产生商品来源混淆的直接后果，但是商品的外包装除了发挥保护与盛载商品的基本功能外，还发挥着美化商品、宣传商品、提升商品价值等重要功能，而钱海良未经不二家公司许可擅自将不二家公司的商品分装到不同包装盒，且该些包装盒与不二家公司对包装盒的要求有明显差异，因此，钱海良的分装行为不仅不能达到美化商品、提升商品价值的作用，反而会降低相关公众对涉案商标所指向的商品信誉，从而损害涉案商标的信誉承载功能，属于《商标法》第五十七条第（七）项之规定的"给他人的注册商标专用权造成其他损害的行为"，构成商标侵权。

前述案件基本事实相同，但是法院的认定截然相反，因此就正品重新包装出售是否构成指示性使用并进一步构成商标侵权的判断标准，仍需要在司法层面进一步澄清。

（3）翻新销售行为

在之宝制造公司诉李广生侵害商标权及不正当竞争纠纷案[1]中，被告李广生是广州市越秀区的个体经营者，其先购买原告的 ZIPPO 光板打火机，然后以激光镭射的方式在打火机表面上雕刻花纹图案。同时，被告李广生还委托包装公司为其加工制作带有 ZIPPO 标识的打火机木制包装盒、包装袋，用于包装上述自行雕刻了花纹图案的打火机在市场上进行销售。原告承认被告销售的上述打火机均为原告制造、销售，但指出其制造、销售的打火机均为 ZIPPO 光板打火机，被告未经许可在原告的光板打火机上进行加工雕刻，然后销售该加工后的打火机，该行为侵犯了原告核定使用在打火机等商品上的第 347274 号"ZIPPO"注册商标权，请求法院判令被告停止侵权，并赔偿原告经济损失 200 万元，并登报赔礼道歉。

[1] 参见广州市中级人民法院〔2012〕穗中法知民初字第 54 号判决书。

法院审理后认为，被告购进原告的光板打火机后进行雕刻加工，加工后的打火机附着原告产品原本不具有的图案、装饰，对打火机的整体外观做了较大的改变，已经构成实质性改变，即该类经过被告加工雕刻后的打火机已经不是原告投入市场时的打火机，两者属于不同的产品。被告在未经原告许可的情况下，对原商品进行加工并在包装上依然使用ZIPPO商标，势必会使消费者误认为加工后的打火机依然是原告产品，被告加工后的打火机与原告在中国销售的其他型号雕刻图案的打火机也会混淆。

（4）平行进口与指示性使用

2016年，北京市高级人民法院民三庭归纳整理了《当前知识产权审判中需要注意的若干法律问题》，其中讨论了关于平行进口是否构成侵害商标权的问题。该文件指出，商标法虽未将“指示性使用”明确列为不侵权的抗辩事由，但是考虑到商标法所保护的是标志与商品来源的对应性，而商标禁用权也是为此而设置的，绝非为商标权人垄断商品的流通环节所创设，即商标权利用尽规则应当是市场自由竞争所必须存在的基本规则之一。在此基础上，若被控侵权商品确实来源于商标权人或其授权主体，此时商标权人已经从“第一次”销售中实现了商标的商业价值，而不能再阻止他人进行“二次”销售或合理的商业营销，否则将阻碍市场的正常自由竞争秩序建立的进程，因此“平行进口”应被司法所接受，不宜认定构成侵害商标权。北京市高级人民法院的上述意见，是将基于权利用尽的平行进口行为不构成侵权商标权的理由归入指示性使用的范畴[1]，似表明认同了指示性使用属于商标性使用，与描述性使用并非商标性使用存在本质的差别。

---

[1] 钟鸣.商标法上指示性使用的实践和问题（三）[EB/OL].（2019-03-15）[2021-03-11].https：//mp.weixin.qq.com/s/jWd9IQonZlw3dYriwh 4YfQ.

天津市高级人民法院在2020年10月21日发布的《关于涉平行进口商标侵权纠纷案件的审判指引（试行）》中也包含了“指示性合理使用抗辩”的内容，其中对指示性合理使用的定义为“所售平行进口商品为合法取得的真品，并且为了客观说明自己商品来源而善意使用他人的商标，不足以使消费者产生混淆的，构成指示性合理使用，商标权人无权禁止”。该指引就指示性合理使用抗辩的标准及考量因素总结为：①使用目的的正当性；②使用需求的必要性；③使用限度的适当性；④使用结果的非混淆性。综合此指引中的相关内容，似乎也是将指示性使用归于了商标性使用。

在上海益朗国际贸易有限公司与芬迪有限公司侵害商标权纠纷、不正当竞争纠纷再审案件[1]中，即涉及了与平行进口相关的商标权用尽及商标指示性使用构成合理使用的要件问题。该案中，上海益朗国际贸易有限公司（以下简称益朗公司）在设立于江苏省昆山市首创奥特莱斯开设了店招为“FENDI”的店铺，出售带有“FENDI”商标的商品，并且在涉案店铺的招牌、店内装潢、外墙指示牌和楼层指示牌、商品包装、销售票据、购物袋及宣传册处使用“FENDI”商标。芬迪有限公司（以下简称芬迪公司）针对益朗公司的前述使用行为提起商标侵权及不正当竞争之诉。

一审法院审理查明，益朗公司销售的“FENDI”产品购自经芬迪公司许可销售正牌产品的法国经销商SHP公司，益朗公司提供的证据能够证明益朗公司销售的“FENDI”产品系正牌产品的事实。一审法院认为，益朗公司、首创公司的行为未侵犯芬迪公司的注册商标专用权，亦未擅自使用芬迪公司的企业名称，其宣传推广行为也是为了实现其销售“FENDI品牌而做的推广和宣传，并不构成虚假宣传。一审法院还指出，法律并不赋予商标权人在相关商品或服

[1] 参见上海市高级人民法院〔2019〕沪民再5号民事判决书。

务上享有绝对的垄断权。商标权人虽然可以阻止他人采用足以使相关公众混淆的方式在相同或类似的商品或者服务上使用相同或近似的标识，但不能阻止他人为了说明商品与服务的真实来源而使用该商标。

二审法院认可一审法院关于“益朗公司经营的涉案店铺内销售的系芬迪公司的正牌商品，因此，益朗公司为了说明自己的商品或服务，可以基于善意的目的合理使用芬迪公司的商标”的观点。同时，二审法院进一步指出，构成商标合理使用应当符合下列条件：①使用行为是善意和合理的，并未将他人商标标识作为自己商品或服务的标识使用；②使用行为是必要的，仅是在说明或者描述自己经营商品的必要范围内使用；③使用行为不会使相关公众产生任何混淆和误认。二审法院认为，在涉案店铺上单独使用“FENDI”标识，其实质仍是指向涉案店铺的经营者是芬迪公司，或者与芬迪公司存在商标或字号许可使用等关联关系。益朗公司仅是涉案“FENDI”正牌商品的销售者，与芬迪公司不存在任何关联关系，故益朗公司在涉案店铺店招上单独使用“FENDI”标识的行为尚不属于善意和合理的使用。同时，结合其他在案证据，二审法院认为益朗公司在涉案店铺店招上单独使用“FENDI”标识，已经造成相关公众对于涉案店铺由芬迪公司经营或者经芬迪公司授权经营的混淆和误认。进而，法院认定涉案店铺店招上单独使用“FENDI”商标的行为是在表明企业经营、管理者身份等服务类别上使用“FENDI”标识的行为，侵害了芬迪公司已经在第35类注册的相关商标的专用权。

上海市高级人民法院再审维持了二审判决。同时，就此案涉及的商标合理使用的问题，又提出了一些新的观点。上海高院认为仅凭益朗公司在涉案店铺的店招上使用“FENDI”标识这一事实不足以认定益朗公司在主观上具有混淆服务来源的目的。在讨论使用行为是否必要和合理时，法院考虑到了奥特莱斯的独特性，认为使用行为是否超过了说明或者描述自己经营商品的必要范围、是否具有合理性，还应当在使用方式的必要性和混淆可能性之间进行价值衡量和取舍，不宜损害商标基本功能。上海高院综合考虑认为，益朗公司的商标使用行为模糊了品牌自有销售体系和品牌集合店两种销售渠道的界线，遏制了品牌方与销售商在销售环节的横向竞争，难言其具有合理性并符合商业惯例。最终认定益朗公司在涉案店铺店招上使用“FENDI”标识不属于商标的合理使用，构成商标侵权。

芬迪案对合理使用的构成，特别是涉及平行进口的指示性合理使用的构成要件进行了充分而有价值的探讨。该案一审、二审判决均指出，构成商标合理使用应当符合使用行为系善意和合理、使用行为限于必要范围、使用行为不会导致相关公众对商品/服务来源的混淆和误认三个条件。上海高级人民法院再审时进一步指出，为指示说明商品或服务用途、来源等真实信息而使用他人商标的行为即使可能导致混淆，也应当以使用目的是否善意，方式是否合理、是否符合诚信的商业惯例作为合理使用的判断标准。这些条件和判断标准与上文天津市高级人民法院的“指引”中提出的四个标准及考量因素是一致的。同时，针对合理使用的必要性和合理性的限度，上海高院在芬迪案的再审判决书中指出应当在使用方式的必要性和混淆可能性之间进行价值衡量和取舍。

（四）完善正当使用抗辩的建议

1. 国外相关制度参考

TRIPS 协定第十七条“商标权例外”承认了正当使用，规定：“WTO 成员可以对本协议规定的商标排他权规定有限的例外（Limited Exceptions），例如对描述性词汇的正当使用，但此类限制应考虑商标权人和第三方的正当利益。”

世界各国对正当使用都有明确规定，如《法国知识产权法典》L713-6条、《欧盟商标条例》第十四条、《意大利商标法》第一条之2、《美国联邦商标法》（兰哈姆法案）第三十三条（b）款第（4）项，《日本商标法》第二十六条等。

《德国商标法》对商标正当使用的规定体现在第二十三条，其中包含了关于指示性使用的司法表达，即规定了商标权人或商业标志所有人应无权禁止第三方以符合商业道德原则的方式在商业活动中使用的标志中，包含“必须用该商标或商业标志表示一个产品或服务的用途，尤其是作为附件或配件”。[1] 同时，有学者指出，2019年1月14日正式实施的新修订的《德国商标法》新增了第二十三条第二款规定，即第三人在援引上述限制时必须尽到满足商业和交易习惯的审慎义务。该学者同时认为，“‘指示性使用’作为一项完整并且独立的权利限制，早已被欧盟法院承认，因此，这次《德国商标法》将其成文，有着坚实的法律基础”。[2]

2. 建议

我国《商标法》第五十九条关于正当使用的规定中缺少对指示性使用的明确要求。虽然在法律文件和司法案例中出现大量基于指示性使用不构成侵权的表述和判决，且目前针对“配件或兼容服务”构成指示性使用的判定已经相对明确。但是，涉及“重新包装”的案件中仍存在不同的判断标准。同时，考虑到有将权利用尽的平行进口归入指示性使用的意见，实践中对指示性使用的性质和范畴仍相对混乱。因此，我国《商标法》的再次修正有必要回应社会关切，

---

[1] 《德国商标法》第二十三条规定。参见：中国人民大学知识产权教学与研究中心，中国人民大学知识产权学院《十二国商标法》翻译组．十二国商标法［M］．北京：清华法学出版社，2013：86.

[2] 孙靖洲．《德国商标法》的最新修订及其对我国的启示［J］．知识产权，2019（06）：81.

就指示性使用的定义、内涵和表现形式等问题做出有益的价值与制度的引领与规范。

三、未实际使用注册商标的请求权限制

（一）制度基础

2009年4月21日发布的《最高人民法院关于当前经济形势下知识产权审判服务大局若干问题的意见》（以下简称《意见》）第七条规定："请求保护的注册商标未实际投入商业使用的，确定民事责任时可将责令停止侵权行为作为主要方式，在确定赔偿责任时可以酌情考虑未实际使用的事实，除为维权而支出的合理费用外，如果确无实际损失和其他损害，一般不根据被控侵权人的获利确定赔偿；注册人或者受让人并无实际使用意图，仅将注册商标作为索赔工具的，可以不予赔偿；注册商标已构成商标法规定的连续三年停止使用情形的，可以不支持其损害赔偿请求。"

2013年8月，《商标法》修正时增加了第六十四条第一款："注册商标专用权人请求赔偿，被控侵权人以注册商标专用权人未使用注册商标提出抗辩的，人民法院可以要求注册商标专用权人提供此前三年内实际使用该注册商标的证据。注册商标专用权人不能证明此前三年内实际使用过该注册商标，也不能证明因侵权行为受到其他损失的，被控侵权人不承担赔偿责任。"

在上述《意见》的第七条考虑了商标注册人的实际使用意图。与之相比，2013年《商标法》第六十条第一款的适用则需要同时满足商标专用权人不能证明此前三年内实际使用过该注册商标，同时也不能证明因侵权行为受到其他损失两个条件。

（二）司法实践的发展变化

在上述《意见》发布之前，我国司法实践中对注册商标权人的侵权救济权利基本持全面肯定状态。法院的基本观点是，即便原告的注册商标存在三年不使用应撤销的情形，但在商标被撤销前，原告仍享有注册商标专用权，这种观点也是和当时的法律法规相一致的。但在《意见》以及2013年商标法修改之后，对连续未实际使用注册商标的损害赔偿权限制有了明确的法律依据，也在判决中时有体现。

1. 不考虑注册商标未使用的因素

在上海东宝百货有限公司与法国都市有限责任公司[LACITY（SOCIETEARESPONSABILITELIMITEE）]商标侵权、不正当竞争纠纷 案件中，二审上诉人(原审被告)上海东宝百货有限公司未经授权在服装产品以及产品宣传画册上使用了原告的“LACITY”商标。上海东宝百货有限公司在二审程序中主张，“LACITY”商标属于连续三年未使用的可撤销商标，不受法律保护。二审法院认为，上海东宝百货有限公司未能向法院提供其已经向国家商标局提出撤销涉案商标的申请并已被受理的相关证据材料，同时指出即使涉案商标被依法撤销，在国家商标局做出撤销决定之前仍属于合法商标，受到法律保护，被告的行为仍侵犯了其商标专用权。据此，二审法院维持了一审判决。由于二审被上诉人(原审原告)法国都市有限责任公司不主张原审被告上海拉夏贝尔服饰有限公司作为生产商承担赔偿经济损失的民事责任，故上海拉夏贝尔服饰有限公司仅承担停止侵权的民事责任。上海东宝百货有限公司对其销售行为应当承担停止侵权、赔偿损失的民事责任。

2. 考虑注册商标未使用的因素减轻被告承担的赔偿损失责任

在罗成诉饶会清、广州市白云区超宝清洁用品公司（以下简称超宝公司）侵犯商标专用权纠纷一案中，一审法院判决被告赔偿原告经济损失 35 万元（含合理费用）。超宝公司不服，向江西省高级人民法院上诉。二审法官认为，罗成仅向法院提交一个标有“劲霸”字样的洗衣粉包装袋，不足以证明“劲霸”商标已经实际投入商业使用，因此不存在公众选购时发生误认误购、挤占其市场份额的情形。该案件后经调解结案，超宝公司赔偿罗成经济损失 11.38 万元。[1] 虽然在该案件中，被告经调解仍承担了赔偿责任，但是基于二审法官的审理说明可以得知，从 35 万元到 11.38 万元赔偿的减少，是基于当时商标法律法规的规定，同时考虑了商标使用情况的结果。

3. 考虑注册商标未使用对商标显著性的影响

在最高人民法院公报案例云南城投置业股份有限公司与山东泰和世纪投资有限公司等侵犯商标权纠纷再审案[2]中，法院考虑到涉案商标的使用情况，对原审判决进行了改判。最高人民法院在开庭审理时，要求两被申请人（原审原告）提交能证明其商誉及实际使用“红河”商标的其他证据，但两被申请人一直没有提交。最高人民法院认为，被申请人的“红河”注册商标中的“红河”是县级以上行政区划名称和知名度较高的河流名称，不是臆造词语，作为商标其固有的显著性不强，且被申请人始终未能提交其持续使用“红河”商标生产销售商品的证据及能够证明该商标信誉的证据，没有证据证明该商标因实际使用取得了较强的显著性。同时，“红河红”商标经过云南红河公司较大规模的持续性使用，已经具有一定的市场知名度，已形成识别商品的显著含义，已能够与“红河”商标产生整体性区别。

[1] 李春. 能否获赔偿　使用很重要——关于新《商标法》三年内未实际使用被控侵权人不承担赔偿责任的规定［N］. 中国工商报，2014-06-19（005）.

[2] 参见最高人民法院〔2008〕民提字第 52 号民事判决书。

4. 注册商标未使用，被告构成商标侵权但不承担赔偿责任

2015年，在珠海格力电器股份有限公司诉广东美的制冷设备有限公司等侵权商标权纠纷案[1]中，广东省高级人民法院考虑到格力公司涉案注册商标在美的公司实施被诉侵权行为之前未进行实际使用的情况，撤销了一审判令广东美的制冷设备有限公司（以下简称美的公司）赔偿损失的内容。二审法院指出，珠海格力电器股份有限公司（以下简称格力公司）应提供证据证明其该案注册商标在美的公司实施被诉侵权行为之前已经实际使用的事实。但是，根据格力公司提供的证据，只能证明其在提起本案诉讼之后存在与他人签订合同销售标该案注册商标的空调器，以及委托他人印制标有该案注册商标的空调器宣传折页，并未提交证据证明在美的公司实施被诉侵权行为之前已经实际使用其注册商标。在美的公司实施被诉侵权行为之前，格力公司在该案主张的注册商标因为没有实际使用，并没有起到区分商品来源的功能。虽然美的公司侵害了格力公司注册商标专用权，但未给格力公司造成实际损失。美的公司无从借用格力公司注册商标因没有使用而未建立起来的商誉，进而推销自己的产品并因此而获得利益。格力公司也没有提供证据证明美的公司使用被诉侵权标识的行为给格力公司该案注册商标造成不良影响，从而损害该商标可能承载的商誉。因此，格力公司侵权损害赔偿请求权不能成立，其请求以美的公司因侵权所获得的利益作为计算赔偿损失的依据，不应得到支持。但是，格力公司为制止美的公司的侵权行为所支付的合理开支，可以请求美的公司予以赔偿。

5. 因未使用被撤销的商标不给予追溯性司法保护

在徐斌诉南京名爵实业有限公司等侵害注册商标专用权纠纷案[2]

[1] 参见广东省高级人民法院〔2015〕粤高法民三终字第145号民事判决书。

[2] 参见江苏省高级人民法院〔2012〕苏知民终字第0183号民事判决书。

中，徐斌于2007年10月28日受让取得“名爵MINGJUE及图”注册商标，核定使用在第12类“小型机动车、电动自行车”等商品。跃进公司生产、海依捷公司销售的轿车类小型机动车产品，将“名爵”商标突出使用在汽车车身、车尾、企业官方网站、销售店面门头、店内装饰广告和产品宣传彩页上。徐斌认为两公司侵犯了其商标专用权，向法院提起侵权诉讼。在该案诉讼过程中，南汽公司以连续三年不使用为由向商标局申请撤销徐斌的商标注册，后徐斌的注册商标被撤销，但其仍向两被告主张商标撤销前的侵权责任。一审法院认为，商标的生命在于实际使用而非注册，商标受保护的原因不在于商标的形式本身，而在于它代表的商品或服务；徐斌所有的注册商标未被实际使用且已被撤销，追溯保护这种形式意义上的商标权已无必要更无实际意义，据此，驳回了徐斌的所有诉讼请求。二审法院则从商标近似的判定和商标保护的本质两方面予以了阐述：其一，原告注册的商标并未实际使用，在注册有效期内未能发挥市场识别作用，消费者不会将被控侵权标识与原告注册商标相联系，不会造成消费者的混淆或误认，故两商标不构成近似；其二，商标受保护的原因在于其所代表的商品或服务以及其上所体现的商誉，徐斌的注册商标未被使用且已被撤销，该权利在注册有效期内未能体现出其商业价值，即没有可保护的实质性利益存在，故对于此类已被撤销的商标无须再给予追溯性司法保护。

（三）完善未实际使用注册商标损害赔偿权限制的建议

1. 国外相关制度参考

《德国商标法》第二十五条第一款规定，在主张请求权的最近5年内，未在相应商品或服务上使用的注册商标所有人得不到任何法律救济，也即长期不使用的注册商标已在事实上失去效力，不仅无权主张损害赔偿请求权，也无权要求停止侵害、销毁以违法方式标示的物品或要求提供信息。

2. 建议

我国《商标法》第四十九条规定，注册商标成为其核定使用的商品的通用名称或者没有正当理由连续三年不使用的，任何单位或者个人可以向商标局申请撤销该注册商标。第六十四条规定，注册商标专用权人不能证明此前三年内实际使用过该注册商标，也不能证明因侵权行为受到其他损失的，被控侵权人不承担赔偿责任。

上述两个条款设立的初衷都是为了鼓励使用注册商标，但是从法条内容来看存在一定的矛盾性。首先，针对注册超过三年的商标，如果连续三年不使用，依据第四十九条的规定存在可能被撤销的风险；但是依然可以基于六十四条的规定，在被撤销前针对第三方提起侵权诉讼并要求第三方停止侵权。从而形成本来因存在使用瑕疵而可能被撤销的商标权，却可以作为相应主体据以提起侵权之诉的权利基础。即使被诉侵权方有相应的抗辩方式，最多也只能达到让本应被撤销的权利之主体得不到赔偿之目的的奇怪现象。其次，针对注册未满三年且未使用的注册商标，基于四十九条的规定不能够被提起撤销[1]，但是基于六十四条的规定确实无法要求侵权人承担赔偿责任。

基于前述法律规定，商标三年不使用撤销制度与三年不使用抗辩制度在适用逻辑上存在不协调。出于法律效果一致性的考虑，为促进注册商标使用，建议应考虑对《商标法》第六十四条进行必要修改。即规定在侵权诉讼中，被控侵权人以注册商标专用权人未使用注册商标提出抗辩的，法院在要求注册商标专用权人提供此前三年内实际使用该注册商标的证据时，对注册商标专用权人提出的商标使用证据的判断标准应与撤销制度中商标使用证据的判断标准保持一致。如注册商标专用权人有生效地证明相应时间段存在商标使用的撤销行政裁定

[1] 本书第二章“商标使用与商标权的维持”中“权利和义务的一致性”中指出，商标获准注册后的三年内似乎存在权利和义务不一致的现象。但制度的设定有其现实的考量，在权利人获得商标权后，应当给予其一定的准备时间。

或判决，可用于侵权案件中证明商标使用。注册商标专用权人不能证明此前三年内实际使用过该注册商标，也不能证明因侵权行为受到其他损失的，被控侵权人不承担民事侵权责任。如注册商标从未使用，但是注册尚未满三年，被控侵权人免于承担损害赔偿责任，但需赔偿商标专用权人为制止侵权而产生的合理费用。

四、商标权滥用及规制

（一）商标权滥用及与侵权行为的区分

我国《民法典》第七条规定，民事主体从事民事活动，应当遵循诚信原则，秉持诚实，恪守承诺；第一百三十二条规定，民事主体不得滥用民事权利损害国家利益、社会公共利益或者他人合法权益。《中华人民共和国民事诉讼法》第十三条规定，民事诉讼应当遵循诚实信用原则。《商标法》第七条规定，申请注册和使用商标，应当遵循诚实信用原则。

《民法典》第一百三十二条新增的关于禁止权利滥用原则的规定，对禁止权利滥用的规定，弥补了民事立法的不足。禁止权利滥用原则是指民事权利之行使，不得超过其正当界限，行使权利超过其正当界限，则构成权利滥用，应当承担侵权责任或其他法律后果。

就所谓知识产权滥用，有学者定义为：知识产权的权利人在行使权利时超出了法律允许的范围或正当的界限，导致该权利被不正当利用，损害了他人利益和社会公共利益。[1]

在专利司法领域，南京市中级人民法院早在2006年即审结“袁利中案”，该案被公认为我国知识产权恶意诉讼损害赔偿第一案；江苏省高级人民法院审结的“许赞有案”，亦入选最高人民法院公布

[1] 王先林．知识产权滥用及其法律规制［M］．北京：中国法制出版社，2008：36.

的2008年中国知识产权司法保护10大案件。可见，就专利权滥用及赔偿诉讼，司法已形成较为明确的裁判思路。[1]

于2021年6月1日施行的《中华人民共和国专利法》第二十条已规定："申请专利和行使专利权应当遵循诚实信用原则。不得滥用专利权损害公共利益或者他人合法权益。"这意味着我国已真正建立起了禁止"专利权滥用"的原则。

《商标法》并没有对于商标权滥用的规定。在司法实践中，以商标权滥用作为不侵权的抗辩事由是在2014年最高院指导案例82号"歌力思"案中确立的。最高人民法院指出，诚实信用原则是一切市场活动参与者所应遵循的基本准则。任何违背法律目的和精神，以损害他人正当权益为目的，恶意取得并行使权利、扰乱市场正当竞争秩序的行为均属于权利滥用，其相关权利主张不应得到法律的保护和支持。

权利滥用与侵权行为不同。构成权利滥用，必须有正当权利的存在，且属于权利行使或与权利行使有关的行为；而侵权行为事先并无正当权利的存在，不属于权利行使或与权利形式无关。禁止权利滥用的目的在于对民事权利的行使予以一定限制，通过对权利滥用的禁止或制裁来保护国家利益、社会公共利益或他人利益；而侵权行为制度并没有限制民事权利的目的。权利滥用以当事人故意有损害国家、社会公共利益或者他人利益的想法为要件，在行使权利时仅仅因为过失造成他人或社会公共利益损害的，不构成权利滥用；而侵权行为不仅以故意为要件，仅因过失侵害他人合法权益也可以构成侵权行为。

（二）商标权滥用的构成要件及行为表现

我国采用商标注册制，商标权属于授权性权利，商标注册人基于商标注册证上记载的商标信息确定其保护范围进行维权，其形式

[1] 宋健.商标权滥用的司法规制［J］.知识产权，2018（10）：33.

上具有合法性。目前在个案中确实出现了商标权滥用之情形，因此，对商标权滥用的构成要件及行为表现等均基于个案中法院的认定进行总结。

1. 主观恶意：恶意注册和行使商标权

恶意抢注即商标权的取得具有不正当性，存在将他人享有合法在先的标识注册为商标的行为，权利基础存在瑕疵。

《商标法》第四条规定“恶意”商标不得注册，第四十五条第一款规定恶意注册的，驰名商标所有人不受五年的时间限制。同时，第十三条、第十五条、第三十二条规定了具体的恶意注册行为，包括复制、摹仿或者翻译他人驰名商标；未经授权，代理人或者代表人以自己的名义将被代理人或者被代表人的商标进行注册；以不正当手段抢先注册他人已经使用并有一定影响的商标或者损害他人现有的在先权利；以欺骗手段或者其他不正当手段取得注册等。[1]

[1] 《商标法》第四条规定：自然人、法人或者其他组织在生产经营活动中，对其商品或者服务需要取得商标专用权的，应当向商标局申请商标注册。不以使用为目的的恶意商标注册申请，应当予以驳回。第十三条规定：为相关公众所熟知的商标，持有人认为其权利受到侵害时，可以依照本法规定请求驰名商标保护。就相同或者类似商品申请注册的商标是复制、摹仿或者翻译他人未在中国注册的驰名商标，容易导致混淆的，不予注册并禁止使用。就不相同或者不相类似商品申请注册的商标是复制、摹仿或者翻译他人已经在中国注册的驰名商标，误导公众，致使该驰名商标注册人的利益可能受到损害的，不予注册并禁止使用。第十五条规定：未经授权，代理人或者代表人以自己的名义将被代理人或者被代表人的商标进行注册，被代理人或者被代表人提出异议的，不予注册并禁止使用。就同一种商品或者类似商品申请注册的商标与他人在先使用的未注册商标相同或者近似，申请人与该他人具有前款规定以外的合同、业务往来关系或者其他关系而明知该他人商标存在，该他人提出异议的，不予注册。第三十二条规定：申请商标注册不得损害他人现有的在先权利，也不得以不正当手段抢先注册他人已经使用并有一定影响的商标。第四十四条第一款规定：已经注册的商标，违反本法第四条、第十条、第十一条、第十二条、第十九条第四款规定的，或者是以欺骗手段或者其他不正当手段取得注册的，由商标局宣告该注册商标无效；其他单位或者个人可以请求商标评审委员会宣告该注册商标无效。第四十五条第一款规定：已经注册的商标，违反本法第十三条第二款和第三款、第十五条、第十六条第一款、第三十条、第三十一条、第三十二条规定的，自商标注册之日起五年内，在先权利人或者利害关系人可以请求商标评审委员会宣告该注册商标无效。对恶意注册的，驰名商标所有人不受五年的时间限制。

关于商标法第四条如何适用，2019 年 4 月颁布施行的《北京市高级人民法院商标授权确权行政案件审理指南》第 7.1 条规定：商标申请人明显缺乏真实使用意图，且具有下列情形之一的，可以认定违反商标法第四条的规定：①申请注册与不同主体具有一定知名度或者较强显著特征的商标相同或者近似的商标，且情节严重的；②申请注册与同一主体具有一定知名度或者较强显著特征的商标相同或者近似的商标，且情节严重的；③申请注册与他人除商标外的其他商业标识相同或者近似的商标，且情节严重的；④申请注册与具有一定知名度的地名、景点名称、建筑物名称等相同或者近似的商标，且情节严重的；⑤大量申请注册商标，且缺乏正当理由的。前述商标申请人主张具有真实使用意图，但未提交证据证明的，不予支持。

2019 年 10 月 11 日国家市场监督管理总局令第 17 号《规范商标申请注册行为若干规定》[1] 进一步明确规定了商标注册部门在判断商标注册申请是否属于违反商标法第四条规定时，可以综合考虑的各个因素。[2] 而且，明确了商标转让不影响对商标注册申请时的恶意认定。[3]

《北京市高级人民法院商标授权确权行政案件审理指南》还规定

---

[1] 国家市场监督管理总局令第 17 号《规范商标申请注册行为若干规定》自 2019 年 12 月 1 日起施行。

[2] 《规范商标申请注册行为若干规定》第八条规定：商标注册部门在判断商标注册申请是否属于违反商标法第四条规定时，可以综合考虑以下因素：（1）申请人或者与其存在关联关系的自然人、法人、其他组织申请注册商标数量、指定使用的类别、商标交易情况等；（2）申请人所在行业、经营状况等；（3）申请人被已生效的行政决定或者裁定、司法判决认定曾从事商标恶意注册行为、侵犯他人注册商标专用权行为的情况；（4）申请注册的商标与他人有一定知名度的商标相同或者近似的情况；（5）申请注册的商标与知名人物姓名、企业字号、企业名称简称或者其他商业标识等相同或者近似的情况；（6）商标注册部门认为应当考虑的其他因素。

[3] 《规范商标申请注册行为若干规定》第九条规定：商标转让情况不影响商标注册部门对违反本规定第三条情形的认定。

了第四十四条第一款"其他不正当手段"认定的具体情形[1]，其中包括诉争商标申请人具有兜售商标，或者高价转让未果即向在先商标使用人提起侵权诉讼等行为。

简而言之，商标法禁止的恶意注册既包括违反诚实信用原则抢注他人商标的损害私权的行为，亦包括不以使用为目的大量申请注册商标的损害公共利益的囤积行为。行政法规和司法审理指南对此已有较为明确、具体且具操作性的规定，便于行政审查机关和司法审判机关在审查和审理商标授权确权案件实践中统一遵循适用。

恶意行使商标权即不适当的主张商标权利，具有损害他人利益的主观恶意。相关判决显示，目前法院认为明知注册商标已被撤销仍提起侵权诉讼构成主观恶意，同时取得商标权时的恶意可作为认定提起诉讼时恶意的依据。根据现有案例，以恶意取得的商标权提起侵权诉讼的具体情形包括：恶意取得商标权并主张善意在先使用人侵权；违反诚实信用恶意注册商标并借助司法资源以该注册商标谋取不当利益；以违反诚信恶意取得注册的商标起诉他人正常使用行为；将他人善意在先使用有一定影响的商品标贴注册为商标后起诉该他人；商标注册人攀附知名度较高的被诉侵权商标；商标注册存在一定权利瑕疵，在他人合法使用范围内，行使其禁用权缺乏正当性等。[2]

[1] 《北京市高级人民法院商标授权确权行政案件审理指南》17.3（"其他不正当手段"具体情形的认定）具有下列情形之一的，可以认定属于商标法第四十四条第一款规定的"以其他不正当手段取得注册"：（1）诉争商标申请人申请注册多件商标，且与他人具有较强显著性的商标或者较高知名度的商标构成相同或者近似，既包括对不同商标权利人的商标在相同或类似商品、服务上申请注册的，也包括针对同一商标权利人的商标在不相同或不类似商品或者服务上申请注册的；（2）诉争商标申请人申请注册多件商标，且与他人企业名称、社会组织名称、有一定影响商品的名称、包装、装潢等商业标识构成相同或者近似标志的；（3）诉争商标申请人具有兜售商标，或者高价转让未果即向在先商标使用人提起侵权诉讼等行为的。

[2] 钟鸣 . 商标与不正当竞争裁判规则［M］. 北京：法律出版社，2020：394-405.

在山东比特智能科技股份有限公司（以下简称比特公司）与北京美爵信达科技有限公司因恶意提起知识产权诉讼损害责任纠纷案[1]中，比特公司注册的TELEMATRIX商标经过一审、二审及再审程序，最终被撤销注册，比特公司系在明知其申请注册商标的行为具有违法性的情况下，仍提起针对“TELEMATRIX”等品牌相关产品在我国市场的独家授权代表、唯一销售服务商提起诉讼。法院认为，比特公司明知其并不具有主张的权利基础，却提起诉讼，具有恶意。

在山东比特智能科技股份有限公司与江苏中讯数码电子有限公司因恶意提起知识产权诉讼损害责任纠纷案[2]中，江苏省高级人民法院指出，取得商标权时的恶意可作为认定提起诉讼时恶意的依据。判决指出，在行为人恶意取得知识产权的情况下，其取得知识产权时的恶意，自然可以作为认定其提起诉讼时具有恶意的依据。这是因为行为人明知其获得知识产权不具有实质上的正当性，而有意提起诉讼，损害他人合法权益或者获取非法利益，其提起诉讼时主观上必然是恶意的。因此，如果行为人在恶意取得知识产权后，以损害他人合法权益或者获取非法利益为目的，提起知识产权诉讼，就可以直接判定行为人在提起诉讼时具有恶意。

北京知识产权法院在乔丹体育股份有限公司（以下简称乔丹体育公司）诉北京世纪卓越信息技术有限公司等侵害商标权及不正当竞争案[3]中认为，该案乔丹体育公司虽系涉案三个“乔丹”商标的权利人，其有权在法律规定的范围内使用其商标，但基于该商标注册存在一定权利瑕疵，故在他人合法行使“乔丹”在先权利的范围内，乔丹体育公司行使其禁用权缺乏正当性。

最高人民法院在广州市指南针会展服务有限公司（以下简称指

[1] 参见北京知识产权法院〔2017〕京73民终2052号民事判决书。
[2] 参见江苏省高级人民法院〔2017〕苏民终1874号民事判决书。
[3] 参见北京知识产权法院〔2020〕京73民终1506号民事判决书。

南针公司）和广州中唯企业管理咨询服务有限公司（以下简称中唯公司）诉优衣库商贸有限公司（以下简称优衣库公司）等商标侵权再审案[1]中认为，指南针公司、中唯公司以不正当方式取得商标权后，目标明确指向优衣库公司等，意图将该商标高价转让，未能成功转让该商标后，又分别以优衣库公司、迅销公司及其各自门店侵害该商标专用权为由，以基本相同的事实提起系列诉讼，在每个案件中均以优衣库公司或迅销公司及作为其门店的一家分公司作为共同被告起诉，利用优衣库公司或迅销公司门店众多的特点，形成全国范围内的批量诉讼，请求法院判令优衣库公司或迅销公司及其众多门店停止使用并索取赔偿，主观恶意明显，其行为明显违反诚实信用原则，对其借用司法资源以商标权谋取不正当利益之行为，依法不予保护；优衣库公司关于指南针公司、中唯公司恶意诉讼的抗辩成立，予以支持。

2. 客观行为

商标权滥用的行为表现为恶意提起侵权民事诉讼索取高额赔偿、索要高价回购、滥发警告函、行政举报投诉等其他干扰他人正常生产经营的活动。

在浙江杰特机电科技有限公司与泰格工业集团有限公司（以下简称泰格公司）因申请海关知识产权保护措施损害责任纠纷案[2]中，法院认为申请海关扣货及申请法院财产保全后又撤回起诉的行为构成侵权。判决指出，申请保全错误造成他人损失，实质上是一种侵权行为。泰格公司交纳了相应担保金的行为应视为其已明知具有申请不当赔偿损失的风险，后泰格公司在针对浙江耀锋动力科技有限公司的案件中败诉后而该案尚未判决前申请撤诉，且撤诉前双方当

[1] 参见最高人民法院〔2018〕最高法民再 396 号民事判决书。

[2] 参见浙江省宁波市中级人民法院〔2016〕浙 02 民终 2305 号判决书。

事人并未就相关赔偿问题并未达成和解，其撤诉行为正当性不足，故泰格公司主张其不具有主观过错的理由不能成立。因泰格公司具有上述主观过错，其申请不当的行为实际造成杰特公司相应的损失，两者具有因果关系，应承担相应的民事侵权赔偿责任。

3. 损害后果

本书认为，在考虑是否构成商标权滥用时，无须要求此种滥用一定构成损害后果。但是从判决书分析在大多数情况下，商标权滥用可能会造成他人停产损失、违约损失等财产性损失，也可能造成他人商业机会的损失、商誉受损等非财产性损失。在前述的山东比特智能科技股份有限公司与北京美爵信达科技有限公司因恶意提起知识产权诉讼损害责任纠纷案民事判决书中，法院指出比特公司的诉讼行为使美爵信达公司被迫停止生产、销售 TELEMRIX 商标产品，丧失了相关交易机会，被迫更换了电话机模具，并为应对比特公司的起诉以及提起第 27079 号案件再审支出了律师费，该损失与比特公司提起恶意诉讼行为具有事实和法律上的因果关系。对此，比特公司应当承担赔偿责任。

实践中，商标权滥用的受害者为了制止商标权滥用行为，有时还需要针对滥用行为提起不正当竞争之诉或确认不侵权之诉。如在拜耳消费者关爱控股有限责任公司、拜耳消费者护理股份有限公司与李庆、浙江淘宝网络有限公司不正当竞争纠纷案[1]中，法院认为，通过侵害他人在先权利而恶意取得、行使商标权的行为，违反诚实信用原则，扰乱市场竞争秩序，应认定为《反不正当竞争法》第二条规定的不正当竞争行为。又如在上海颖文经贸有限公司等与重庆开门红商贸有限责任公司确认不侵害商标权纠纷案[2]中，法院认为，

---

[1] 参见杭州市余杭区人民法院〔2017〕浙 0110 民初 18627 号民事判决书。

[2] 参见上海市浦东新区人民法院〔2017〕沪 0115 民初 66480 号民事判决书。

被告恶意抢注原告在先使用并具有一定影响的商标，并据此滥用权利，向原告商品销售平台发出侵权警告，造成原告经济损失，商誉减损。被告过错明显，已侵害原告民事权益，依法应当承担赔偿损失、消除影响等民事责任。这使得商标权滥用的受害者为了维权还要承担进一步的时间和金钱成本。

（三）侵权诉讼中针对滥用商标权的抗辩

在指导案例82号“歌力思”案中，最高院的判决体现了针对滥用商标权抗辩的要点，即被诉侵权方合法的在先权利基础、使用的正当性、在先权利的显著性和知名度以及原告方注册涉案商标不具有正当性。在宁波广天赛克思液压有限公司、邵文军与宁波广天赛克思液压有限公司、邵文军侵害商标权纠纷申请再审案[1]中，这些原则也有体现。

1. 被诉侵权方合法的在先权利基础

该“歌力思”案中，歌力思公司及其关联企业最早将“歌力思”作为企业字号使用的时间为1996年，最早在服装等商品上取得“歌力思”注册商标专用权的时间为1999年。经长期使用和广泛宣传，作为企业字号和注册商标的“歌力思”已经具有了较高的市场知名度，歌力思公司对前述商业标识享有合法的在先权利。在“赛克斯”案件中，法院认定被诉侵权方享有合法的在先字号权和在先的域名权。

在“乔丹”案[2]中，法院认为“耐克公司对“乔丹”拥有合法的在先权利基础。根据已查明的事实以及最高人民法院在先判决的认定，自1992年起，我国多家媒体报道美国职业篮球运动员迈克

[1] 参见最高人民法院〔2014〕民提字第168号民事判决书。

[2] 参见北京知识产权法院〔2020〕京73民终1506号民事判决书。

尔·乔丹时，均已“乔丹”指代其姓名。“乔丹”在我国已具有较高的知名度、为相关公众所熟悉，其已经与迈克尔·乔丹之间已形成稳定的对应关系，故迈克尔·乔丹就中文“乔丹”享有在先姓名权。1993年耐克公司与迈克尔·乔丹签署代言协议，约定耐克公司有权在耐克产品的广告、宣传、经销和（或）销售中无限制地使用乔丹代言。故耐克公司在其产品中使用“乔丹”文字具有合法的在先权利基础。

2. 被诉侵权行为基于合法的权利基础，使用方式和行为性质均具有正当性，不会对消费者构成误导

在歌力思公司的字号、商标等商业标识已经具有较高的市场知名度的情况下，歌力思公司在其专柜中销售被诉侵权商品的行为，不会使普通消费者误认该商品的产源。

在“乔丹”案中，法院认为，“乔丹”系用于“耐克”“NIKE”之后，在“耐克”“NIKE”具有较高市场知名度的情况下，相关消费者可以凭借“耐克”“NIKE”标识清晰地识别该商品的来源，不会造成消费者误认该商品来自乔丹体育公司。被诉侵权人使用“乔丹”文字系用于介绍涉案产品系耐克产品中的乔丹代言系列，具有合理的事实基础，不具有攀附涉案商标知名度的主观意图，亦不会为相关消费者正确识别涉案商品的来源制造障碍。

在“赛克斯”案件中，法院认定经过多年的生产、销售及宣传，“赛克思”“SAIKESI”和“saikesi”字样已经与被诉方以及相关产品联系起来，可以认定被诉侵权方在行业内已经具有较高的影响力和知名度。原告未提交证明其使用涉案商标的证据，故被诉行为亦不具有攀附原告涉案商标知名度的主观恶意。从具体使用方式看，被诉方使用了其企业字号的主要部分，以及与其企业字号主要部分“赛克思”具有互相指代关系的拼音“SAIKESI”。同时“SKS”“赛克思液压”“SKSHYDRAULIC”“赛克思厂”等组合经过长期使用，

已具有较高的知名度，相关公众已经能将上述标识与被诉方经营范围内的产品联系起来，不会导致相关公众的混淆和误认，被诉使用行为具有正当性。

3. 原告方注册涉案商标不具有正当性

在“歌力思”案件中，歌力思公司在先使用的企业字号及在先注册的“歌力思”本身是无固有含义的臆造词，具有较强的固有显著性，因巧合而出现雷同注册的可能性较低。作为地域接近、经营范围关联程度较高的商品经营者，原告王碎永应当了解“歌力思”字号及商标，但是其仍在手提包、钱包等商品上申请注册“歌力思”商标，行为难谓正当。作为原告身份的王碎永以非善意取得的商标权对歌力思公司的正当使用行为提起的侵权之诉，构成权利滥用。在“赛克斯”案件中，原告原系宁波市工商行政管理局江北分局的工作人员，法院认为其在辞职时应当知悉被告公司商标的实际注册情况、字号（或字号主要部分）及企业名称简称的实际使用状况等。利用职务上的便利或业务上的优势，恶意注册商标，损害他人在先权利，为自己谋取不正当利益，属于违反诚实信用的行为，其诉讼请求不应得到支持。

“乔丹”案中，原告乔丹体育公司取得涉案商标权的行为难谓正当。最高人民法院在〔2016〕最高法行再27号行政判决中的认定，乔丹体育公司明知迈克尔·乔丹在我国具有长期、广泛的知名度，仍然使用“乔丹”申请注册涉案商标，容易导致相关公众误认为使用该商标的商品与迈克尔·乔丹存在代言、许可等特定联系，该行为具有明显的主观恶意。本案涉案三个商标虽然为有效商标，但系因迈克尔·乔丹对上述商标以侵害在先姓名权为由提起无效宣告请求之时已逾五年保护期限，故其合法存续状态并不意味着上述商标的取得系合法、正当的。

（四）完善商标权滥用规制的建议

1. 国外相关制度参考

（1）法院对认定为恶意注册的商标权可直接撤销

上述商标权滥用的案例中，所具有的一个共同特点是，商标权的取得是违反诚实信用原则的恶意注册，依据中国商标法的有关规定，这些作为权利基础的商标注册可以被予以撤销或者无效宣告。但是在民事程序中，法律没有直接撤销商标的权利，还需当事人在另行启动行政撤销或无效程序中予以主张。

《美国联邦商标法》（兰哈姆法案）第一千一百一十九条规定了法院对注册的权利：在涉及注册商标的诉讼中，法院可以确定注册的权利，命令撤销整个或者部分商标的注册，恢复已撤销的注册，以及对注册簿上诉讼当事人的注册进行其他修改。法院应将经证明的裁定或命令送达专利商标局局长；专利商标局局长应在专利商标局的档案上作相应的记录；裁定和命令受法院控制。[1]

（2）对虚假或者欺骗性注册的商标可主张民事责任

《民法典》第一千一百六十五条规定：行为人因过错造成他人民事权益损害的，应当承担侵权责任。恶意注册他人商标后对善意商标使用人提起诉讼，给善意商标使用人造成损害的，应当承担赔偿责任。但是，对于恶意注册他人商标的行为本身，真正的商标权人是否可以主张侵权责任，目前法律没有规定。针对恶意商标注册，真正的权利人往往需要花费数年的时间，通过异议、无效宣告请求、撤销等行政程序甚至之后的诉讼程序，才能夺回该案属于自己的权利。时间成本和进行有关法律程序所支出的费用，那么真正的权利

---

[1] 中国人民大学知识产权教学与研究中心，中国人民大学知识产权学院《十二国商标法》翻译组．十二国商标法［M］．北京：清华大学出版社，2013：504.

人是否可以主张恶意注册人的赔偿？

《美国联邦商标法》（兰哈姆法案）第一千一百二十条规定，任何以口头或书面的虚假或欺骗性声明或表述，或其他虚假手段，在专利商标局取得商标注册的人，在受害人提出的民事诉讼中，对其因此遭受的损害承担责任。[1]

在上述“乔丹”案中，法院没有支持乔丹体育股份有限公司的侵权主张，认为其商标权的取得是缺乏正当性的恶意注册。反过来，对于“迈克尔·杰弗里·乔丹”，其是否可以主张乔丹公司滥用诉权，对其正当使用其姓名权造成了损害，甚至进一步认定乔丹体育公司继续使用其有效的“乔丹”商标违法呢？2020 年 12 月 30 日，上海市第二中级人民法院对著名美国篮球巨星迈克尔·杰弗里·乔丹诉乔丹体育股份有限公司、上海百仞贸易有限公司之姓名权纠纷一案做出一审判决，认定被告的行为构成侵害乔丹先生的姓名权，判令被告乔丹体育公司刊登声明澄清与原告的关系并公开赔礼道歉，停止使用企业名称中的“乔丹”商号，停止使用涉及“乔丹”的商标，设定限制性条件使用不可撤销的商标。赔偿原告精神损害抚慰金及合理费用合计人民币 35 万元。

2. 建议

（1）建立健全关于商标权滥用的立法

本书认为，体现何种价值取向是商标法适用的灵魂与核心。如上所介绍，商标司法实践对于权利滥用业已体现出一定的导向性，但是目前针对商标权滥用的构成要件等尚无明确的法律规定。有必要基于目前的司法实践在后续的法律法规修订中增加相关规定，明确商标权滥用的定义、构成要件以及规制方式。

[1] 中国人民大学知识产权教学与研究中心，中国人民大学知识产权学院《十二国商标法》翻译组．十二国商标法［M］．北京：清华大学出版社，2013：504.

《中华人民共和国民事诉讼法》第一百一十二条规定，“当事人之间恶意串通，企图通过诉讼、调解等方式侵害他人合法权益的，人民法院应当驳回其请求，并根据情节轻重予以罚款、拘留；构成犯罪的，依法追究刑事责任”。

目前，我国尚无直接规制恶意知识产权（包括商标）诉讼威胁与恶意知识产权诉讼的立法，考虑到它们可能产生的破坏性影响及问题的紧迫性，我国应在立法层面尽快、有针对性地找出对策。

（2）优化程序设置，赋予法院在商标侵权案件中认定注册商标是否为恶意取得并应宣告无效的权利

本书认为，对于法院已在民事案件中认定为恶意注册的商标，有必要充分认识其违反诚实信用原则以及损害他人合法在先权利的民事纠纷本质，强化此种情形下民事程序的优先和决定地位。进而优化程序设置，赋予人民法院在商标侵权案件中认定注册商标是否为恶意取得并应宣告无效的权利。这样，商标的合法权利人可以凭借生效的法院判决书向商标注册管理机关申请直接撤销该恶意注册的商标，而不必另行启动商标撤销或无效程序，商标注册管理机关应当执行法院判决并予以公告。

司法实践中有案例判决指出，即使被诉侵权的注册商标因为已经超过商标法所规定的五年无效期而无法被商标注册管理机关裁定无效，但考虑到被诉商标并未实际使用，尚未建立起稳定的市场秩序和发挥区别商品来源的作用，人民法院仍在该商标侵权诉讼中判令商标权人停止对被诉商标的使用。[1]这充分体现了司法裁量在个案裁判的探索和创新，也能够更有力地遏制上述恶意商标侵权诉讼的行径。

---

[1] 参见福建省高级人民法院〔2018〕闽民终1033号民事判决书。

（3）赋予权利人主张为对抗恶意注册商标的合理支出予以赔偿的权利

权利人对抗恶意注册商标所产生的合理支出主要产生于以下两种情形：权利人针对恶意抢注所采取的主动行政和民事救济程序，以及为应对恶意注册商标所有人提出的民事侵权诉讼和行政程序所进行的答辩。

在本书即将写就之际，最高人民法院在“关于知识产权侵权诉讼中被告以原告滥用权利为由请求赔偿合理开支问题的批复”[1]中明确指出“在知识产权侵权诉讼中，被告提交证据证明原告的起诉构成法律规定的滥用权利损害其合法权益，依法请求原告赔偿其因该诉讼所支付的合理的律师费、交通费、食宿费等开支的，人民法院依法予以支持。被告也可以另行起诉请求原告赔偿上述合理开支”。

应当说，民法典、民事诉讼法以及专利法、商标法等知识产权部门法均规定了权利行使应当遵循诚实信用原则。该批复可视为最高人民法院为贯彻落实国家对知识产权保护的决策、积极回应社会关切、引导当事人诚信行使诉权的最新重要举措。

但是，本书认为对权利人主张为对抗恶意注册商标的合理支出予以赔偿应有更为广泛全面的视角。具体而言，建议对于该种补充不仅包括权利人所涉及卷入的针对恶意注册采取的法律行动，不仅包括民事救济措施，还应当包括商标异议、无效宣告请求、撤销连续三年停止使用及其此后必要的行政诉讼程序。在上述法律程序中所产生的合理支出，包括律师费、调查费、公证费、差旅费等，均理应有权向恶意注册申请人提出赔偿主张。相对权利人费时费力的权利主张之累，恶意商标的申请人往往只花费了数百元的商标申请

[1] 参见最高人民法院于2021年5月31日发布的法释〔2021〕11号。

官费，以如此低的成本，却让权利人往往花费数年，以百倍甚至千倍的成本进行维权。只有让商标恶意注册的申请人为其恶意抢注行为付出金钱对价，给予权利人为对抗恶意注册商标的合理支出予以有效赔偿，才能够有效地扼制恶意注册行为，才能够更好地规制商标权的权利滥用。

结语

无论是大陆法系还是普通法系的国家，都将商标保护视为市场正当竞争的内在组成部分。欧盟颁行《欧盟商标条例》之目的，希望通过建立内部统一市场，消除商品和服务自由流动的障碍，促进区域内经济活动的和谐发展；而《美国联邦商标法》（兰哈姆法案）之宗旨则是保护市场中的消费者和努力建立促进品牌发展的良好商誉环境。我国的商标法与欧盟商标制度存在诸多相似之处，特别是在注册程序中都未规定对申请商标的使用要求。而“在商业中使用”则是美国商标法所秉承的一项基本原则。应当看到，注册仅是赋予商标以形式上的身份证，持续的使用才是维持商标的生命之本。在我国持续优化营商环境，激发市场活力的经济发展新阶段，对商标使用的要求已经得到进一步重视。从商标制度发展的角度来看，由使用支撑的商标注册制度能较有效地避免扭曲和异化，保障整个商标制度的构架长期稳定而和谐，对实践中新问题的因应也才会更加措置裕如；从国家品牌发展的角度来看，通过强化商标使用的要求，不断提升产品及服务的质量与品质，善待消费者，则是打造世界知名品牌的必由之路。对国际上商标使用要求的借鉴研究，其目的不是盲目跟从，更不是妄自菲薄，而是在予以甄别的基础上希望能够对自身立法和实践加以完善，更好地发挥商标使用在注册制度下的价值。为此，本书对涉及商标使用要求的诸多问题做了梳理，并择其要者详细阐述分析。

针对当前商标抢注与囤积仍比较严重的问题，本书提议应当在商标权原始取得与继受取得两个阶段联合发力，以期能够最大化地遏制商标抢注与囤积行为。在原始取得阶段，应将提交"意图使用声明"作为商标申请文件之一，后期如遇有商标抢注或囤积的判定，该声明可作为推定申请人恶意存在与否的考量因素；在继受取得阶段，对注册之日起未满三年内的商标转让申请应提交商标使用证据，但对因法定继承、企业合并等情形所引发的商标转让考虑作除外处理。两个阶段协同配合，在时间上达到与商标连续三年不使用撤销制度的无缝衔接，以期实现对商标抢注与商标囤积这一顽疾的最大化规制。

关于商标获得显著性问题，首先，在获得显著性制度的适用范围，本书主张应排除通用名称通过使用获得显著性之可能。但是，可积极考虑将单一颜色纳入保护范围。其次，判定特定商标是否经由使用已获得显著性，不应将商标高知名度的认定简单等同于获得显著性的证成，二者应被区别对待。知名度类证据属于间接证据，市场调查类证据才是客观、直接的证据。最后，本书也认为不应将非传统类型商标独立出来苛以获得显著性的更高证明要求。

关于商标权利的维持，本书将法哲学、法经济学的研究方法运用于商标使用的价值分析中，论证商标使用是注册人维持其商标注册的正当性要求。进而提出商标权人应当承担商标使用的义务，并认为应当将此义务作为明确的条文规范纳入商标法之中。在分析当前商标"撤三"制度的现状与不足的基础上，本书有针对性地提出应当规定依职权要求提交使用证据和对临时使用证据从严审查。在商标"撤三"案件审查中是否应该考虑当事人的恶意因素是司法实践提出的新问题。本书区分“撤三”申请人的恶意与注册商标权利人的恶意，且通过分析不同的案件揭示，目前法院在特定案件审理中实际上是考虑了恶意因素，这也为相关案件的代理提供了特别的思路和进一步的启迪。

在侵害商标权的案件中，商标使用同样如影随形。本书另辟蹊径，从权利抗辩的角度入手，透过众多案例分别分析了在先使用抗辩、正当使用抗辩、未实际使用注册商标请求权限制抗辩以及商标权滥用抗辩，并针对每项抗辩制度给出了应进一步完善的建议。禁止权利滥用应是商标权利合法行使的内在要求之一，也是现阶段司法实践中的前沿问题，对此本书特别谈及了商标权滥用抗辩制度。

本书的研究是在商标使用的价值被重新发现和广泛重视的大背景下展开的，同时也是对现实所呈现的尖锐问题的总结、回应与尝试性解决。本书认为只有将商标使用义务规则贯穿于商标权获取、维持与保护各阶段中的注册审查、异议、无效与撤销以及救济程序的各个环节，才能够在商标注册制度下最大化的发挥商标使用的意义，彰显商标的价值。当然，本书的讨论仍是初步的，相关的商标审查与司法实践也是不断变化发展的并必然反作用于理论研究。作者期待着今后就该领域能够有同行进行更多、更深入、更与时俱进的研究。相信这种研究能够推动对商标使用要求的进一步认识，推动商标保护实践的不断发展，使之更加符合我国对外开放和国内创新发展的市场需求。

最后，衷心感谢编委会成员抽出宝贵的时间，参考阅读了大量专著与资料，结合自身丰富的实践经验和感悟，满怀热情参与本书的讨论及精心撰写。囿于研究水平，本书难免仍存有疏漏和不足之处，请同行专家和广大读者给予批评指正。